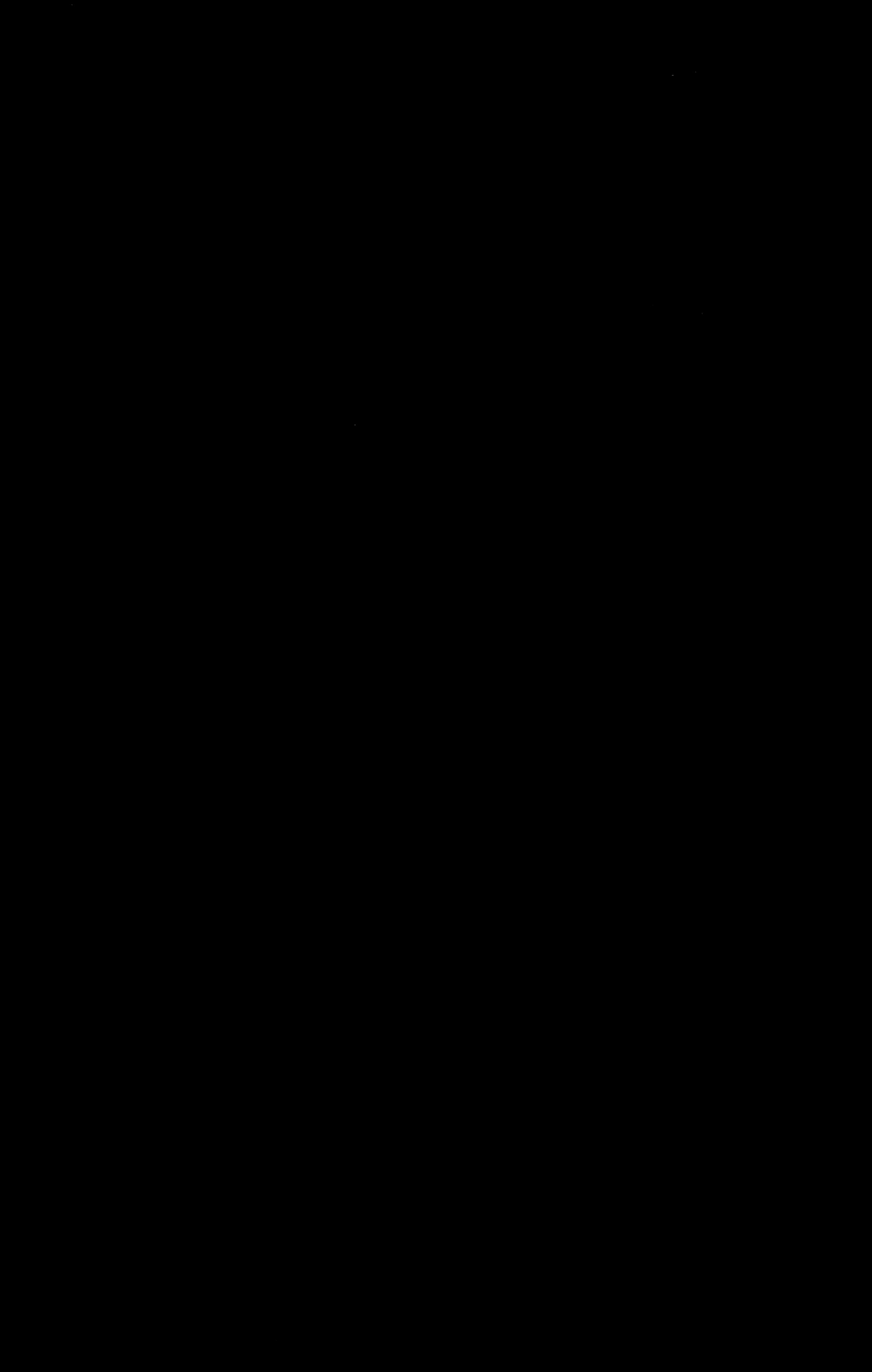

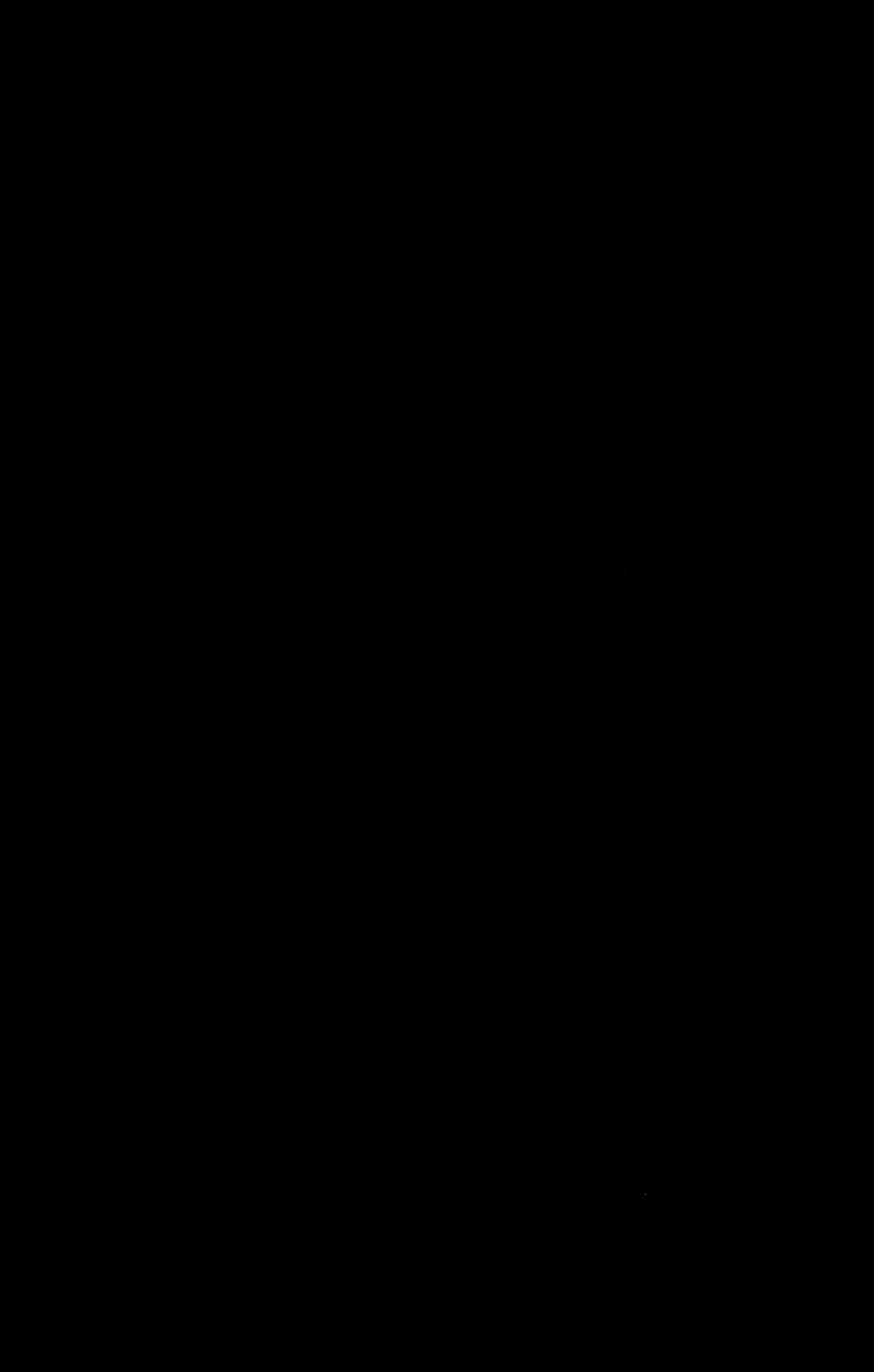

예수의 발견
도마복음 그리고 담마

윤문에 도움 주신 분_ 강진기, 김동구, 류금, 백지현, 석승억, 엄재록, 이태영, 조윤명

예수의 발견 도마복음 그리고 담마

1판 1쇄 발행 _ 2019년 5월 16일
글쓴이 _ 주우宙宇
펴낸 곳 _ 빛
발행인 _ 흰빛 백지현
기획 및 본문 편집 _ 박주우
표지디자인 _ 화인 엄재록
문의 전화 _ 0505-875-8080
주소 _ 충남 아산시 음봉면 음봉로 567, 124-1102
웹사이트 _ syn.kr
가격 _ 12,000원
ISBN _ 978-89-98246-22-8 (03230)

이 도서의 국립중앙도서관 출판예정도서목록(CIP)은 서지정보유통지원시스템 홈페이지 (http://seoji.nl.go.kr)와 국가자료공동목록시스템(http://www.nl.go.kr/kolisnet)에서 이용하실 수 있습니다.(CIP제어번호: CIP2019016763)

예수의 발견
도마복음 그리고 담마

글쓴이_주우宙宇

빛

차 례

들어가기   5

1. 종말과 원인   12
2. 살아있는   26
3. 나라는 겉과 속에   34
4. 나라의 발견 조건   40
5. 투사(投射)   51
6. 빛과 불, 영적 할례   58
7. 지금 여기   73
8. 나라의 발견 결과   88
9. 가난과 풍요   108
10. 통합자와 절대자   119
11. 뒤흔듦과 안식   133
12. 연기(생명의 길)   138
13. 정견 적중 중용   156
14. 아담 같은 자녀   162
15. 전도와 선언   172

콥트어 도마복음   189

도마복음 본문 해석   207

나가기   236

들어가기

　1993년 중국에서 발견된 죽간(竹簡) 노자를 기반으로 한 『노자의 발견』, 그리고 스리랑카에서 전해져온 니까야(Nikāya)를 재정립한 『붓다의 발견』, 고대로부터 전해져온 천부경에서 오묘한 구조의 비밀을 파헤친 『천부경의 발견』, 수운의 불연기연(不然其然) 시천주(侍天主) 사상과 칸트의 비판철학을 대비해서 연결한 『수운과 칸트의 발견』을 필자가 쓰면서 확인한 결과, 이 원문들이 모두 내용상으로 대구(對句)로 되어있든가 아니면 일정한 맥락으로 된 구조가 확실히 있었습니다.

　그런데 도마복음이 겉보기로는 몇몇 연속된 구절 빼고 좀처럼 특정 구조가 드러나지도 않을 뿐만 아니라 무질서한 듯이 보이기까지 하지만, 내용으로는 특정 구절 일부가 다른 구절 전체와 맞물리고, 또 맞물린 그 구절 일부가 또 다른 구절들과 맞물려 있으며, 어떤 구절은 해석에서 잘못 이해될지도 모르는 다른 구절을 보완해주기도 합니다.

　이를테면 '도마93'에서 언급된 개와 돼지는 바로 전 '도마92'와 바로 후 '도마94'에서 추적해서 밝혀내는 법을 일깨워주는 본보기입니다. '도마77'에서 나무를 가르기와 '도마109'에서 밭을 갈아엎기, '도마32'의 등불을 등잔걸이 위에 올려놓기는 같은 형식의 영적인 할례입니다.

　도마복음은 처음·중간·끝이 일관될 뿐만 아니라 포괄적으로 혹은 세부적으로 서술함으로써 내용을 더욱더 깊이 이해하고, 실제에 적용하도록 돕습니다. 그런데 단기적인 관점에서는 인간사에 첩경이 명백히 있는 듯이 보이지만, 장기적인 관점에서는 지름길이 소용없을 뿐만 아니라 잔머리를 굴리며 계산하는 약아빠진 처세술도 통하지 않습니다.

예수님 당시나 지금이나 마찬가지로 사람들은 대다수 불편한 진실이나 진리를 추구하고 알아보며 실천하기보다는 병을 치료받거나 기적이 일어나서 자신이 신(神) 덕에 특별한 도움을 받게 되기를 선호합니다.

도마복음은 투기할 때 남들이 모르는 계획을 알아내거나 [국가적이든 집단적이든] 권력에 변화가 있을 때 줄을 잡으려고 경쟁하는 데 도움되는 내용, 즉 돈이나 권력을 얻기 위한 길이 아니라 '자기가 누구인지'를 알아보는 '생명의 길'입니다.

'도마 3'에는 '④여러분이 자기 자신을 알아본다면, 비로소 여러분은 알려지게 되고, 그러면 자신이 살아있는 아버지의 자녀임을 깨닫게 될 것입니다. 그러나 여러분이 자기 자신을 알아보지 못한다면, 여러분은 어떤 빈곤한 처지에 있게 되고, 빈곤한 처지가 되어버립니다.'고 하고, '도마 67'에 '모든 그것을 알고도 자기 자신에 관해 부족하다면, 모든 그것의 [있을] 자리에 관해서는 부족한 자입니다.'고 하며, '도마 111'에 '누구든지 자기 자신을 발견하는 사람은 이 세상에 합당하지 않습니다.'고 합니다.

쉽게 말해서 누구든 '자기가 실제로 누구인지'를 모른다면, 아무리 만사만물에 관한 세상적인 지식을 광범위하게 안다고 해도 특정 현상이 왜 바로 그곳에서 그때 펼쳐지는지는 자각하지 못하고, 자신을 포함해 모든 그것이 어느 자리에 있어야 도움되는지를 모른다는 것입니다.

도마복음은 "세상에 대해 금식해서 절대자가 되어, 선택됨으로써 여러분 안에 그리고 여러분 밖에 있는 '나라'를 발견해서 자기 자신을 알아보고, 아기가 되는 사람만이 그 나라를 알아보고 그곳에 들어가게 되므로, 자기 자신을 발견하는 사람은 이 세상에 합당하지 않다"고 합니다.

앙굿따라니까야[A3:60]에 타인의 생각을 읽어내는 방식을 언급합니다. ①상(相 nimitta)을 읽어내기 ②천신의 목소리로 읽어내기 ③탐색(尋 vitakka)과 검토(伺 vicāra)를 통한 사유의 확장으로 읽어내기 ④삼매를 성취해서 자신의 생각으로 타인의 생각을 헤아리기가 있습니다. 붓다도 자기 자신을 먼저 알고 타인을 알아보는 ④의 방식이 가장 안정적이라고 합니다.

다음은 각 말씀의 전후 관계입니다.

'도마2'의 '원인을 추적해서 그 의미를 밝혀낼 때 전율하고 기적이 일어나며, 왕이 된다'는 '도마1'의 "비밀의 말씀에 대한 해석을 발견해내는 사람은 죽음을 맛보지 않습니다."에 대응합니다. 이를 위해서 자기 자신을 알아봐야(도마3) 하고, 통합된 존재가 돼야(도마4) 합니다.

'도마5'와 '도마6'은 '감춰진 것은 앞에 나타내지 않을 것이 없다'고 하는 공통점이 있습니다. '도마7'은 사자가 사람이 되기이고, '도마8'은 사자가 사람이 되기 위한 방도입니다. '도마8'의 어부는 바다 위에 그물을 던지고, '도마9'의 농부는 땅 위에 씨앗을 던지며, '도마

10'의 예수는 세상 위에 불을 던집니다. '도마11'은 상황이 사라지게 하고, '도마12'는 예수가 떠난다는 것입니다. '도마12'는 길벗 야곱의 의인(義人) 됨에 관해, '도마13'은 길벗 도마와 예수의 관계를 언급합니다.

'도마14'는 입에서 나오는 것, '도마15'는 자궁에서 태어나지 않는 사람에 관해 말하고, '도마16'은 그렇게 되기 위한 절대자 되는 법을 서술합니다. 체험으로 인지되지 않는 것을 주는(도마17) 것인 '도마18'의 원인, '도마19'의 조건, '도마20'의 씨, '도마21'의 조건, '도마22'의 아기에는 시작이라는 공통점이 있습니다. 5그루 나무(도마19)와 겨자 나무(도마20)는 발상을 전환해서 얻은 정보를 '나라'에 제공합니다. '도마21'은 발상을 전환하는 주인의식 및 추수자를 언급하고, 이 추수자가 '나라'에 들어간 사람(도마22)이고, 통합된 사람(도마23)입니다.

온 세상에 대해 빛이 되려면(도마24), 형제자매를 사랑해야 하고(도마25), 그보다 먼저 자신부터 성찰해야(도마26) 합니다. '도마27'은 세상에 대해 금식하기, '도마28'은 술을 끊어버리기, '도마29'는 풍요에서 빈곤해지기, '도마30'은 신의 뜻에서 멀어지기를 말합니다.

'도마31' '도마32' '도마33' '도마34'는 전도에 관련된 내용이고, '도마34'의 눈이 먼 자가 '도마35'의 완고한 자가 되고, '도마35'는 완고한 정체성을 고집하기, '도마36'은 자신의 정체성에 신경 쓰기, '도마37'은 옷이라는 정체성을 벗어버리기를 말합니다. '도마38'은 예수님을 발견하지 못하기, '도마39'는 명지라는 열쇠를 숨겨버리기를 말합니다. '도마40'은 악화하는 상황, '도마41'은 악화하거나 호전되는 상황, '도마42'는 호전되는 상황을 말합니다. '도마43'은 예수를 몰라보기, '도마44'는 성부 그리고 성자인 예수를 무시하기, '도마45'는 무시하는 이유, '도마46'은 천지자녀인 예수를 무시하지 않기를 말합니다.

'도마47'은 다른 길 가기, '도마48'은 다른 둘을 통합하기, '도마49'는 통합해서 절대자 되기 및 '나라'의 출신임, '도마50'은 빛의 출신임을 말합니다. '도마50'은 뒤흔듦과 안식을, '도마51'은 안식 그리고 새로운 세상을, '도마52'는 새롭게 하는 사람에 대한 예언을 말합니다.

'도마53'은 진실을 덮고 있던 껍데기 없애기, '도마54'는 양심을 덮고 있던 재물 없어지기, '도마55'는 의식을 덮고 있던 부모·형제자매 미워하기를 말합니다. '도마55'는 예수에게 적합하지 않은 자, '도마56'은 세상에 합당하지 않는 사람을 말합니다. '도마57' '도마58'은 장기적인 안목을 강조합니다. '도마58'은 생명을 발견한 사람을, '도마59'는 살아있는 사람을, '도마60'은 살아있는 시체인 산송장을, '도마61'은 생명의 길 및 죽음의 길을, '도마62'는 신비로운 길을 말합니다.

'도마63'은 돈으로 재산을 늘리려는 자의 종말, '도마64'는 거래하는 자의 기회 놓침을 말합니다. '도마64'는 주인의 초대를 무시하는 자, '도마65'는 주인을 무시하고 주인 행세하는 자를 말합니다. '도마66'은 모든 사람을 알아본다고 하는 교만한 자, '도마67'은 모든 걸 안다고 생각하는 교만한 자를 말합니다. '도마68' '도마69'는 박해받는 자를 말합니다. '도마70'은 자신을 죽여버리는 자, '도마71'은 집을 헐어버리는 자, '도마72'는 재산을 나눠버리는 자를 말합니다.

'도마74'와 '도마75'는 '도마73'의 일꾼이 될 자질을 서술합니다. '도마76'에서 추적하려던 보물을 '도마77'의 나무 속과 돌 아래에서 발견할 수 있습니다. '도마77'은 현상의 속을 들여다보기, '도마78'은 내면의 속셈을 들여다보기, '도마79'는 여인의 속셈을 들여다보기를 말합니다.

세상을 알아보게 된 사람(도마80), 풍요로워진 사람이(도마81) 되려면, '도마82'에서 말하는 용광로인 불에 가까이 가야 합니다. '도마83'과 '도마84'는 그 용광로에서 겪는 '자신과 상반된 사람'의 모습인 그림자에 대한 설명입니다. '도마85'는 선천적 아담, '도마86'은 후천적 아담인 천지자녀를 말합니다. 몸에도 가아(假我)에도 집착하는 사람에게(도마87) 내면의 바람대로 외부에 선지자가 옵니다(도마88).

'도마89'는 잔의 바깥쪽보다 안쪽을 강조하고, 그 내면을 닦으려면 예수에게 오라고(도마90) 합니다. 이 순간을 읽어내려면(도마91), 추적해서 밝혀내야(도마92) 합니다. '도마93'의 개와 돼지는 바로 '도마92'와 '도마94'의 추적해서 밝혀내는 법을 일깨워주는 본보기입니다.

'도마95'는 남을 잘 되게 하기, '도마96'은 남모르는 덕을 쌓기, '도마97'은 자신도 모르게 새는 재능을 말합니다. '도마97'은 뒤로 새는지 모르는 여인을, '도마98'은 뒤에서 배후조종하는지 모르는 사람을 말합니다.

신의 소망을 행하는 사람들이 나라에 들어가려면(도마99), 제3의 길인 예수의 길을 가야 하고(도마100), 부모에게서 졸업해야(도마

101)합니다. '도마104'에는 질투하는 바리새인(도마102) 같은 도둑들이(도마103) 즐겨 쓰는 수법들이 있습니다. '도마105'는 시조가 된 아담 같은 자녀를, '도마106'은 통합된 아담 같은 자녀를 말합니다.

정견을 추적하여 밝혀낼(도마107) 때, 예수의 말에 확신이 들고, 있는 그대로 믿고 받아들이게(도마108) 되며, 감춰져 있던 것이 나타나게(도마108) 됩니다. 마찬가지로 밭을 갈아 실천해야 감춰져 있던 보물을 발견하게(도마109) 되듯이, 상황이 전환될(도마111) 만큼 세상을 밝혀내서 졸업해야(도마110) 자기 자신을 발견하게(도마111) 됩니다. '도마112'는 심혼과 육체에 대한 집착을, '도마113'은 나라에 대한 집착을 말합니다.

❖ 예수는 '아버지(ⲉⲓⲱⲧ)'라는 용어를 거의 사용했는데, 필자는 '신(神 God)'이라는 보편적 용어를 주로 쓰겠습니다.

▷ 도움받은 서적과 논문, 사이트
   도올의 『도마복음한글역주 1·2·3』
   권영흠의 『도마복음서』
   유병우의 「도마복음」
   http://gospel-thomas.net/
   http://www.freelyreceive.net/
   http://cafe.daum.net/Syrocoptologia

1. 종말과 원인

그리스도인들이 신앙하는 목적의 중심에 '구원'이 있는 것으로 보입니다. 여기서 '죄와 죽음에서 건져져 영원한 삶을 누리게 한다'는 구원의 장소가 소위 '천국(天國)'인데, 이 천국은 대다수 '죽어서 가게 되는 곳'이거나, '세상이 끝날 때 누리게 될 축복'일 것이라고 기대합니다.

전자가 육체의 종말을, 후자는 세상의 종말을 전제한다는 점에서 이런 믿음이 이들로 하여금 수단과 방법을 가리지 않는 결과중심주의에 빠지게 하기 쉽습니다. 처음에는 누구든지 선(善)해지려는 의도에서 출발하나 결국에는 본말이 전도되어 대다수가 악(惡)해지는 결과를 가져옵니다.

이를테면 강도를 만나 가진 것을 빼앗기고 심한 상처를 입은 사람을 구해준 사마리아인을 본받지 않고 천국행을 보장받으려고 사람의 목숨보다 예배를 우선시했듯이, 절대적으로 가난한 이웃 사람들을 돌보기보다 구원받기 위해서 부자인 대형교회에 헌금하기를 우선시합니다.

바울은 "미리 정한 사람들을 부르셨고, 부르신 사람들을 의롭다고 하셨고, 의롭다고 한 사람들을 영화롭게 하셨습니다."[로마 8:30]고 했는데, 여기서 '미리 정했다'는 말이 '구원받을 사람이 정해졌다'는 결과가 아니라 '선해질 기회가 정해졌다'는 원인으로 이해되기가 어렵습니다.

도마복음에서 예수는 이런 바울의 결정론적 방식의 구원과 천국을 추천하지 않았고, '나라'를 제대로 이해하지 못한 바울과 달리 나라 자체가 '의(義)'이므로 '종말에 하나님의 인정을 받는다'는 의미인 '하나님의 의(義)'를 따로 언급하지 않습니다. 즉 예수는 '결과를 중심'으로 하는 바울의 방식이 아니라, '원인을 중심'으로 하는 근본적 방식을 제안했었습니다. 이 방식이 바로 지금이라는 현실은 자신이 이전에 놓은 원인에 따라서 그 결과(종말)가 실현되고 있음을 자각하는 제대로 된 종말론인 셈입니다.

'종말'은 바울의 길이지만, 예수의 길은 '원인'입니다.

'도마 18'에는 '우리의 종말(결과)이 어떻게 될지 우리에게 말해주십시오'라는 길벗들의 요청에 대해서, 예수께서 "그래서 여러분은 결과(ϩⲁⲏ)를 추적할 수 있도록 원인(ⲁⲣⲭⲏ)을 드러냈습니까? 원인이 있는 곳에 결과가 존재할 것이기 때문입니다. 원인에 굳건히 서 있는 사람은 복됩니다. 그이는 결과를 알아볼 것이므로 죽음을 맛보지 않을 것입니다."고 합니다.

지금처럼 그 당시에도 다수였을 결과지향의 길벗들은 예수를 따른다고 고생해온 자신들에게 얼마나 많은 보상이 주어질지를, 즉 자신이 얼마나 유리한 결과를 얻게 되는지를, 한마디로 '자신의 결과가 어떻게 될지'를 궁금해했는데, 오히려 예수는 그 결과를 알려면 원인(ⲁⲣⲭⲏ)에 접근해보기를 제안합니다. '전생(前生)을 알려면 현생(現生)에서 겪는 것을 보고, 내생(來生)을 알려면 현생에서 선택하는 것을 보라'는 불가(佛家)의 말을 뛰어넘어 전생과 내생을 연결하는 셈입니다.

부조리한 현실에서 인간의 삶을 체험하면서 대다수 사람은 노력보다 더 큰 이익을 바라는 태도가 정상이 되어버렸습니다. 특히나 투기가 일상화되어버린 이 땅에서는 '내 몫보다 적게'는 둘째 치고 '내 몫만큼만'을 주장하는 사람조차 드뭅니다.

더군다나 정신문화를 선도했던 종교가, 특히나 솔선수범해야 할 종교지도자들조차 요행수를 기대하고, 결과가 기대에 미치지 않으면 편법·탈법을 써서라도 목적을 달성하려고 합니다. 그럼에도 장기적인 관점에서 자신이 한 것 이상이 주어지는 경우를 보지 못했습니다. 기대와는 달리 이 우주는 눈속임이나 편법이 절대 통하지 않기 때문입니다.

육신이 죽어서든, 세상의 종말이 와서든 설사 천국에 가게 될지라도 자신이 행한 업(業) 그 이상으로 평가받기를 바란다는 것 자체가 '신을 믿지 않는다'는 증거일 뿐만 아니라 어제가 오늘로, 오늘이 내일로 이어지지 않는다고 믿는 '하루살이 같은 인생이다'는 증거이기도 합니다.

그러므로 종말(결과)을 궁금해하는 자체가 신에 대한 불신을 전제합니다. 신과 우주를 신뢰하는 존재는 종말을 기대하기보다 원인에 마음쓸 것입니다.

도마복음에 대한 전체적인 관점으로 우리에게 상당한 통찰을 주는 이 '도마 18'이야말로 매우 중요한 구절이므로, 이것을 한 주제씩 분리해서 '②결과를 추적할 수 있도록 원인을 드러낸다'는 것, '원인이 있는 곳에 결과가 있다'는 것, '③원인에 굳건히 서 있는 사람은 복되다'는 것, '결과를 알아볼 것이므로 죽음을 맛보지 않게 된다'는 것을 상세히 살펴보겠습니다.

▷ '결과를 추적할 수 있도록 원인을 드러낸다'

대다수 그렇듯이 예수는 종말(ϩαΗ), 즉 결과에 관련한 질문에 대해 즉답이 아니라, 도리어 '여러분은 결과를 추적할(ⲱⲓⲛⲉ) 수 있도록 원인(ⲁⲣⲭⲏ)을 드러냈습니까?'라며 '원인'에 초점을 두고서 답했습니다. 우물에서 숭늉을 찾는 길벗들에게 자기 수준을 드러내라고 권유하는 셈입니다.

이는 앞에서 말했듯이 결과에 대한 의문 자체가 신과 우주에 대한 불신을 전제하기 때문입니다. 자신이 제공한 원인보다 더 많은 결과를 기대하는 도둑심보를 일깨워주려고 한 것입니다. 그러면서 원인과 결과의 관계, 즉 '원인에 굳건히 서 있지 않으면 그 결과를 알아보지 못한다'는 점과 '원인에 굳건히 서 있음으로써 그 결과를 알아봐야만 죽음을 맛보지 않게 된다'는 인과관계를 제시합니다.

▷ '원인이 있는 곳에 결과가 있다'

'원인이 있으면 결과도 발생한다'는 '콩 심은 데 콩 나고, 팥 심은 데 팥 난다.'는 말입니다. 도마복음에 이런 인과(因果)를 설명해주는 구절이 몇몇 있는데, 우리로 하여금 여러모로 사유하게 하는 구절들입니다.

'도마 45'에는 '가시나무에서 포도를 거두지 못하고, 엉겅퀴에서 무화과를 따지 못하는데, 이것은 열매(ⲕⲁⲣⲡⲟⲥ)를 맺지 못하기 때문입니다.'고 합니다.

유익한 열매는 악한 의도에서 얻어지지 않습니다. 악한 가시나무나 엉겅퀴에서 선한 포도나 무화과를 얻을 수 없습니다. 악한 자가 단기적인 결과를 끌어내는 듯이 보이나 그이는 장기적인 결실을 얻지 못합니다.

'도마 43'에 "②여러분은 내가 여러분에게 하는 말에서 '내가 누구인지'를 깨닫지 못합니다. 도리어 여러분은 유대인처럼 되어버렸습니다. 그들은 나무(ⲱHN)를 사랑하면서(ⲘⲈ)도 그 열매(ⲔⲀⲢⲠⲞⲤ)를 증오하고(ⲘⲞⲤⲦⲈ), 열매를 사랑하면서도 그 나무를 증오하기 때문입니다."고 합니다.

예수는 말이나 현상에 매달려서 자신의 말에서 자기 진면목을 알아보지 못하는 길벗들에게 '나무와 열매[그리고 씨앗]의 상관관계', 즉 인연과(因緣果)를 일깨워주고 있습니다. 씨앗은 원인에, 나무는 과정에, 열매는 결과에 해당하는 인연과의 원리를, 즉 원인을 보고 과정을, 과정을 보고 결과를 알아보지 못한다는 것입니다.[연기(緣起) 138쪽 참고]

결국, 원인이 없는 결과는 없으므로 '결과를 보면 원인을 알 수가 있다'는 말에서 '사건에 관련해서 최고의 수혜자가 바로 범인이다'도 성립됩니다.

아를테면 1950년에 외형적으로 시작한 한국전쟁의 결과에서 최고 수혜자가, 이 결과로 심화한 동서냉전의 득을 본 미국 군산복합체로 보이나 일본이 전쟁범죄의 책임에서 벗어났을 뿐만 아니라 정치·경제·군사적인 이득을 가장 많이 보았으므로, 한국전쟁의 주범은 바로 그 전쟁의 최고 수혜자인 [속내를 숨기면서 사는] 일본임을 유추할 수 있습니다.

이를 위해 '도마 5'에는 "자신의 얼굴 바로 앞에 있는 것을 알아보십시오. 그러면 여러분 속에 감춰진 것이 여러분의 바깥에 드러나게 될 것입니다. 감춰진 것은 앞에 나타내지 않을 것이 없기 때문입니다." 고 합니다.

다만 원인 '그리고' 결과 사이에는 우리로 하여금 눈치채기 어렵게 하는 시간적인 간격과 공간적인 변형이 있습니다.[데리다의 차연(差延 differance)] 이런 교훈을 일깨워주려고 도마복음에서의 질문에 대한 답도 떨어져 있습니다. '도마 6'의 질문에 대해 즉답을 회피했던 답은 '도마 14'에 있고, '도마 11'의 질문에 대한 답은 '도마 22'에 있습니다.

> '알다'(cooyn)와 '알아보다'(coywn)의 차이
> 현상을 보고서 아는 것이 있고, 현상이 벌어지리라는 점을 미리 알고 보는 과정이 있습니다. 가을을 처음 겪는 아이와 가을이 오리라는 사실을 알고 맞이하는 어른의 차이입니다.
> 아를테면 '도마 91'의 '여러분은 하늘과 땅의 얼굴을 읽어내면서 여러분 바로 앞에 있는 사람을 알아보지(coywn) 못합니다. 그래서 여러분은 이 순간을 읽어내는 법을 알지(cooyn) 못합니다.'에서 보듯이, 길벗들은 자신들 바로 앞에 있는 예수가 자신들이 과거에 만나고 싶어했던 존재임을 연결하지 못하므로 이 순간을 '알아보는' 법을 '알지' 못한다는 것입니다. [『붓다의 발견』 29쪽 참고]

이런 점에서 첫 번째 생각인 원인, 즉 의도(意圖)를 파악하는 것이 매우 중요합니다.

'도마 78'에는 "여러분은 무엇 때문에 이 벌판에 왔습니까? 바람에 흔들리는 갈대를 보기 위함입니까? 아니면 왕(ppwoy)이나 권력

자(ⲘⲈⲢⲒⲤⲦⲀⲚⲞⲤ)들처럼 화려한 옷을 두른 사람을 만나기 위함입니까? 이들은 화려한 옷을 둘렀지만, 진리(ⲘⲈ)를 알아볼 수 없습니다."고 합니다.

신을 믿거나 수행하는 자들이 겉으로는 봉사를 내세우거나 진심으로 헌신하는 것으로 포장하지만, 속셈을 따져보면 대다수 신의 덕을 입어서 부자가 되거나 명예를 얻으려는 의도를 지니고 있습니다. 그런데 이것도 대부분 돈이나 명성을 통해 타인을 지배하려는 수단에 지나지 않으므로 이것들의 근본 목적은 결국 권력을 확보하는 데 있습니다.

여러분은 무엇을 위해서 교회나 성당, 절, 도장, 센터, 수련원 등을 가십니까? 만일 그 의도가 권력이라면 적어도 진리는 알아볼 수 없게 될 것입니다.

'원인이 있는 곳에 결과가 있다'는 말씀은 원인을 제공하지 않고서 자신에게 유리한 결과를 편법으로 바랄 수 없음을 시사합니다. 특히나 우리의 현실에서 투기가 성공했다고 신에게도 투기가 통한다고 여겨서 구원받을 실제적 자격을 무시하고 외형적 조건으로 때우려고 합니다. 아파트 투기라는 대세에 올라탐으로써 불로소득을 쟁취했듯이 종교적인 투기인 과거의 면죄부와 유사한 맹종하는 믿음과 맹렬한 기도, 특히 진리를 실천하기보다 헌금으로 손쉽게 구원을 쟁취하려고 합니다.

이것을 도마복음의 '원인이 있는 곳에 결과가 있다'에 적용한다면 투기할 때 '대세에 따라 했기에 이익을 보았다'는 점은 '대세에 따라서 손해도 본다'는 결과가 있다는 것이고, '다들 투기하기에 나도

했다'는 점은 '다들 괴로워지기에 나도 괴로워진다'는 결과가 예정된다는 것이며, '남의 돈을 노동하지 않고 취한다'는 점은 '나의 돈도 손쉽게 나간다'는 결과가 있게 됩니다. 이런 실례는 찾아보면 아주 많을 것입니다.

　'도마 2'에 '추적하는(ⲱⲓⲛⲉ) 사람은 밝혀낼(ⳓⲓⲛⲉ) 때까지 추적하기를 멈추지 마십시오.'라고 하고, '도마 94'에는 '추적하는 사람은 밝혀내게 될 것이다'고 하며, '도마 92'에는 '추적하십시오! 그러면 밝혀낼 것입니다.'고 합니다. 추적하는 원인을 제공하면 어찌해서든 밝혀내게 되는 결과가 제공된다는 것인데, 다만 그 결과는 제공되는 강도(强度)에 따라서 다음 생에서 벌어질 수도 있음을 알아야 합니다.

　기존에 '구하면 얻어진다'나 '찾으면 발견한다'로 번역해온 '추적하면(ⲱⲓⲛⲉ) 밝혀진다(ⳓⲓⲛⲉ)'에서 'ⲱⲓⲛⲉ'는 특정한 목표를 추적해서 사냥한다는 것이며, 이것을 죽간 노자는 '사냥할 獸'라고 하고, 영어로는 'chase'입니다. 도마복음에서는 'ϩⲉ'가 일반적으로 '발견하다'는 의미로 쓰이고 있으므로, '발견하다'로 번역돼온 'ⳓⲓⲛⲉ'는 추적해 간 대상의 정체가 무엇인지 명백해진다는 의미에서 '밝혀진다'로 하겠습니다.

　이를 불가(佛家)의 심우도(尋牛圖)에 비교하면, 소를 찾아 나서는 ①심우(尋牛)가 바로 '추적하기(ⲱⲓⲛⲉ)'이고, 소 발자국을 발견하는 ②견적(見跡), 그리고 소를 발견하는 ③견우(見牛)를 거치며, 그다음 소를 붙들어 고삐를 끼는 ④득우(得牛)가 바로 '밝혀내기(ⳓⲓⲛⲉ)'입니다. 〈이 심우도 내용은 88쪽으로 이어집니다.〉

'도마 93'에 "개가 성스러운(ⲞⲨⲀⲀⲂ) 것을 거름더미에 던져버리지 않도록 개들에게 그것을 주지 마십시오. 돼지가 진주(ⲘⲀⲢⲄⲀⲢⲒⲦⲎⲤ)들을 짓밟아버리지 않도록 돼지들에게 그것을 던져주지 마십시오."라고 합니다.

'도마 7'에서 사자가 권력에 대한 욕망을 내려놓는 과정을 밟아나가듯이 인간 종이 짐승의 속성에서 사람의 속성으로 바꿔가는 중이라고 했습니다. 그런데 어찌해서든 욕심을 냄으로써 자신에게 제공되는 귀중한 진주를 알아보지 못하고 짓밟아버리는 돼지가 있고, 어찌해서든 자신의 것보다도 작은 타인의 것을 질투함으로써 자신이 이미 지닌 성스러운 것을 알아보지 못하고 거름더미에 던져버리는 개가 있습니다.

그런데 이 구절의 바로 전 '도마 92'에 또 바로 다음 '도마 94'에 '추적하면 밝혀낼 것이다.'는 내용이 있습니다. 배고픈 사람이 되려고 하지 않는 배부른 돼지는, 목적하는 대상만 생기면 끝까지 따라붙는 개처럼 추적하지 않습니다. 주인이 아닌 누구라도 위협적이면 짖어대도록 길든 개는, 먹을거리를 기발하게 알아보는 돼지처럼 분별할 줄 모릅니다.

이런 점에서 주인공은 숨겨진 목표의 냄새를 놓치지 않는 개처럼 원인을 추적하고, 먹거리를 냄새와 눈으로 알아보고 실수를 반복하지 않는 돼지처럼 결과를 밝혀내면 도움됩니다.

'원인(ⲀⲢⲬⲎ)이 있는 곳에 결과(ⲒⲀⲎⲤ)가 있다'며 원인과 결과를 연결하는 내용은, 붓다의 말씀 중에서 결과를 지향해서 이익을 계산하는 식(識 viññāṇa)이 아니라 원인을 통찰해 결과를 알아보는 반야(般若

paññā)와 통합니다.

『붓다의 발견』 178쪽에는 "반야란 것은 업인(業因)과 과보(果報) 사이의 관계를 명확히 앎으로써 미래를 예상하여 미리 결과를 알아보는 선험적 앎이며, 대상을 분리해서 해석한 식(識)이 아니라 대상과 자신의 존재상태를 연결해서 통찰한 앎이다. 그리고 대상을 있는 그대로 알아봄으로써 4성제(聖諦 ariyasacca)를 분명히 아는 세상의 빛(pajjoto)이다."고, 또 "반야는 원인과 결과가 다른 때 벌어지더라도 원인을 선택하는 순간 결과가 정해지고 주인공의 됨됨이에 따라 결과가 주어지는 방식이 시시각각 바뀌므로 사실상 동시에 벌어진다는 것, 즉 인과동시(因果同時)임을 알아보는 것이다."고 합니다.

▷ '원인에 굳건히 서 있는 사람은 복되다'

그다음 '도마 18'의 '④원인에 굳건히 서 있는 사람은 복됩니다.'는 '도마 2'의 "[원인을] 추적하는(ⲱⲓⲛⲉ) 사람은 밝혀낼(ϬⲓⲚⲈ) 때까지 추적하기를 멈추지 마십시오. 그래서 밝혀낼 때 그이는 전율할 것이고, 전율할(ⲱⲦⲢⲦⲢ) 때 그이에게는 기적(ⲱⲠⲎⲢⲈ)이 일어날 것입니다. 그러면 그이는 모든 그것에 대한 왕(ⲢⲢⲞ)이 될 것입니다."에 해당됩니다.

그러면 '원인에 굳건히 서 있는 것'(도마 18)은 '[원인을] 추적하기를 멈추지 않고 밝혀낸다'(도마 2)이고, '복되다'(도마 18)는 '밝혀낼 때 전율하고 기적이 일어나 모든 그것에 대한 왕(ⲢⲢⲞ)이 된다'(도마 2)인 셈입니다.

먼저 '도마 2'를 해설한다면, 자신 바로 앞에 [어쩌면 반복해서] 펼쳐진 어떤 현상의 원인(ⲀⲢⲬⲎ)을 일심으로 추적하기 시작해서 결국 그 원인을 밝혀낼 때, 자신에게 그 현상 속에 숨겨진 진실을 알아볼 기회가 있었으나 무시해왔고, 이제야 풀어낸 그 비밀에 놀라서 전율하게 됩니다.

현상의 원질(原質)인 아르케(arche ἀρχή), 즉 원인(αρχн)의 비밀을 알아보고 전율할 때, 바로 그 현상이 자신에게 제시돼온 이유를 깨닫게 됩니다. 그다음 자신에게 제시된 그 현상과 관련해서 제대로 적중하는 해결책을 알아내서 실행하면, 소위 기적을 행하게 되는 셈입니다.

어떤 현상이 벌어진 숨겨진 이유, 어쩌면 수수께끼 같은 비밀을 지속해서 풀고, 그것이 존재하는 이유를 알아보고 그것이 존재하는 의미가 제대로 구현되도록 돕는다면, 그이를 왕이라고 할 것입니다. 천명을 알게 된 그이는 모든 그것이나 타인 위에 절대 군림하지 않을 것입니다.

앙굿따라니까야[A6:63]에는 '의도(cetanā)를 업(業 kamma)이라고 말합니다. 의도한 뒤 까야·말·마음으로 업을 짓습니다. 업의 결과는 현생·내생·후생에 펼쳐집니다.'고 합니다. 칸트도 우리가 외적인 경험으로는 동기를 알 수 없으므로 활동의 의도를 따져보라고 합니다. 활동의 외적 동기나 결과가 아니라 의지의 내적 가치에 의해 선해지기 때문입니다.

이처럼 '의도가 삶을 좌우합니다.'

먼저 '도마 18'의 '④원인에 굳건히 서 있다'(ωϨε εραтϥ)는 직역하면 '원인에 자기 발로 선다'인데, 이것은 현상의 원인(αρχн)을 알아보기 위해 '추적하기를 멈추지 않는 것'(도마 2)이고, 홀로서기인 독립(獨立) 그리고 포기하지 않고 굳건히 지속해가는 일심(一心)을 내포합니다.

'도마 23'에는 '②통합된 존재가 되어서 굳건히 서 있다'고 하고, '도마 16'에는 '④절대자가 되어 굳건히 서 있다'고 하는데, 이것은 통합되어 절대자가 되어야만 굳건히 서 있게 된다는 것입니다.[절대자에 관해 128쪽 참고] 앙굿따라니까야[A8:30]에도 '담마는 열심히 정진하는 사람을 위한 것이지, 게으른 사람을 위한 것이 아닙니다.'고 합니다.

'원인에 굳건히 서 있다'와 '추적하기를 멈추지 않는 것'은 상반된 것으로 보이지만, 백조가 겉으로는 우아하게 떠다닐지라도 속으로는 열심히 물갈퀴를 움직이고 있듯이, 주인공도 외적으로는 원인에 굳건히 서 있는 것으로 보일지라도 내적으로는 끊임없이 추적하고 있는 것입니다.

호랑이를 추적하기 시작한 사냥꾼이 멈추지 않듯이 '원인에 굳건히 서 있다'는 것이, 바로 수운(水雲)의 '불연기연(不然其然) 각지불이(各知不移)', 천부경(天符經)의 '용변(用變) 부동본(不動本)'과 같습니다.

지금 펼쳐지는 외부현상이 자신과 관련이 없는 듯이 보였으나 기실 자신에게는 아주 적절한 것임을 깨닫게 되면서, 과거에는 불합리하게 보였으나 지금 보니 그 현상이 도리어 자신에게는 아주 적절했고, 이런 체험이 몇 번이나 반복되었음을 깨닫게 되는데, 이것이 **불연기연**(不然其然)입니다. 이런 식으로 자신에게 제시된 현상의 숨겨진 진실을 알아보게 되면서 저절로 자신의 관점이 바뀌고, 이에 따라서 자신의 존재상태 또한 바뀌어야 한다는 사실도 깨닫게 됩니다. 그래서 주인공은 자신의 존재상태가 바뀔 때까지 지금 자신에게 제공된 가르침에서 벗어나지 않고 옮기지 않기로 결단합니다. 이 옮기지 않겠다는 결단이 바로 각지불이(各知不移)입니다.[『수운과 칸트의 발견』 206쪽 참고]

'용변(用變) 부동본(不動本)'은 외부현상을 바꾸고자 한다면 그 외부현상 자체가 아니라 자신의 마음가짐을 바꿔야 한다는 진실을 깨닫게 됨으로써 '외부의 변화'가 아니라 '자신의 변화'로 활용하게 되며(用變), 자신에게 제시된 그 외부현상에서 메시지를 얻을 때까지 끈기로 움직이지 않고, 찾아낸 이 메시지를 자신의 천명(本)으로 받아들여서 내면의 본질적 변화를 통해 존재상태가 바뀔 때까지 한눈을 팔지 않는다(不動)는 뜻입니다. 이것은 자신에게 제시된 현상과 그 현상이 주는 메시지가 자신이 상승하는 데 가장 적절하며 알맞고 완벽하기 때문입니다.[『천부경의 발견』 129쪽 참고]

'도마 90'에는 "내게로 오시라! 내 멍에(ⲚⲀϨⲂ)는 탁월하고, 내 공동체의 훈육(ⲘⲚⲦⲬⲞⲈⲒⲤ)은 부드럽기 때문입니다. 그리고 여러분은 자기 자신을 위한 안식(ⲀⲚⲀⲠⲀⲨⲤⲒⲤ)을 발견할 것입니다."고 합니다.

번역에서 'ⲘⲚⲦⲈⲢⲞ'(나라)가 왕의 다스림, 즉 담마(dhamma)이듯이 'ⲘⲚⲦⲬⲞⲈⲒⲤ'는 주인의 다스림으로 보아서, 예수 공동체의 지도방식인 훈육이라고 하겠습니다. 멍에는 소의 목에 얹어서 쟁기를 끌게 하는 막대입니다. 비유의 제왕이신 붓다도 농사법을 수행과 연결하는데, 소가 메고 앞에서 끌어가는 '멍에'를 원인에 비유하는 방식이 같습니다.

쌍윳따니까야[S7:11]에는 붓다에게 밭 갈고 씨 뿌린 뒤 먹으라는 브라만의 말에 붓다는 "믿음이 씨앗에, 수련은 빗물에, 반야는 멍에(원인)와 쟁기(결과)에, 양심은 쟁기자루에, 마음은 [멍에와 쟁기를 연결하는] 밧줄에, 사띠는 [마음 밭을 갈아엎는] 보습과 [바른길로 인도하는] 몰이막대에 해당합니다. 몸과 말을 제어하고 음식을 절제한 진실은 잡초 제거에, 공감은 [멍에를 벗는] 해방에, 속박에서 평심으로 이끄는 정진은 짐을 싣고 슬픔이 없는 곳에 도달해서 돌아오지 않는 황소에 해당합니다. 이처럼 밭을 갈면 불사(不死)의 결실을 거두며 모든 고통에서 해탈합니다."고 했습니다.[『붓다의 발견』 45쪽 참고]

여기서 믿음이라는 씨를 뿌려서 불사라는 결실을 얻으려 밭을 갈 때 쟁기 손잡이(자루)를 굳게 붙들어야 하듯이, 마음 밭을 갈아엎을 (수행할) 때에도 [자루에 해당하는] 양심을 언제나 굳게 붙들고 있어야 합니다.

그래서 멍에는 원인에, 쟁기는 결과에 해당합니다. 그러면 소는 수행자에, 농부는 주인인 예수에, 밭은 나라에 각각 대응될 수 있습니다. 소-길벗, 농부-주인(예수), 멍에-원인, 밭-나라 이렇게 각각 연결됩니다.

이야기를 연결하면, 농부가 소에게 멍에를 씌워서 밭을 갈게 하듯이 예수도 수행자인 길벗에게 [제대로] 원인을 놓게 함으로써 나라를 발견하고 인생공부를 졸업하게 한다는 것입니다.

그리고 밭을 갈아 '나라'를 발견하는 방식은 '도마 109'에 대해서 해설한 83쪽에 있습니다. 그리고 '자기 자신을 위한 안식을 발견할 것입니다'고 했는데, 안식에 관해서는 133쪽을 참고하십시오.

2. 살아있는

'도마 2'의 '[원인을] 추적해서(ⲱⲓⲛⲉ) 밝혀내는(Ϭⲓⲛⲉ)' 과정을 붓다는 '사띠'(sati)라고 합니다. 『붓다의 발견』은 "사띠는 과거 경험에서 현재 체험에 관련된 내용을 기억해내고 연상하며 성찰하는 '되새김'(추적)이고, 문지기가 문을 지키며 출입을 통제하듯이 체험한 내용을 살펴보고 그중에서 통과시키거나 막아버리는 '걸러냄'(밝혀냄)이다."고 합니다.

즉, 사띠는 우주의 담마(dhamma)를 알아보는 법인데, 이 담마가 바로 '도마 1'의 '해석'인 헤르메네이아(Hermeneia, ϩⲉⲣⲙⲉⲛⲉⲓⲁ)입니다. 다만 붓다가 이중적으로 사용하는 담마(曇摩)는, 메시지를 내포한 메신저인 '외부현상' 및 그 메시지인 '그 해석' 양쪽 모두를 지칭합니다.

그리고 '추적해서(ⲱⲓⲛⲉ) 밝혀내고(Ϭⲓⲛⲉ) 그때 전율하고(ⲱⲧⲣ̄ⲧⲣ̄) 기적(ⲱⲧⲏⲣⲉ)이 일어난다'(도마 2)는 것이 붓다의 첫째 선정(初禪)과 같은 메커니즘인데, 첫째 선정(初禪)은 "욕락(慾樂)에서 벗어나고 불선(不善)한 담마에서 벗어나 탐색(尋)하고 검토(伺)해서 생긴 초월에 의한 희열(喜)의 즐거움(樂)이 있는 첫째 선정에 들어서 머문다."입니다.

그래서 탐색(尋 vitakka)하는 것이 바로 '추적해서(ⲱⲓⲛⲉ)'고, 검토(伺 vicāra)해서 생긴 초월(viveka)이 바로 '밝혀내는(Ϭⲓⲛⲉ)'이며, 희열(喜 pīti)이 바로 '전율하는(ⲱⲧⲣ̄ⲧⲣ̄)'이고, 즐거움(樂 sukha)이 바로 '기적(ⲱⲧⲏⲣⲉ)이 일어나는'이며, '첫째 선정(初禪 paṭhama jhāna)에 들어서 머문다'가 바로 '모든 그것에 대한 왕(ⲢⲢⲞ)이 된다'인 것입니다.

그러므로 도마복음의 '추적해서 밝혀내고 전율하는 것'이야말로 예수가 말하는 '천국의 기쁨'이고, 붓다가 말하는 '선정(禪定)에서 초월하는 기쁨'입니다.

여기에서 첫째 선정의 '희열(喜)의 즐거움(樂)'이 바로 '밝혀낼 때 전율하고 기적이 일어나 모든 그것에 대한 왕(ⲢⲢⲞ)이 된다'(도마 2)인 '복되다'(도마 18)에 해당하는데, 이것이 세간(世間)적인 행복이 아니라 출세간(出世間)적인 행복입니다. 아를테면 탈레스가 이등변삼각형을 처음 통찰해서 증명했을 때이고, 아르키메데스가 "유레카!"라고 외칠 때입니다.

'도마 18'의 '④원인에 굳건히 서 있는 사람은 복됩니다.'에 해당하는 '도마 2'의 '[현상의 원인을 끝까지] 추적해서 그 의미를 밝혀낼 때 전율하고 기적이 일어나며, 모든 그것에 대한 왕이 된다'는, 바로 '도마 1'의 "이것은 살아있는(ⲞⲚⲌ) 예수께서 말씀하시고, 쌍둥이 유다 도마가 기록한 비밀의(ⲈⲐⲎⲠ) 말씀입니다. 그리고 이 말씀에 대한 해석(ⲌⲈⲢⲘⲎⲚⲈⲒⲀ)을 돌연 발견해내는(ⲌⲈ) 사람은 누구든지 죽음을 맛보지 않을 것입니다."에 대응합니다.

여기서 '비밀의 말씀'은 의미를 알아보지 못하는 메신저인 '그 현상'에, '말씀에 대한 해석'은 그 현상에 대한 메시지인 '그 의미'에, '돌연 발견해내는' 것은 '밝혀낼 때 전율하는'에, '죽음을 맛보지 않는다'는 '기적이 일어나며 모든 그것에 대한 왕이 된다'에 각각 대응합니다.

그리고 의미를 알아보지 못하는 '그 현상', 즉 육감을 동원해도 그 원인을 알 수 없는 현상을 칸트는 '순수(rein) 현상'이라고 했습니다. 칸트의 '순수(rein)'는 불순한 것, 즉 경험적인 것이 섞여 있지 않다는 뜻이 아니라 지금 벌어지는 현상의 원인이 상식적으로 규명되기 어렵게 대상에 관련한 감각이 그 표상에 들어있지 않은 상태를 말합니다.

마찬가지로 수운(水雲)도 이런 원인을 알 수 없고, 이성적으로 생각하면 수용되지 않으며, 논리적으로 궁구하면 불명확해지는 현상을 '불연'(不然)이라고 합니다.[『수운과 칸트의 발견』 102쪽 순수이성비판 참고]

그래서 '도마 17'에는 "나는 여러분에게 눈(ⲃⲁⲗ)이 보지 못했던 것, 귀(ⲙⲁⲁϫⲉ)가 듣지 못했던 것, 손(ϭⲓⲝ)이 만지지 못했던 것, 사람의 마음(ϩⲏⲧ)에 떠오르지 않았던 것을 줄 것입니다."고 합니다. 예수는 육감(六感), 즉 육근(六根) 중에서 안이신심(眼耳身心)을 동원할지라도 그 원인을 알기 어려운 현상들에 대해 '해석'하는 방식을 제공해준다는 것입니다.

▷ '결과를 알아볼 것이므로 죽음을 맛보지 않게 된다'

25쪽의 인용문에서 붓다는 밭을 갈아 농사를 지어서 결실을 거두게 되듯이, 수행의 과정을 제대로 겪어낸다면 '불사(不死)', 즉 '죽음을 맛보지 않는다'는 결과를 얻게 된다고 했는데, 마찬가지로 예수도 '원인에 굳건히 서 있음으로써 그 결과를 알아봐야만 죽음을 맛보지 않게 된다'고 했습니다.

'도마 1'의 '해석을 발견해내는 사람은 죽음을 맛보지 않는다'와

'도마 19'의 '그 나무를 알아보는 사람은 죽음을 맛보지 않는다', '도마 85'의 '아담이 적합한 자였다면 그는 죽음을 맛보지 않았다'에 있는 '죽음을 맛보지 않는다'(ⲭⲓϯⲡⲉ ⲁⲛ ⲙ̅ⲙⲟⲩ)가 바로 불멸(不滅)을 말합니다.

이를 정리한다면, 원인(ⲁⲣⲭⲏ)을 파악해서 결과(ϩⲁⲏ)를 알아봄으로써, 즉 해석을 발견해내서 나무인 연기(緣起 paṭicca-samuppāda)를 알아봄으로써 그 해석을 거듭나게 할(ϣⲁⲭⲡⲉ) 때에야[139쪽 도마 70], 그 사람은 죽음을 맛보지 않고 '구원받게'(ⲧⲟⲩⲭⲉ) 된다는 것입니다.

'죽음을 맛본다'는 것은 자신에게 지속해서 제공되는 '생명의 길'을 무시하고 '죽음의 길'을 감으로써 결국 인생이 자기 뜻대로 되지 않는 괴로움을 겪는 상황을 말합니다. 붓다는 이를 각자에게 맞춤식으로 제공되는 어떤 조언도 소용없는 유(有 bhava_연기의 10번째 상태, 『붓다의 발견』 290쪽 참고)의 상태 때문에 생(生 jāti)이라는 현실화한 불의의 사고가 발생하고, 결국 구원 프로젝트가 실패로 끝나는 노사(老死)상태에서 슬픔·비탄·고통·원망·절망인 고온(苦蘊)을 맛보는 것이라고 합니다.

즉, '죽음을 맛보지 않는다'는 것은 '생명의 길'을 무시하지 않음으로써 어찌하지 못하는 괴로운 결과인 고온(苦蘊)을 겪지 않는다는 것입니다.

그리고 '죽음을 맛보지 않는다'고 해서 육체적으로 영원히 산다는 영생(永生)이 아닙니다. '불멸의 이순신'이라고 하듯이, 즉 이순신 장군이 시공간을 초월해서 언제나 그리고 누구에게나 영향을 끼치면서 생생하게 살아있듯이 죽어도 죽은 것이 아닌 불멸의 존재가 된다는 것입니다. 즉, 호랑이가 죽어서 가죽을 남기고 사람은 죽어서 이름을 남긴다는 것입니다.

> **3가지 중요한 거울**
> 대상을 비춰주는 거울, 타자라는 거울, 역사라는 거울입니다. 유리로 된 거울은 얼굴에 뭐가 묻었는지 보고 자신의 모습을 고치는 것이고, 타자라는 거울은 주변 사람을 통해서 자신의 행태를 보고 반면교사로 삼는다는 것이며, 역사라는 거울은 같은 실수를 반복하지 않도록 실패한 과거를 비춰보고 현재를 알아본다는 것입니다. 우리가 거울을 볼 때 그 거울을 고치려는 게 아니라, 거울을 보고서 자신을 고치려는 것입니다. 거울은 '내게 무엇이 묻어 있는지', '내게 어떤 오류가 있는지', '내게 반복하는 모습이 있는지'를 알아보기 위해 나를 들여다보고 성찰하는 도구입니다.

이런 점에서 '모든 역사가 현대사(現代史)다'는 것은, 현재의 문제를 해결하기 위해 유사한 과거의 역사를 찾아낸다는 것이고, 단순히 과거의 역사를 이론으로 배우는 것이 아니라 실패한 그 역사를 지금 여기에서 자신에게 적용할 교훈으로 삼아 '살아있는 역사'가 되게 한다는 것입니다.

무역이나 실리를 내세웠으나 실상 지역에서 제2인자로 행세하려던 속셈이, 조선을 결국 중국에 조공을 바쳐 책봉을 받는 사실상 속국으로 만들어버렸습니다. 발달한 서구 문물을 받아들여 국가를 부강하게 한다는 명분을 내세웠으나 실상 하층민을 지배하는 권력자로서 행세하려던 속셈이, 대한제국을 결국 동아시아 경영을 위한 식민지로 만들어버렸습니다. 지금도 발달한 미국의 선진 문화를 받아들여 국가를 선진국화한다는 명분을 내세우나 실상 국민을 조종하는 권력으로서 행세하려는 속셈이, 대한민국을 결국 세계경영을 위한 사실상 식민지로 만들어버렸습니다. 평소 권력에 붙어서 득을 보거나 편하게 타인을 지배하려는 속셈이, 자신을 결국 주인이 아니라 사실상 종으로 만들어버릴 뿐입니다. 다양한 속셈으로 타자에 기대 득을 보려는 의도는, 자신을 결국 독립된 주인이 아닌 노예로 만들어버립니다. 이렇게 우리는 '식민지화된 이 땅의 역사'를, 각자의 노예의식이 자신의 집단을 결국 사실상 식민지로 만든다는 '살아있는 역사'가 되게 합니다.

이처럼 극복되지 않은 역사가 반복되지 않도록 지금 여기의 문제에 관련된 과거를 성찰해서 적용하는 태도는, 앞에서 언급한 붓다의 '사띠'(念 sati) 그리고 예수의 '추적해서(wine) 밝혀내기(6ine)'와 같은 맥락입니다.

그리고 '죽음을 맛본다'의 반대인 삶, 즉 '죽음을 맛보지 않는다'는 불사의 대표적 실례가 바로 '도마 1'의 '살아있는' 불멸의 예수입니다. 이는 예수의 육신이 '**부활한**' 상태로 우리에게 말해준다는 것이 아닙니다.

이런 '살아있는' 불멸의 예수를 고려했다면, 바울은 '죽어서 부활한 예수', 즉 죽지 않고 영생하는 예수를 연출하지 않았을 것입니다. 그는 살아있는 역사관을 가져본 적이 없었으므로 '살아있는' 불멸의 예수가 아니라 관에 들어간 예수를 꺼내야만 살려낸다고 생각한 것입니다.

우리가 이순신을 관에서 꺼내야만 살려내고 그의 삶을 본받게 되는 것이 아니듯이, 예수를 부활시켜야만 그의 삶을 본받게 되는 것이 아닙니다. 우리는 이순신이 부활하지 않았더라도(이순신이 실제 죽지 않았다는 주장도 있음) 그가 사람들을 위해 결단한 삶을 조작되지 않은 난중일기의 기록을 통해 기억하고 본받을 수 있듯이, 예수가 부활하지 않았더라도 그가 인민을 위해 결단한 삶을 거의 조작되지 않은 도마복음의 기록을 통해 기억하고 본받을 수 있고, 본받아야 한다는 것입니다.

바울은 비록 자신들의 잘못되고 수치스러운 역사일지라도 일부는 사실대로 전하나 직선적 시간에 의한 역사관, 즉 창세기에서 심판받는 종말로 향해간다는 유대인의 관점을 넘지 못한 상태에서, 예수의 혁명적인 가르침을 희랍사상과 유대의 역사에 불과한 구약을 기초로 편집해서, 도마처럼 '살아있는 불멸의 예수'를 전하기보다 '죽어서 부활한 예수'라는 드라마를 쓰게 했고, 그것을 전도나 서신 정치를 통해 연출한 것입니다.

'살아있는(ON2)'에 관련해 '도마 3'에는 '④자신이 살아있는 아버지의 자녀임을 깨닫게 된다'고, '도마 11'에는 '②살아있는 사람은 죽지 않는다'고, '도마 37'에는 '②살아있는 아버지의 자녀를 보게 된다'고, '도마 50'에는 '②나는 빛의 자녀이자 살아있는 아버지의 선택된 사람입니다.'고, '도마 52'에 '②바로 앞에 살아있는 사람을 떠나보내고, 죽어있는 자들에 관해 말해왔습니다!'고, '도마 59'에 '살아있는 사람을 추구해보십시오.'라고, '도마 111'에 '②살아있는 사람을 통해서 생명의 길로 가는 사람은 죽음을 보지 않을 것입니다.'

고 합니다.

　이것들을 살펴보면 '살아있는(ONS)'의 의미는 육신으로 살아있다는 것이 아니라 시공을 초월해서 정신적으로 현존한다는 것이고, 우리에 관한 외적 사실을 고려해준다는 것이 아니라 우리에 관한 외적 사실에다가 내적 진실도 고려해준다는 것이고, 우리와 무관한 화석이 되어버린 역사가 아니라 우리에게 생생히 적용되는 역사라는 것이며, 눈을 감고서 우리의 마음을 알아주지 않는 불통의 신이 아니라 눈을 뜨고서 우리의 처지를 살피면서 언제나 소통하는 신이라는 것입니다.

　그러므로 '죽음을 맛보지 않는다'는 의미는 자신의 선택이 어떤 결과를 가져올지를 알아보고, 항상 신의 조언을 받아들여서 생명의 길을 의식해서 선택한다는 것입니다.

　살아있는 삶의 전체 그림을 그려주는 '도마 18'을 정리하면, '원인을 추적하기 위해서 굳건히 서 있으면 결국 결과가 어찌 될지를 알아보게 될 것이므로 언제나 적중하는 선택을 의식해서 하게 된다'는 것입니다.

　그런데 '살아있는(ONS)'의 반대인 경우도 있는데, '자기가 누구인지'를 의식하며 존재하는 살아있는 사람도 있지만, '자기가 누구인지'를 의식하지 않으면서 걷는 자들도 있는데, 이들을 예수는 산송장(ΠΤωΜΑ)이라고 합니다. '살아있는 시체'처럼 되어버린 자가 바로 산송장입니다.[산송장에 관해 128쪽 참고]

3. 나라는 겉과 속에

   종교에 몸담든 아니든 많은 사람이 '천국'(天國)에 가기를 소망합니다. 예수가 말하는 그 천국(天+國)은 하늘(ⲠⲎⲨⲈ)+나라(ⲘⲚⲦⲈⲢⲞ)입니다. 도마복음에는 '아버지(ⲈⲒⲰⲦ)의 나라', '하늘나라', '나라'라는 형식으로 서술됩니다. 인류가 가기를 염원하고, 이뤄내고 싶었던 '나라'에 관해 알아봅니다.

   예수의 천국은 죽어서 잠시 거치는 '낙원'(παράδεσος) 자체도 아니고, 이승의 반대인 저승으로서 하데스(hades) 같이 죽음 이후에 가는 곳도 아닙니다. 또 세상이 끝날 때 누리게 될 축복(祝福)도 아닙니다.

   '도마 3'에는 "여러분의 마음을 이끄는 자들이 여러분에게 '보십시오! 나라(ⲘⲚⲦⲈⲢⲞ)는 하늘(ⲠⲈ)에 있습니다'고 한다면, 하늘의 새가 여러분보다 먼저 하늘에 도착할 것이고, 이들이 여러분에게 '나라는 바닷속에 있습니다'고 한다면, 물고기가 여러분보다 먼저 도착할 것입니다. 하지만 나라는 여러분 안에 그리고 여러분 밖에 있습니다."고 합니다.

   앞부분에서 '공간적인' 하늘과 바다에는 나라(ⲘⲚⲦⲈⲢⲞ)가 없다고 하지만, 그다음 '나라는 여러분 안에 그리고 여러분 밖에 있습니다.'고 하면서 '내면'과 '외부'라는 다른 '안팎의 공간'을 제시하는 듯이 보입니다.

   신성을 인간들이 찾을 수 없는 곳에 숨기려 했던 신들의 이야기가 있습니다. 신들은 소집된 회의에서 처음에는 땅속 깊숙한 곳, 그다음 깊은 바닷속, 높은 산이 제안되었으나 어쨌든 인간들이 찾아낼 것이므로 결국 인간 내면 깊은 곳에 숨겨두기로 했습니다. 그런데 도마복음은 신성이라는 나라를 인간의 내면만이 아니라 외부도 제안한다는 것입니다.

바로 여기에 '나라'에 관한 암시가 있습니다. '나라'가 높고 깊숙해서 접근이 어려운 하늘과 바닷속이라는 공간이 아니라, 바로 누구든 공평하게 접근할 수 있는 인간계라는 공간에 있음을 시사합니다. 그곳이 우리 '내면'과 '외부'입니다. 다만 '내면에도 외부에도'가 아니라는 점에 주의해야 합니다. 두 공간에 동시에 존재하지 않는다는 점입니다.

그 근거는 수운(水雲)의 시천주(侍天主)의 시(侍), 즉 내유신령·외유기화·각지불이에 있습니다. 인간 내면에 내려지는 메시지인 강화의 가르침(降話之敎)이 바로 '내면에 있는 신령'의 가르침, 즉 '내유신령'(內有神靈)의 메시지입니다. 그리고 인간이 자기 내면의 신령이 주는 가르침을 알아듣지 못하면 접령지기(接靈之氣)인 지기(至氣)가 이번에는 외부에 화신(化身)해서 같은 가르침을 다른 방식으로 펼쳐내는데, 이를 '외유기화'(外有氣化)라고 합니다. '내면에 있는 신령(神靈)' 그리고 '외부에 있는 기(氣)의 화신'이 일관된 가르침을 다양한 형태로 반복해서 제공한다는 것입니다.[『수운과 칸트의 발견』 206쪽 참고]

그러므로 '나라'는 '자기 내면에 주어지는 메시지' 그리고 '외부에 펼쳐지는 메신저' 이렇게 양면성을 지니고 있습니다. 내면 가르침이 바로 왕의 명령이고, 외부 현상이 바로 왕국(kingdom)이라는 땅인 셈입니다. 그래서 '나라'는 공간적인 장소이기도 하고, 아니기도 한 것입니다.

이 '나라'를 대변하는 표현이 바로 붓다의 담마(曇摩 dhamma)인데, 그것을 천부경은 '本'이라고 하고, 노자는 '道'라고 하며, 플라톤은 '이데아'라고 했습니다.

'담마(dhamma)'에는 '외부 현상'과 '내면 메시지' 즉 연기된 현상(조건에 따라 펼쳐진 현상)과 연기(緣起 조건에 따라 전환되기) 자체가 있고, '本'에는 '본태양(本太陽)'과 '본심(本心)'이 있으며, '道'에는 외부에서 길을 인도해주는 '무명(無名)의 마부(僕)' 그리고 내면에서 신의 메시지를 전해주는 '하찮은 무녀(婢)'가 있습니다. [『천부경의 발견』 149·143쪽 참고]

마찬가지로 칸트도 지성에 의해 사유되지 않은 직상(直像)의 무질서한 상태인 '현상'(Erscheinung) 그리고 경험적 통각(Apperzeption)에 의해 대상의 의미를 조언해주는 '내감'(內感 innerer Sinn)이라고 했고, 또 '내 위의 별이 빛나는 하늘' 그리고 '내 안의 도덕률'이라고 했습니다.

그리고 강요가 아닌 권유로서 '命'은 '나라'의 한쪽 면을 대변하는데, 그러면 하늘나라인 천국(天國)에는 소위 '天命'의 의미가 절반은 들어있고, 또한 아버지의 나라인 신국(神國)도 '神命'의 요소를 지니는 셈입니다.

바로 '나라'에서 물리적인 면을 무시하고 [심지어 그런 면을 악하다고 하면서] 바로 현상에 숨겨진 '命'의 면만을 고집하는 분들이 소위 영지주의자들(Gnostics)이고, 반대로 물리적인 면을 중시하고 숨겨진 '命'의 면을 무시하는 이들이 소위 근본주의자(fundamentalist)인 셈입니다.

전자는 현실보다 숨겨진 경전에서 명지(gnosis)를 얻어 구원받을 수 있다고 생각하고, 후자는 의례를 철저히 지켜야 할 뿐만 아니라 경전 내용을 고치지도 않는 신앙(faith)을 통해서 구원받을 수 있다고 생각합니다.

나라(ⲘⲚⲦⲈⲢⲞ)는 'ⲘⲚⲦ'(추상명사화 접두사) + 'ⲈⲢⲞ'으로 왕(ⲈⲢⲞ)의 영역 및 명령(다스림)이며, 희랍어로 바실레이아(βασιλεία)라고 합니다. 최종길님은 'ἤγγικεν ἡ βασιλεία'를 '나라가 가까이 왔다'가 아니라 "나라가 가까이 '이미' 왔으나 '아직' 알아보지 못한다"는 의미로 제시했습니다.

'도마 113'에 "'아버지의 나라'는 이 땅 위에 펼쳐져 있으나 사람들이 그것을 못 봅니다."고 합니다.

'이 땅 위'는 바로 수운의 외유기화(外有氣化)가 펼쳐지는 무대를 말합니다. 실제로 자신의 기존 방식으로는 '나라'를 발견해서 알아보지 못합니다.

'도마 20'에는 "하늘(ⲠⲎⲨⲈ)나라는 무엇과 같은지 말씀해주십시오."라는 길벗의 청에 예수께서 "하늘나라는 겨자씨에 비유됩니다. 겨자씨는 모든 씨(ϬⲢⲞϬ) 중에 가장 작지만, 경작된 땅에 떨어지면 커다란 가지를 낳아서 하늘의 새들을 위한 보금자리가 됩니다."고 했습니다.

'도마 18'의 원인(ⲀⲢⲬⲎ), '도마 19'의 조건(ⲈϨⲎ), '도마 20'의 씨앗(ϬⲢⲞϬ), '도마 21'의 조건, '도마 22'의 아기(ⲔⲞⲨⲈⲒ)는 모두 '시

작'에 관련된 것입니다.

맛지마니까야(M43)에 '세상에서 어떤 현명한 사람들은 비유를 통해서 말의 의미를 이해합니다.'고 합니다. 담마의 이중적 뜻인 '제시된 메신저'와 '그 현상의 메시지'가 함께 들어있는 교훈적 이야기도 담마라고 합니다. 그것에는 간접경험을 통해서, 특히 비유나 우화에 빗대어서 '나라'인 담마를 깨닫고 실제 적용하도록 돕는 내용이 들어있습니다.

세상의 관점으로 보면, 겨자는 1m가량 자라는 풀에 불과합니다. 하지만 '나라'를 일깨워주려는 예수의 관점에서 보면, '나라'의 속성 자체가 세상의 관점을 뛰어넘어 있으므로 '겨자는 풀에 불과하다'는 기존 관념을 뛰어넘을 수 있어야 '나라'에 접근할 수 있다는 것입니다.

겨자를 심어서 커다란 나무가 된다고 하면 누구나 비웃듯이, '나라'를 발견해서 실천하면 결국에는 많은 사람에게 도움된다고 하면 누구나 비웃는다는 것입니다.

마찬가지로 맨 처음 농사법을 발견한 신농씨(神農氏)는 먹을 수 있는 '씨앗'을 뿌린다는 결단이 어려웠을 것인데, 그 당시의 상식적인 사람이라면 먹을 수 있는 양식을 땅에 버리는 행위를 당연히 몰상식하다고 비난하거나 심지어 제지하고 공격했을 것이기 때문입니다. 생존을 돕는 먹거리를 땅에 버리는 외관상 어리석은 행동을 한 다음에도 대다수 썩어버린 씨앗에서 난 싹과 줄기에 관심을 기울이고 가꾸는 신농씨를 사람들은 이해하고 받아들이기가 어려웠을 것입니다.

이런 농사의 시조 신농씨처럼 수운(水雲)도 '이해가 되지 않는다'

든가 '미쳤다'든가 '민심을 불안하게 한다'는 이야기를 듣고 나아가 목숨까지 내놓으면서 힘든 세상에서 밝은 세상으로 전환할 수 있는 새로운 패러다임을 발견하여, 인류로 하여금 겉만이 아니라 속으로도 평등한 세상을 건설하게 하는 신천지(新天地)의 법도를 제시했습니다.

그리고 겨자를 심으려면 미리 '경작되어 준비된 땅'이 중요한데, 내면 목소리나 외부의 담마 등 신의 말씀이 주어지면 그것을 수용해서 활용할 정도로 미리 준비되어야 합니다. 이를테면 곡물을 심기 전에 미리 밭을 갈듯이, 신의 말씀을 심기 전에 미리 부조리한 주변 상황을 갈라서 숨겨진 진실을 파헤치는 준비가 요구됩니다.[83쪽의 도마 109 참고] 이것이 '처음은 왕성하나 끝이 흐지부지된다'는 용두사미(龍頭蛇尾)가 아니라, 소위 '시작은 미미하나 끝은 창대하리라!'는 의미의 사두용미(蛇頭龍尾)입니다.

이와 같은 '나라'를 발견하기 위한 조건을 하나하나 알아봅니다.

4. 나라의 발견 조건

'도마 27'에는 '이 세상에 대해 금식(ⲚϨⲤⲦⲈⲨⲈ)하지 않는다면, 여러분은 나라를 발견하지 못할 것입니다.'고 하고, '도마 49'에는 '절대자(ⲘⲞⲚⲀⲬⲞⲤ)가 되어 선택된 사람은 나라를 발견할 것이므로 복됩니다. 이는 여러분이 나라 출신이므로 다시 나라로 향하게 될 것이기 때문입니다.'고 하며, '도마 46'에는 '여러분 중에 누구든 아기가 되는 사람은 나라를 알아보고, 요한보다 높여질 것입니다.'고 하고, '도마 3'에는 '나라는 여러분 안에 그리고 여러분 밖에 있습니다. 여러분이 자기 자신을 알아본다면, 비로소 여러분은 알려지게 됩니다.'고 합니다.

이 구절들을 조합하면, 세상에 대해 금식해서 여러분 안에 그리고 여러분 밖에 있는 '나라'를 발견해서 자기 자신을 알아보고, 절대자가 되어 선택됨으로써 아기가 되는 사람만이 그 '나라'를 알아보고 그곳에 들어가게 된다는 것입니다.

세상에 대한 금식은 종교 계율로서 지키는 금식이 아니라 세상이 제공하는 가치를 가려서 수용하는 태도를 말합니다. 이것은 세상이 제공하는 가치를 대다수 수용하는 어른은 나라를 알아보지 못한다는 점을 시사합니다. 하지만 세상을 금식한다고 해서 세상 자체를 부정하라는 것이 아니라 세상의 가치가 전도되는 메커니즘을 알아보라는 것입니다.

이런 점에서 세상의 가치를 무시하는 아기야말로 세상의 가치를 수용하지 말아야 하는 점을 암시합니다. 그러므로 세상의 가치를 내려놓아야만 '나라', 즉 담마(本 dhamma)를 알아볼 수 있게 됩니다. 붓다도 염처(念處)·선정(禪定) 수행을 하려면, 먼저 세간에 대한 욕심과 원망을 버리기 시작하고, 오개(蓋 nīvaraṇa)를 하나하나 자신의 상태에 비추어 검토하며, 욕락(慾樂 kāma)에서 벗어나고, 불선(不善)한 담마에서 벗어나기 시작해야 한다고 했습니다.[『붓다의 발견』 379쪽 참고]

이 붓다의 수행 전제조건을 살펴보면 욕락과 불선한 담마에서 '벗어나야 한다'는 것이 아니라 '벗어나기 시작해야' 한다고 하므로 결국 세속적인 욕망을 당장에 완전히 없애버리라는 것이 아니라 없애려는 노력인 수행의 의도가 중요하고, 정진(精進)인 끈기 있는 실천이 중요합니다.

절대자에 관해서는 128쪽을 참고하시고, 아기가 되는 사람은 나라를 알아본다고 했는데, 이 아기가 되는 조건에 관해서는 '도마 22'에서[58쪽 참고] 해설합니다.

'도마 99'에 길벗들이 예수에게 "당신의 형제자매들과 어머니가 밖에 서 있습니다."고 말하자, 예수께서 "내 아버지의 소망(ⲟⲩⲱϣ)을 행하는(ⲣⲉ) 여기 있는 이들이 바로 내 형제자매들이고 내 어머니입니다. 이들이야말로 내 아버지의 나라에 들어갈 사람들입니다."고 말씀합니다.

'나라'에 들어가려면 혈연적인 가족에서 벗어나 길벗들의 공동체, 즉 새로운 가족의 구성원이 되어서 신의 소망을 행해야 한다는 것입니다.

알다시피 길벗들의 공동체에 몸담는다고 해서 꼭 '나라'에 들어가는 것이 아니라, '신의 소망'을 제대로 알고 실행해야 한다는 점이 중요합니다. 그러므로 붓다의 공동체에 출가해서 공동생활하는 출세간(出世間 lokuttara) 자체가 중요하지만, '신의 소망'을 행하는 공동체에 몸담을지라도 자신이 실천하지 않는다면 '나라'에 들어가기 어렵습니다.

쌍윳따니까야[S22:80]에 말하듯이, 결단을 내려서 세속의 욕망을 내려놓고 자발적으로 맨 밑바닥을 체험하는 생활이 도움됩니다. 안전지대에서 벗어나 의식주를 타자(하늘)에 맡기는 출세간의 삶이 도움됩니다.

맛지마니까야(M51)에는 "코끼리가 온갖 거짓·기만·왜곡·속임수를 드러내듯이 우리의 하인이나 심부름꾼이나 일꾼의 행동·말·마음이 다릅니다. 이처럼 인간의 얽힘·혼란·거짓 속에서 인간은 얽혀있으나 동물은 실로 단순합니다. [고행자처럼] 자신을, [사냥꾼·어부·도둑처럼] 타인을, [왕·사제처럼] 자신과 타인을 괴롭히거나 '괴롭히는 수행'을 합니다. '재가의 삶이란 갇혀 있고 때가 낀 길이나, 출가의 삶은 열린 허공과 같습니다. 재가에 살면서 더할 나위 없이 완벽하고 지극히 청정한 소라고동처럼 빛나는 청정범행을 실천하기란 쉽지 않습니다. 그러니 나는 이제 머리와 수염을 깎고 물들인 옷을 입고 집을 떠나 출가하리라.' 그래서 자신과 타인을 괴롭히지 않는 수행을 합니다."고 합니다.

'도마 55'에는 "누구든지 자신의 아버지와 어머니를 미워하지 않는 자는 나의 길벗이 될 수 없습니다. 그리고 누구든지 자신의 형제자매를 미워하지 않고, 또 나처럼 자기 십자가(cfoc)를 짊어지지 않는 자는 내게 적합하지 않습니다."고 합니다.

이 말씀은 원론적인 단순한 수사(修辭)가 아니라 육체적인 부모를 미워하는 과정이 없이는 예수를 따르는 사람이 되기가 어렵다는 것입니다. 신의 뜻을 실천한다고 하면서도 만일 이것을 적극 실행하지 않으면 이런저런 사건, 이를테면 도리를 내세운 부모의 과도한 요구 혹은 육체적인 가족들의 집단적인 왕따 같은 현상이 갑자기 벌어지게 됩니다.

이것은 교회나 성당에 다닌다고 해서 꼭 신의 뜻을 실천하는 것이 아니듯이, 인생공부 차원에서 단순히 부모에게서 떨어져야 하는 숙명을 타고난 분들에게 벌어지는 '부모 회피 충동'이나 부모와의 관계가 도움되는지에 대한 유불리 계산도 신의 뜻을 실천하는 것이 아닙니다.

이런 점이 요청되는 이유는 수행과정에서 당연히 벌어지는 자신과 싸우는 어려운 과정에서 대다수 집으로 후퇴해버리기 쉽기 때문입니다. 심한 어려움이 오면 고비를 넘어가기가 어려우므로 감정적 독립이 요청됩니다. 부모에게서 육체적으로 독립되었을지라도 긍정적이든 부정적이든 감정적인 탯줄로 연결되어 있다면 진정으로 독립된 것이 아닙니다.

자기 십자가를 지는 것은 바로 자신의 삶에 대해 스스로 책임지는 것이고, 자신의 업을 해결하는 효과적인 방도이기도 합니다. 25쪽의 인용문에서 붓다는 수행을 위해 '멍에'를 적극 짊어져야 한다는 점뿐만 아니라, 바로 그 '멍에'를 내려놓게 되는 방도도 제시했습니다. 주인공은 멍에라는 자기 십자가를 개인적으로 짊어지고 겪어내야 합니다.

'도마 101'에는 "아버지와 어머니를 나처럼 싫어하지(ⲘⲈⲤⲦⲈ) 않는 자는 누구든 내 길벗이 될 수 없고, 아버지와 어머니를 나처럼 사랑하지(ⲘⲠⲢⲈ) 않는 자도 내 길벗이 될 수 없습니다. 내 어머니는 나에게 거짓의 길(ϬⲞⲖ)을 주었으나 내 참된 어머니는 나에게 생명의 길(ⲰⲚϨ)을 주었기 때문입니다."고 합니다.

주인공에게 자신을 육체적 인간으로 낳아준 인간부모(人間父母)도 있고, 자신을 영적 존재로 낳아주는 천지부모(天地父母)도 있습니다. 천지의 이치를 깨닫지 못한 대다수 인간부모는 아무리 잘 양육한다고 해도 거짓된 세상의 정보를 제공하지만, 신의 역할 자체인 천지부모는 장기적으로 우리에게 도움된다고 입증될 생명의 메시지를 제공합니다.

자신에게 내림굿을 해준 무당을 신(神) 어머니라고 해서 친부모보다 더 깍듯하게 모시듯이, 자신에게 생명을 주고 있는 참된 천지부모를 사랑해야 하지만, 세상의 거짓 전제를 전한 인간부모는 미워해야 합니다.

사실상 효(孝)를 명분으로 압박하는 부모를 미워해야 함을 알면서도 불효 때문에 천벌이나 손가락질을 받을까 봐 두렵기도 하고, 비록 형식적일지라도 사랑이라는 핑계로 단순히 죄의식에서 벗어나고 싶을 뿐입니다.

칼 융(Carl Jung)도 개별화 과정을 부모에게서 심리적으로 독립하여 자기(Self)가 되는 것, 즉 주체적이고 자율적인 사람으로 홀로서는 것이라고 합니다.

논어에서 '사부모기간(事父母幾諫)'이란 구절은 부모가 제대로 처신하지 않는 부분에 대해 상황을 살펴서 간(諫)하라는 것입니다. 효

(孝)의 본질은 복종이 아니라 이견 제기나 따지기를 예로써 하라는 뜻입니다.

또 '부모는 오직 자식이 병들어 아프지 않을까를 걱정한다'고 했는데, 이것은 말 그대로 '언제나 자식을 걱정하며 [내리] 사랑하라'는 부모의 효(孝)이지 부모의 심기를 거스르지 않도록 하는 자녀의 효가 아닙니다.

삼강(三綱)의 부위자강(父爲子綱)을 표현대로 해석하면 '부모는 자식의 벼리(근간, 모범)가 된다'는 것이지, 자식이 부모에게 효도해야 하는 당위(當爲)를 말하는 내용은 아닙니다. 이 삼강의 표현은 자식의 의무가 아니라, 오히려 '부모가 자녀에게 솔선수범으로 벼리가 되어야 한다'는 부모의 책임을 강조하고 있습니다.

오륜(五倫)의 '부자유친(父子有親)'도 말 그대로 해석하면 부모와 자식은 상호 친함이 있어야 한다는 표현이지, 절대 자식이 일방으로 부모에게 친하려고 해야 한다는 말이 아닙니다.

'도마 30'에는 "[천심(天心)을 대행한다고 여기는] 세 명의 신들이 있는 곳에서 이들은 [사실상 민심(民心)의 눈치를 보면서 진실을 따르기 어려운 다수결] 신들(ΝΟΥΤΕ) 중에 있습니다. 두 명이나 한 명이 있는 곳에 나는 바로 그 사람과 함께합니다."고 하고, 옥시린쿠스 사본은 "세 명이 있는 곳에서 이들은 신과 함께하지 못합니다. 그리고 오직 한 사람만 있는 곳에서 '나는 그 사람과 함께합니다.'고 말합니다."고 했습니다. 〈유대교의 '세 명의 재판관' 개념은 도올의 도움을 받았습니다.〉

이 구절을 이해하려면 먼저 다음의 심리 실험을 이해해야 합니다.

증명된 심리실험인데, 두 사람이 같은 행동을 해도 집단에 영향을 끼치지 않으나 세 사람이 똑같은 행동을 하면 집단에 영향을 끼쳐서 다수가 이에 동조하게 됩니다. 마찬가지로 세 사람은 집단의 민심(民心)에 영향을 받기 쉽지만, 한 사람이나 두 사람은 민심에서 자유롭습니다. 이 상황에서 세 사람이 합의해서 결정할 때, 한 사람이 아무리 천심(天心)을 대변해도 민심을 대변하는 두 사람에게 밀려버리기 쉽습니다.

먼저 '세 명의 신들이 있는 곳'은 최소한 세 명의 재판관이 있어야 한다는 유대교의 법정을 말하는데, 그 재판관들은 자신들이 겉으로는 천심을 대행한다고 하지만, 민심의 눈치를 보면서 사실상 진실을 따르기 어려운 다수결의 구조 속에 있는 신들입니다. 그래서 '세 명의 신들이 있는 곳에서 이들은 신들 중에 있습니다.'를 옥시린쿠스 사본은 '세 명이 있는 곳에서 이들은 신과 함께하지 못한다.'고 해설했습니다.

'세 명의 신들'의 신은 명분에 의한 신이고, '신들 중'의 신은 대개 민심에 의한 신입니다. 옥시린쿠스 사본의 '세 명이 있는 곳에서 이들은 신과 함께하지 못한다.'는 민심이 신의 뜻과 일치할 때에는 그들은 민심에 따라, 즉 신의 뜻에 따르게 되므로 들어맞지 않을 경우가 있습니다.

그다음 '두 명이나 한 명이 있는 곳에 나는 바로 그 사람과 함께합니다.'는, 앞에서 세 명의 경우와는 달리 두 명이나 한 명의 경우는 민심에 휘둘리기 어려우므로 두 명이 있든 한 명이 있든 간에 '나라'를 발견해서 신의 뜻에 합당한 바로 그 사람에게 신이 함께한다는 것입니다. 옥시린쿠스 사본은 전체 맥락을 이해하지 못한 상태에서 서술했습니다.

　이 구절은 집단의 의사를 결정하는 과정에서 벌어지는 폐해를 통찰하게 해줍니다. 3명 이상이 의사결정에 참여하는 경우 특히나 대의제(代議制)에 의한 대표들의 모임인 국회는, 천심에 따라 결정하기가 사실상 불가능하고 대다수 민심에 좌우되기는 하지만, 종종 민심에 반해서 자신들 마음대로 특수 계층, 이를테면 삼성을 위해 의사결정합니다.

　이런 점이 간접민주주의의 한계인데, 도마복음에 따르면 세상이라는 시스템을 밝혀내서 풍요로워진 사람으로 하여금 지도자가 되게 하고, 기존의 권력자로 하여금 권력을 내려놓게 해서 민심을 무시하지 않되 천심에 따라 의사결정하는 사람들이 제대로 정치하도록 해야 합니다.

　기존 권력에 정치권력만이 아니라 국민을 조작의 대상으로 여기는 언론권력, 종교권력, 문화권력, 시민권력, 군사권력, 정보권력, 공무원권력, 사법권력, 검찰권력 특히 자본권력이 해당합니다. 세상이라는 시스템을 상당 부분 알아낸 인간이 바로 이명박인데, 그는 다수의 부가 아니라 자신의 재산을 늘리는 데 이 재능을 악용해버리고 말았습니다.

　다수 의견이 주도하되 소수 의견도 무시되지 않고, 회의에 참석한 전원이 합의에 이를 때까지 논의하고 토의해서 모두가 이해하게 되는 메커니즘, 이를테면 화백회의 같은 의사결정 문화가 자리를 잡게 해야 합니다.

　개인적인 삶에도 겉으로 드러난 사실이 있고 속으로 숨겨진 진실이 있듯이, 집단적인 국가에도 드러난 사실이라는 민심(民心)이 있고 그이면에는 숨겨진 진실이라는 천심(天心)이 있는데, 민심을 무시하지 않으면서도 천심을 중심으로 국가를 운영하는 시대가 되기를 희망합니다.

소수의 필요에 따라 다수 민심을 무시하면서도, 툭하면 주장하는 '민심(民心)이 천심(天心)이다'는 말은 하늘을 내세워서 다수결에 의한 선거라는 인간 논리를 정당화하기 위한 엉터리 표어일 뿐입니다. 다수결은 인간적인 현실에 의한 논리에 불과하나 전원합의는 신적인 이상을 발휘할 기회이므로, 국민을 위한다는 거짓된 주장을 알아보고 그 이면의 속셈을 꿰뚫어보기를 희망합니다.

'도마 65'에는 "포도원을 소유한 선한 사람이 있었습니다. 그이는 포도원을 농부들이 경작하도록 그들에게 빌려주고, 그들에게서 열매를 거두었습니다. 그이는 그들이 자신의 하인에게 포도원의 열매를 주도록 하인을 보냈고, 그들은 그 하인을 붙잡아 거의 죽을 정도로 때렸습니다. 그 하인이 돌아와 그의 주인에게 고하자 주인은 '아마 네가 그들을 알아보지 못했을 것이다'고 말했습니다. 주인은 또 다른 하인을 보냈고, 그들은 그 하인도 역시 때렸습니다. 그래서 주인은 자녀를 보내며 '아마도 그들이 내 자녀는 존중할 것이다'고 말했습니다. 그러나 그들은 그 자녀가 이 포도원의 상속자(KΛHPONOMOC)임을 알기에 그를 잡아 죽였습니다. 귀가 있는 사람은 들으십시오."라고 합니다.

이 세상을 근본적으로는 신이 관할한다고 할 수 있지만, 실효적으로는 이 땅의 구성원들이 담당하고 있는데, 이런 상황이 바로 포도원 주인과 경작 농부의 관계로 비유됩니다. 포도원 주인이 경작 농부에게 농장을 빌려주고, 농부가 지은 포도의 열매 일부를 거두기로 했다는 [꼭 지키지 않아도 되는] 계약은 신이 인간에게 지구를 빌려주고, 인간이 이 땅에서 체험하면서 얻은 독창적 정보를 거두기로 한 관계를 말해줍니다.

이런 점에서 인간에게는 세상에 대한 소유권이 아니라 관리권이 있을 뿐인데, 인간들은 충실한 소작농 과정을 통해 '나라'를 발견함으로써 왕이 되기보다 권력을 행사하는 세상의 왕이 되려고 사자로 머뭅니다. 이처럼 사람이 되려고 하기보다 세상의 주인으로 행세하는 사자는 주인이 보낸 하인을 죽도록 때렸을 뿐만 아니라 그의 상속자인 자녀를 죽이기도 합니다. 인류는 자신으로 하여금 깨닫도록 정보와 기회를 제공해주는 신의 심부름꾼인 선지자를 거의 죽을 정도로 박해했을 뿐만 아니라, 신의 상속자인 천지자녀를 죽이기까지도 합니다.

인류가 신의 자녀를 죽인 대표적인 실례가 십자가에 매달아 죽였다는 예수이고, 사다리에 매달았다가 죽인 수운입니다. 이렇게 천지자녀를 죽여버리고 지상의 주인으로 행세하는 인류는 신에 대해 기도하고 받드는 형식적인 명분은 유지하면서도 사실상 신의 뜻은 어기고 있습니다.

이를테면 시간마다 혹은 주일마다 특정 장소에서 형식적으로 기도하는 모습을 연출하지만, 인류가 신의 말씀이라고 믿는다고 하는 '원수를 사랑하라'도 실천하지 않으면서 지상의 만물을 자기 뜻대로 지배합니다.

그렇다고 지상의 인류 전부가 주인행세를 하는 것이 아니라 그중 극소수 10%에 불과한 주류가 사실상 나머지 90%를 교묘하게, 그리고 동식물과 만물을 노골적으로 지배합니다. 손해와 이익에 민감한 기득권은 이 세상에 불국토가 건설되기를 바라기는커녕 외려 묘하게 방해합니다.

  배후조종을 잘하는 10%가 나머지 90%를 갈라서 지배하려고 교묘하게 인간의 짐승 속성인 두려움에 의한 패거리 의식과 이기주의를 부추기고 있음을 자각해서, 그들은 자신들의 묘한 방법이 통하니까 계속할 뿐이므로, 그들로 하여금 다시는 술수를 쓰지 못하도록 문제를 제기해서 인류가 집단이기주의에서 벗어나 공존하는 새로운 패러다임에 참여하기를 소망합니다.

5. 투사(投射)

'도마 45'에는 "가시나무에서 포도를 거두지 못하고, 엉겅퀴에서 무화과를 따지 못하는데, 이것은 열매(καρποc)를 맺지 못하기 때문입니다. 선한(αγαθοc) 사람은 보물(ϵϩο)에서 선한 것을 꺼내옵니다. 악한(κακοc) 사람은 마음속의 사악한 보물 중에서 나쁜 것을 꺼내오고 나쁜 말을 내뱉습니다. 악한 사람은 넘쳐버린 마음에서 나쁜 것들을 꺼내오기 때문입니다."고 합니다.

15쪽에서 선한 결과는 악한 의도에서 얻어지지 않는다고 설명했습니다. 그리고 외부 현상으로 드러나는 결과는 열매가 가을에 결실로 나타나는 것처럼 각자 내면의 존재상태가 때가 되어 외부로 펼쳐내는 상황입니다.

자신의 마음속 깊이 숨기는 보물에는 각자 자신이 귀중하다고 여겨서 숨기는 것들뿐만 아니라 자기 자신이 꼴도 보기 싫어서 숨기는 것들도 있습니다. 자신에게서 나오는 나쁜 말이든 좋은 말이든 틀림없이 자기 내면에 축적되어 있던 것들이 넘쳐나고 있음을 무시하지 말아야 합니다.

그러면 어쩔 수 없는 듯이 보이는 상황에 떠밀려서 나쁜 말을 내뱉고 말지라도, 그 사건은 이미 자기 내면에 상당기간 축적되어온 사악한 보물인 자신의 그림자가 상대방에게 투사되어 드러내기 때문이므로 바로 자신 탓임을 인정해야 합니다. 그리고 자신이 싫어서 숨겨버려 축적되어버린 이 그림자란 보물은, 좋은 보물도 그러하듯이 일정 한도에 다다르면 주인공의 실제 모습을 일깨워주기 위해 이런저런 방식으로 특히나 싫어하는 타자의 행태로 틀림없이 드러나게 되고 맙니다.

그럼에도 내면에 축적된 좋은 보물이든 나쁜 보물이든 간에 모두가 '보물'이라는 점은 주목되어야 합니다. 우리는 그림자 통합작업에서 좋은 보물을 밝은 그림자(light shadow), 나쁜 보물을 어두운 그림자(dark shadow)라고 하는데, 이 양쪽 속성을 자기 보물이라고 의식해서 드러내고 인정하며 수용해서 진짜 보물로 재창조해야 합니다. [『그림자 그리고』 참고]

이를테면 'I am that I am.'(나는 나인 것이다.)에서 'that I am'이 자신이 투사한 것이며, 결국 그것 속에 자기 보물이 숨겨져 있습니다. 그러면 '나는 그것의 속 모습이다'가 되고, 줄여서 '나는 바로 그것이다.'입니다.

'도마 77'에는 "나는 모든 그것 속에 있는 빛이고, 모든 그것입니다. 모든 그것이 나에게서 나왔고, 나에게로 돌아옵니다. 나무를 갈라 보십시오! 나는 거기에 있을 것입니다. 돌을 들춰보십시오! 그러면 여러분은 나를 거기서 발견할 것입니다."고 합니다. '나' 자리에 어떤 사람을 대체해도 됩니다. 전체라는 '모든 것'이 아니라 하나하나라는 '모든 그것'입니다.〈'위'의 뜻인 '간'를 내용의 일관성을 위해 '속'이라고 했습니다.〉

그리고 붓다는 쌍윳따니까야[S35:23]에서 "일체(一切 sabba)란 눈과 형상, 귀와 소리, 코와 냄새, 혀와 맛, 몸과 감촉, 마음(mano)과 담마(dhamma)를 말한다. 이것을 떠나 다른 일체를 제시한다면 그것은 다만 말일 뿐 물어봐야 모르고 의혹만 더할 것이다. 왜냐면 그것은 대상(visaya)이 아니기 때문이다."고 합니다. 칸트도 인간은 운명적으로 감성·지성·이성을 통해 알 수 있는 것에 한계가 있으므로 인간이 자기 한계를 넘어선 우주의 모습에 대해 생각하면 이율배반에 빠진다고 합니다. 수운도 불연기연(不然其然)에서 소자이탁지(所自以度之)의 결과로 혹난분(或難分)이므로 묘연(杳然)해진다며, 유래된 바에 의하여 대상을 헤아린다면 의혹이 분명해지지 않고 오히려 묘연해진다고 합니다.

이처럼 이 세상 모든 것이나 만사(萬事)를 일체(一切)라고 한 것이 아니라 [마음을 포함한] 감각기관을 통해 자신과 연관된 것만을 일체라고 합니다.

앞의 주인공이 상대방에게 드러나는 모습에서 자신의 실제 모습을 알아보려면, 그냥 바라본다고 되지 않고 갈라서 들춰보는 것 같은 특정 작업을 수행해야 합니다. 진실을 알아보는 작업은 그냥 수행되지 않습니다.

'그것이 나에게서 나왔고, 나에게로 돌아옵니다.'는 것도 전자는 자신에게서 나와서 타자에게로 건너가는 초월(transcendere)인 투사고, 후자는 타자에게서 나와서 자신에게로 넘어오는 연역(Deduktion)입니다. 이것이 자신의 마음으로써 외부세계를 구성할 뿐만 아니라, 외부세계가 자신의 해석에 달려 있다는 의미에서 일체유심조(一切唯心造)입니다.

'나라'를 발견해서 자기 자신의 실제 모습을 보려면, 투사를 통해 타자에게 묘하게 펼쳐진 베일을 갈라서 들춰보는 작업을 수행해서 자신만의 진실을 알아봐야 합니다. 그러므로 나무를 '가르고' 돌을 '들춰보는' 작업의 비유는 무작위적인 것이 아니라, 베일을 '갈라서-

들춰보는' 연결된 작업을 일러주는 매우 놀라운 통찰입니다.

'도마 5'에는 "자신의 얼굴 바로 앞에 있는 것을 알아보십시오. 그러면 여러분 속에(ερο) 감춰진 것이 여러분의 바깥에(εβολ) 드러나게(6ωλπ) 될 것입니다. 감춰진 것은 앞에 나타내지 않을 것이 없기 때문입니다."고 합니다.

'투사'에 관련한 내용이 계속됩니다. 자신 앞에 펼쳐지는 현상에 바로 여러분 자신의 실제 모습이 있다는 것입니다. 특히나 싫어하는 자신의 모습이 외부의 상대에게 펼쳐지는 것을 '그림자 투사'라고 합니다.

그림자는 우리가 숨기거나 부정하려 애쓰는 모든 부분, 또 가족과 친구들은 물론 무엇보다 자기 자신이 받아들일 수 없다고 믿는 그런 어두운 측면을 포함합니다. '자신이 되고 싶지 않은 모습'인 그림자, 즉 자신이 함께하기 싫은 것이 자신을 내버려두지 않고 자신을 지배합니다.[『그림자 그리고』 참고]

수운(水雲)에 의하면, 감춰진 비밀은 내면에서 은밀하게 일러주던 신령(神靈)이 외부에 화신(化身)한 기(氣)에 숨겨진 천명이라고 하는데, 이를 내유신령(內有神靈) 외유기화(外有氣化)라고 합니다. '이 순간을 읽어낼 줄을 몰라서' 어떤 현상의 원인이 감춰진 상태가 바로 불연(不然)이고, '이 순간을 읽어낼 줄을 알아서' 그 비밀이 드러난 상태가 바로 기연(其然)인데, 이를 합쳐서 불연기연(不然其然)이라고 합니다.

이것이 과거의 관점으로는 불합리한 사건으로 보였으나 관점이 바뀌고 나자 도리어 자신에게는 아주 적절한 사건이었음을 깨닫게 되는 것인데, 자신에게 도움되었던 현상을 이제야 알아보듯이 지금 펼쳐지고 있는 사건도 실상 자신에게 도움된다는 진실을 알아보라는 것입니다.

이처럼 내유신령(內有神靈) 외유기화(外有氣化)를 통해 현상의 비밀을 밝혀낸 것을 불연기연(不然其然)이라고 하는데, 이것이 '나라'를 발견하는 방식입니다.

'도마 83'에는 "모습(ϨΙΚѠΝ)들은 그 사람의 바깥에(ЄΒΟΛ) 목격되고(ΟΥΟΝϨ), 그 모습들 속에 있는 빛(ΟΥΟЄΙΝ)은 숨겨져 있습니다. 아버지(ЄΙѠΤ)의 빛에 의한 모습 속에 그이는 드러날 (6ѠΛΠ) 것이고, 그이의 모습은 아버지의 빛에 의해서 숨겨져(ϨΗΠ) 있습니다."고 합니다.

여기 주인공의 [숨겨진] '모습들'은 주인공 자신의 몸짓이나 활동에서가 아니라 자신의 존재상태를 반영해주는 상대방의 활동에서 목격된다는 것입니다. 주인공의 내면을 거울처럼 비춰주는 상대방의 모습 속에, 즉 신의 빛에 의해 숨겨진 상대의 모습 속에 주인공의 실제 모습들이 드러난다는 것입니다. 이를 심리학에서 투사(投射)라고 합니다.

그러므로 '모습들 속에 있는 빛이 숨겨져 있다.'는 것은 외부 상대방이 주인공에게 보여주는 다양한 모습들 속에 바로 자신의 진실인 빛(ΟΥΟЄΙΝ)이 [주인공이 쉽게 알아보지 못하게] 숨겨져서 들어있다는 것입니다.

'주인공이 신의 빛에 의한 모습 속에 드러난다'는 뜻은, 주인공의 실제 모습이 자신을 일깨워주려는 신의 개입(빛) 덕에 주인공에게는 인상적인 영향을 끼치는 타자의 특정 모습으로 때맞춰서 드러낸다는 것입니다. 주인공의 실제 모습은 신이 연출한 상황 속에 숨겨진 보물(빛)입니다.

이를테면 사실조차 조작하며 자신들을 애국으로 포장하는 정치집단의 실제 모습은 결국 내심 남을 권력으로 좌지우지하고 싶어하는 독재자입니다. 이런 그들에게 인상적인 영향을 끼치는 북한 지도자가 일방적으로 권력을 행사하는 [듯한] 모습으로 때맞춰 드러냅니다. 그러나 그들이 자신들의 내면 모습이라고 여겨서 싫어하는 김정은은 군주(자신들)처럼 군림하고 조작하는 독재자처럼 보이지만, 북한은 정치적인 의사결정을 위해서 토론할 뿐만 아니라 교육현장에도 토론하는 문화가 정착되어 있다고 합니다.

'도마 84'에는 "여러분은 자신을 닮은 모습(ⲈⲒⲚⲈ)을 보고서 흐뭇해합니다. 그러나 여러분은 없어지지도 않고 앞에 나타내지도 않으면서 자신의 시작(ⲈⲢⲎ)부터 있던 자신의 모습들(ϨⲒⲔⲰⲚ)을 볼 때, 여러분은 얼마나 견뎌낼(ϤⲒ) 것입니까?"라고 합니다.

사람들은 자의식이 시작되기 전에는 자신을 닮은 모습을 보면 거울을 보는 나르시스처럼 흐뭇해하지만, 자의식이 시작되면서 자신을 닮지 않은 모습을 보면 자신의 모습이 아니라고 생각해서 자기 내면 깊숙이 꼭꼭 숨겨놓았으므로, 그 모습은 없어지지도 않고 그렇다고 자신의 앞에 나타내지도 않았습니다. 그런데 자기 내면 깊숙이 숨겨놓았던 그 모습이 어느 날 자신의 앞에 나타난 타자의 활동으로, 즉 소위 그림자 투사의 형태로 나타난다면, 여러분은 어떻게 할 것입니까?

누구든 특별한 상황이 아니면 자신의 모습을 직접 볼 수 없습니다. 특히 예전에는 거울의 질이 열악했던 탓에 자신과 비슷한 모습만 볼 수 있었습니다. 비록 진짜 자신의 모습은 못 보지만, 자신을 닮은 모습을 보면 자기 모습에 도취한 나르시스처럼 신기해하며 흐뭇해합니다.

  그러나 자의식이 본격적으로 시작되면서 자신과 닮지 않거나 자신이 싫어하는 모습을 내면 깊이 숨겨두지만, 어떤 때에 이르면 '자신이 되고 싶지 않았던 모습들'이 타자의 활동 속에 나타납니다. 이때 여러분은 자기 내면을 반영하는 상대방을 감내할 것인지, 아니면 어찌할 것입니까?

  자신의 모습이 아니라고 생각해서 의식해서든 무의식에서든 꼭꼭 숨겨온 모습을 자신의 것이라고 드러내고 인정하며 수용해서 자기를 재창조해가는 길(그림자 통합작업)이 있고, 아니면 자신의 모습이 아니라고 부정하는 길이 있습니다.

6. 빛과 불, 영적 할례

'도마 11'에는 "④여러분이 빛(ογοєιν)에 존재할 때, 무엇을 할 것입니까? 여러분이 하나였던 바로 그날 여러분은 둘이 되게 만들었습니다. 그런데 여러분이 둘이 되었을 때, 무엇을 할 것입니까?"라고 합니다.

먼저 '여러분이 둘이 되었을 때, 무엇을 할 것입니까?'라는 질문에 대한 답이 바로 앞 ③절이고[이에 관한 해설은 126쪽 참고], 또한 '도마 22'에도 있습니다.

'도마 22'에는 '④여러분이 둘을 하나가 되게 해서 속을 겉처럼, 겉을 속처럼, 또 위를 아래처럼 되게 하고, 그래서 남성은 남성이 되지 않고 여성은 여성이 되지 않도록 여러분이 남성성과 여성성을 통합할 때, 그리고 눈을 눈답게, 손을 손답게, 발을 발답게, 모습을 모습답게 만들 때, 비로소 여러분은 나라(мⲛⲧⲉⲣⲟ)에 들어가게 될 것입니다.'고 합니다.

이것이 아이가 되어 '나라'에 들어가는 3단계입니다. 둘이 하나가 되어 ①겉과 속을 일치시키는 방식이 있고, ②남성성·여성성(그림자)을 통합하는 방식이 있으며, ③각각이 제대로 기능하게 하는 방식이 있습니다.

먼저 둘을 하나가 되게 해서 속을 겉처럼, 겉을 속처럼, 또 위를 아래처럼 되게 하는 방식을 무위(無爲)라고 하는데, 이를 위해서 심언행(心言行) 일치 즉 속마음·겉마음·말·행동·믿음의 일치가 요청됩니다.

심언행(心言行) 불일치는 마음과 행동에서 벌어진 사실대로 표현하지 않고 에둘러 말하거나, 거짓말하거나, 실천하지 않거나, 체하거나, 위장하거나, 모르는 척하는 부정직입니다. 이를 노자는 위(爲)라고 했고, 반면에 무위(無爲)란 '인위적인 행위, 남에게 보여주기 위한 의도적인 행위 등 사실과 다르게 꾸며내는 말이나 행위를 하지 않는다'는 뜻입니다. 그렇다고 위(爲) 자체가 나쁘고 악하다는 것이 아니라 단지 속마음·겉마음·말·행위·믿음이 다르게 표출되면 자신과 주변에 혼선을 초래하고, 일관된 태도는 주위에 혼선을 주지 않는다는 것입니다.

  속을 겉과 일치시키는 데는 성실이 요구되는데, 만일 자신이 겉으로 아름답게 꾸민다면 내면의 마음도 진정 아름다워지도록 부단하게 노력해야 합니다. 아를테면 자신이 친절한 존재가 아니면서도 겉으로 친절하게 인사한다면 속으로도 진정 친절해지도록 노력해야 한다는 것입니다. 또 겉을 속과 일치시키는 데는 정직이 요구되는데, 만일 자신이 마음속에서 성질났다면 외부로도 자신이 성질났고 또한 자신이 미성숙한 상태임을 용기로 표명해야 합니다. 사실을 그대로 말하는 정직이, 안의 말을 바깥으로 사실화하는 언행일치입니다. 상대에게 나의 '외적 모습'을 보게 하는 가시성(可視性 Visibility)은 외부에서 벌어진 사실을 사실 그대로 말하는 외적 정직이고, 상대에게 나의 '내적 모습'을 알리는 투명성(透明性 Transparency)은 내면에서 벌어진 의도를 있는 그대로 말하는 내적 정직입니다.[『노자의 발견』 35쪽 참고]

  '도마 6'에는 예수께서 "②거짓말하지 마십시오. ③그리고 자신이 싫어하는 것을 하지 마십시오. ④왜냐하면, 감춰진 것은 앞에 나타내지 않을 것이 없고, 덮인 것은 드러나지 않은 채 지속하지 못하므로 모든 것들은 자신의 얼굴 바로 앞에 있는 것으로 드러나기 때문입니다."고 합니다.

본문의 ④절 중 'ⲡⲉ'는 원래 'ⲡⲉⲕϩⲟ'(당신의 얼굴)인데, 필사자가 'ⲡⲉ'(하늘)의 뜻이 합당하다고 여겨서 'ⲕϩⲟ'를 빠뜨렸다고 봅니다. 그래야만 '도마 5'와 내용이 연결되고 일관됩니다. 하늘이라고 하면 어찌해도 의미가 맞아떨어지지 않습니다. 필사된 대로 번역하면 '하늘 앞'인데, 내용상 아주 그럴듯하나 그런 곳은 좀처럼 상상이 되지 않습니다.

이 구절이 '도마 22'에서 제안한 '나라'에 들어가는 3단계, 즉 ①겉과 속을 일치시키는 방식, ②남성성·여성성(그림자)을 통합하는 방식, ③'A'를 'A'답게 만들어 각각이 제대로 기능하게 하는 방식과 통합니다.

노자의 자연(自然) 중 '그러할 然'은 '숨기거나 꾸며내지 않는다'는 뜻인 무위(無爲)라는 정체성 측면이고, '<u>스스로 自</u>'는 '해야 할 일이 없다'는 뜻인 무사(無事)라는 자발적 측면입니다.[『노자의 발견』 59쪽 참고]

그러면 ②절의 '거짓말하지 마십시오'는 노자의 무위(無爲), ③절의 '자신이 싫어하는 것을 하지 마십시오.'는 무사(無事)에 해당하므로, ②절과 ③절이 '도마 22'의 ①겉과 속을 일치시키는 방식인 셈입니다.

④절의 '모든 것들은 자신의 얼굴 바로 앞에 있는 것으로 드러난다'면서 그림자 통합작업을 제시하는 것은 '도마 22'의 ②그림자(남성

성·여성성)를 통합하는 방식인 셈입니다.[그림자 통합과정이 남성성·여성성 통합에 앞서므로 '그림자(남성성·여성성)'라고 통칭합니다.]

'도마 89'에는 "어째서 여러분은 잔의 바깥쪽(ⲃⲟⲗ) 면만을 씻습니까? 안쪽(ⲥⲟⲩⲛ) 면을 창조한 (ⲧⲁⲙⲓⲟ) 이가 또한 바깥쪽 면도 창조한 이임을 여러분은 알지 못합니까?"라고 하고, '도마 36'에는 "아침(ϨⲧⲟⲟⲨⲈ)부터 저녁(ⲣⲟⲨϨⲈ)까지, 그리고 저녁부터 아침까지 무엇을 입을까 염려하지 마십시오."라고 합니다. 이 구절은 자신의 존재상태보다 주로 타인, 즉 외부의 시선을 의식해서 사는 이들에게 교훈을 줍니다.

'배역에 따라 연기하는 배우'라는 의미인 '외식자'(ὑποκριτης)인 위선자(僞善者)는 타인들에게 잘 보이려고 살아갑니다. 특히 먼 신보다 가까운 종교지도자의 눈치를 더 봅니다. 어떤 옷을 입을지 마음쓰는 것이 사실상 구원받을 자격을 타인에게 맡겨버리는 것인데, 아니라면 옷을 선택할 때 구원해준다고 믿는 하나님의 눈치를 볼 것이기 때문입니다.

술·담배를 한다는 것이 자신과의 싸움에서 패했다는 명백한 증거이듯이, 외부에 멋진 옷을 걸쳐입는다고 해서 속도 멋있어지는 것이 아님에도 신체를 보호하려는 원초적인 기능을 넘어서 의식해서든 무의식에서든 자신의 정체성을 대변하기 위해 옷에 마음쓴다는 것도 자신이 아직 절대자가 아니라는 확실한 증거입니다.[절대자는 128쪽 참고]

출가(出家)자도 '고루(痼漏 āsava 번뇌)에서 못 벗어나면서도 노란 가사를 입고서, 절제하지도 진실하지도 못하면 노란 가사를 입을 자격이 없다.'(법구경 1-9)고 하고, 반면에 재가(在家)자도 '고루에서 벗어나고 계(戒 sīla)를 확립해서, 절제하고 진실하면 노란 가사를 입을 자격이 있다.'(법구경 1-10)고 합니다. 걸친 옷이 아니라 자기 존재상태가 중요합니다.

위를 아래와 일치시킨다는 것은, 안과 바깥의 경우처럼 아래를 위와 일치시킨다는 구절이 없기에, 윗사람이 하심(下心) 해서 아랫사람을 섬기는 태도인 것으로 보입니다. 이럴 때에야 '나라'가 있음을 알게 됩니다.

그다음 남성성과 여성성을 통합하는 것은 '자기 아닌 모습'이 되는 도전입니다. 우선 자기 내면의 그림자를 통합하는 작업을 한 다음 남성은 '내가 느낀 감정이 정확하다'고 하는 내면의 여성성인 아니마와 통합하고, 여성은 '내가 하는 말이 맞다'고 하는 내면의 남성성인 아니무스와 통합하는 과정이 요구됩니다. 무의식에서 작동하는 아니마 아니무스는 과거와는 달리 [자신이 매우 혐오하던 모습인] 감성적이 되든가 분노를 폭발시키는 남성, 무턱대고 따지는 여성의 형태로 자기 내면에 숨어있던 독선과 완강함을 드러냅니다. 이 남성성과 여성성의 통합을 [음(陰)과 양(陽)이 싸우다가 서로 손해임을 깨닫고 서로 연대한다는] 음양합일(合一)·합덕(合德)이라고 합니다.[『그림자 그리고』참고]

자신이 아닌 외부의 모습, 즉 자신과 완전히 상반된 상대를 통해서 자기 내면을 통합하는 이런 작업을 함으로써 독립적이고 전체적인 시선과 실력을 갖춘 후에야 '자신이 지금 여기에 왜 있는지'를 자각하고, '자신이 어떻게 해야 하는지'를 알아보고 주위 사람과 조화롭게 협력하게 됩니다.

이런 존재상태를 눈을 눈답게, 손을 손답게, 발을 발답게, 모습을 모습답게 만든다고 합니다. 즉, 전체의 조화로운 '모습'을 위해 어떤 '눈'(시선)으로 무엇을 '손'에 지니고, '발'로 어디로 움직여야 하는지를 압니다.

눈을 눈답게, 손을 손답게, 발을 발답게, 모습을 모습답게 만든다는 것은, 기존에는 욕망의 도구로 기능하던 눈·손·발·모습을 나라가 제시한 데로 제대로 기능하는 새로운 눈·손·발·모습으로 대체함으로써 본말이 전도된 기능을 정상화하는 것입니다. 시험의 본질도 점수가 아니라 바로 자기 실력성장에 있고, 군인의 본질도 전쟁에서의 승리가 아니라 전쟁의 예방이며, 경찰관의 본질도 범죄자 검거가 아니라 범죄예방입니다.

'도마 27'에는 "이 세상에 대해 금식(ⲚⲎⲤⲦⲈⲨⲈ)하지 않는다면, 여러분은 나라를 발견하지 못할 것입니다. 안식일(ⲤⲀⲘⲂⲀⲦⲞⲚ)을 안식일답게 만들지 않는다면, 여러분은 아버지를 보지 못할 것입니다."고 합니다.

'세상에 대한 금식'을 통해 '나라에 대한 발견'의 단계를 먼저 거쳐야 '안식일을 안식일답게 만들기'를 통한 '신을 보기'를 맞이합니다. 여기의 '안식일을 안식일답게 만든다'는 것이 바로 앞의 '도마 22'에서 아이가 되어 '나라'에 들어가는 3번째 단계에서 'A'를 'A'답게 만드는 방식, 즉 '각각이 제대로 기능하게 하는 방식'에 해당합니다.

여기서 '신을 본다'는 것은 신을 직접 본다는 뜻이 아니라, 신을 대행하는 사람이나 현상을 통해 간접적으로 신을 흘끗 본다는 뜻입니다. 살펴보면 지금도 마찬가지이지만, 이 구절은 그 당시에도 '안식일'의 근본 취지를 제대로 살리지 못하고 형식적이었다는 사실을 전제합니다.

'자본주의'가 자본주의답게 되려면, 돈이 시간·공간·대상을 초월해서 교환하게 해주는 인간을 위한 수단이 되어야지 인간성을 좀먹는 목적이 되지 말아야 합니다. 이를테면 책을 보려는 농부와 쌀을 사려는 출판인을 연결해주는 중간 매개체로서 시장과 돈은 유익합니다.

하지만 자본주의는 이런 효율을 넘어서 경쟁과 투쟁을 부추겨야만 유지되는 체제인데, 사실상 선의의 경쟁이 아니라 악의(惡意)의 투쟁이 판치는 이런 세상을 유지해야 할까요? 투쟁에서 이겨서 우월해진다고 해서 과연 승리한 것일까요?

자신이 남을 잘되게 하기보다 남보다 우월하려고 하는 한, 즉 자신과 싸우려고 하기보다 타인과 경쟁하려고 하는 한, 천국을 만들고 있는 것은 아닙니다.['세상에 대한 금식'은 40쪽을 그리고 '안식'에 대해서는 133쪽을 참고하십시오.]

이런 과정을 거치면서, 비록 그 시점이 일정하지 않으나 누구든지 '나라'를 발견하게, 즉 자신에게 펼쳐진 현상이 제시하는 메시지를 알아보게 됩니다.

이런 식으로 여러분은 '자신이 지금 여기에서 뭘 해야 하는지'(도마 11의 질문)를 알아볼 때, 즉 "[나라를 발견해서] ④여러분이 자기 자신을 알아본다면, 여러분은 '알려지게 될' 것입니다."(도마 3) 여기서 나라를 발견해서 자기 자신을 알아본다는 것은, '나라' 자체에 바로 여러분이 자기 내면을 외부로 투사해서 펼쳐진 자신의 모습도 포함되어 있으므로 그 외부 모습들을 자신의 존재상태와 연결하는 것입니다.

'도마 53'에는 "할례(cBBє)가 우리에게 도움됩니까, 아닙니까?"라는 길벗들의 물음에 예수께서 "만약 할례가 도움된다면, 아기의 아버지가 그 아기로 하여금 모태에서 이미 할례된 채로 태어나도록 했을 것입니다. 오히려 영(靈)의 참된 할례야말로 모든 그것에 도움될 것입니다."고 합니다.

중요한 남성 성기를 감싸고 있는 겉껍질을 칼로 갈라서 속을 드러내는 수술이 육체적 할례입니다. 마찬가지로 중요한 진실을 숨기고 있는 위선을 명지(明知)로 갈라서 비밀을 드러내는 작업이 영적 할례입니다.

유대인의 집안에 태어나서 육체적 할례를 받게 되는 아기에게 유대인의 자격을 줍니다. 마찬가지로 이 세상의 인간존재로 태어나서 영적(靈的) 할례를 하는 사람에게는 천지자녀(天地子女)가 될 자격을 줍니다.

도마복음에 따르면 여러분이 그리스도를 믿는다고 해서 영적 할례를 받게 되는 것이 아니라, 자신의 숨겨진 진실을 까발려서 드러내야만 합니다. 그리고 영적 할례를 행한다고 해서 신의 자녀가 된다는 것이 아니라, 단지 신의 자녀가 될 수 있는 자격이 제공되기 시작했다는 것입니다. 진실을 알아보고도 자기 양심을 외면할 수도 있기 때문입니다.

그러므로 각자 자신의 위선을 갈라서 자기 속내를 들춰내는 작업을 하려면, 자신의 존재상태를 혼자 힘으로는 알기 어려우므로 먼저 자신의 실제 모습을 알게 해주는 타자의 모습에서 자신이 투사한 자기 모습을 알아봐야 합니다. 그렇게 하려면 자신의 위선을 갈라서 자기 진실을 들춰내면서, 동시에 타자에게 드리워진 베일도 갈라서 타자의 모습 속에 있는 자기 진실을 들춰내야 하고, 또한 빛을 숨기면서 세상에 드리워진 베일도 갈라서 가려진 진실을 적극 들춰내야 합니다.

누구나 육체적인 할례를 할 때 피가 나고 상당한 아픔이 따릅니다. 마찬가지로 영적인 할례를 할 때도 아우성을 치고 상당한 저항들이 따릅니다. 이는 상황이 호전되기 위한 필수과정인 일종의 명현현상입니다.

'도마 16'에 "아마 사람들은 내가 이 세상에 평화(ειρнnн)를 던지려고 왔다고 생각하고, 이 땅(καϩ)에 분열(πωρx), 즉 불(κωϩτ), 검(cнϥε), 전쟁(πολεμος)을 던지러 왔음을 모릅니다. 한집에 다섯이 있다면 셋은 둘에, 둘은 셋에, 아버지는 자녀에게, 자녀는 아버지에게 맞설 것이기 때문입니다. 그리고 이들은 절대자(μοναχος)가 되어 굳건히 서 있게 될 것입니다."고 합니다.

'나라'를 발견해서 자기 자신의 실제 모습이 보이기 시작하는 사람이 되면 평화로워지는 것이 아니라, 세상의 진실을 알아본 사람과 진실을 외면하는 자들 사이의 분열이 발생하고, 나아가 전쟁 같은 싸움도 벌어집니다.

예수를 진정으로 따르는 사람이라면 자신이 소수(둘)의 처지라도 다수에, 다수(셋)의 처지라도 소수에 맞서야 하고, 자신이 아버지의 처지라도 자녀에게, 자녀의 처지라도 아버지에게 맞서야 한다는 것입니다.

소수는 다수가 민주주의를 가장한 다수결이라는 명분으로 만만한 소수자들을 밀어붙일 때도 맞서야 하고, 다수는 소수가 무력을 동원한 쿠데타를 통해서 다수를 지배하고 속일 때도 맞서야 한다는 것입니다.

아버지처럼 상대적 강자인 '甲'의 처지에서 제대로 자각하지 못한 자녀 같은 '乙'에 대해 맞서야 하고, 또한 자녀처럼 상대적 약자인 '乙'의 처지에서 소위 '갑질'을 하는 '甲'에 대해 맞서서 저항해야 합니다.

육체적 할례를 할 때, 즉 수술할 때 먼저 불을 밝히고, 수술칼을 들고서, 안쪽을 덮고 있는 부분을 도려냄으로써 그 속을 드러냅니다. 마찬가지로 영적 할례를 행할 때도 먼저 자신의 마음에 들지 않는 타자의 모습을 살펴보고, 그 모습의 원인이 바로 자기 내면에 있다고 연결해서, 그 내면을 덮고 있는 가면을 벗어버림으로써 자기 진실을 드러냅니다. 그다음 상대방에게 그런 모습이 있음을 말하고, 그 사실을 인정하게 해서 도움되지 않으면 바꾸라고 권유합니다. 또한, 세상적 할례를 행할 때도 먼저 자기 마음에 들지 않는 세상의 행태를 살펴보고, 그 행태의 원인이 바로 자신들 내면과 단체에 있다고 연결해서, 그것을 위장하고 있는 가면과 집단의식을 벗어버림으로써 자신들의 진실을 드러냅니다. 그다음 그 집단이나 시스템에 그런 부조리한 행태가 있음을 이야기하고, 그 행태를 인정하게 해서 도움되지 않으면 바꾸고 개선하라고 권유하며, 만일 실행되지 않으면 강하게 문제를 제기해야 합니다. 45쪽에서 해설한 '도마 30'에서 보듯이 3명 이상의 집단은 다른 구성원의 핑계를 대면서 손쉽게 바뀌지 않기 때문입니다.

의사는 '전등-수술칼-수술행위'가 필요하고, 주인공도 '개인적 진실-반야-실행'이 요청되며, 세상을 바꾸는 사람도 '보편적 정의-선언(宣言)-투쟁'이 요구됩니다. 이것을 예수는 '불-검-전쟁'이라고 했습니다.

불(κωϩτ)은 진실과 정의에 대응하고, 검(cнqε)은 명지(明知)의 반야와 선언에 대응하며, 전쟁(πολεмοc)은 실행과 투쟁에 대응합니다. 예수의 전쟁은 이를테면 때로는 노골적으로 때로는 교묘하게 외국을 침략하려고 미국이 자행하는 전쟁처럼 외국과 싸우는 전쟁이 아니라, 개인적으로는 진실을 위해 자신과 싸우는 것이고 국가적으로는 사회의 정의를 위해 폭력적이고 조작적인 세력과 싸우는 투쟁·항쟁입니다.

그리고 검(劍)은 개미집을 몸으로 비유하는 맛지마니까야(M23)에서 개미 언덕을 파헤쳐서 실상을 보는 도구인 반야(paññā)를 상징합니다. 그리고 천부삼인(天符三印) 중 청동검도 힘을 과시하여 두려움을 조장하고 위협하기 위한 수단이 아니라 내 앞에 드러난 현상을 검으로 파헤쳐서 진실을 알아보기 위한 도구입니다. [『천부경의 발견』 144쪽 참고]

정의(正義)를 상징하는 여신 디케(Dike)가 든 검도 물질로 가려져 있는 베일을 가르고 그 배후의 진실을 알아보는 도구를 상징합니다. 그래서 정의에는 항상 현상 이면의 숨겨진 진실을 알아보는 맥락이 있어야 합니다.

진실을 발견하고, 베일을 갈라버림으로써 자신·타자·집단을 바꿔가는 일련의 과정을 상당 수준 반복해서 해낸다면, 어느 날 소위 '절대자'(ⲘⲞⲚⲀⲬⲞⲤ)가 되어 있는 자신을 발견하게 됩니다.[절대자는 128쪽 참고]

'도마 10'에는 "나는 이 세상 위에 불(ⲔⲰϨⲦ)을 던졌습니다. 그리고 보십시오! 나는 이 세상이 타오를 때까지 그 불을 지킵니다."고 합니다.

'도마 8'의 어부는 바다 위에 그물(ⲀⲂⲰ)을 던지고(ⲚⲞⲨⲬⲈ), '도마 9'의 농부는 땅 위에 씨앗(ϬⲢⲞϬ)을 던지고, '도마 10'의 예수는 세상 위에 불(ⲔⲰϨⲦ)을 던집니다. 농부가 씨앗을 밭에 뿌리듯이 예수도 진실·정의라는 '불'을 세상에 뿌렸던 셈입니다. 타오를 때까지 예수님이 지켜준다고 했으니 이 도마복음이 바로 그런 불씨가 되길 희망합니다.

'도마 16'과 마찬가지로 불(ⲔⲰϨⲦ)이 여기에서도 개인적으로 숨겨진 진실 그리고 그 진실이 집단적으로 구현되는 보편적인 정의를 상징합니다. 2016년 '이게 나라냐!'며 대한민국에서 타오른 촛불이 '이게 세상이냐!'라며 세상에서 타오를 전 지구적인 불의 전조였기를 희망합니다.

불과 빛에 관련해서 맛지마니까야(M43)에 '등불이 타오르면 불을 조건으로 빛을 명상하도록, 빛(ābhā)을 조건으로 불(acci)을 명상하도록 제시됩니다.'고 합니다. '종말과 원인'에 관련해 '도마 18'에서 언급했듯이 빛이라는 결과는 언제나 불(불꽃)이라는 원인을 전제하고, 불이라는 원인은 언제나 빛이라는 결과를 가져옵니다. 이는 자신이 불이라는 존재상태, 즉 진실하고 정의로워져야만 빛이 나온다는 것입니다.

'도마 24'에는 "당신이 계신 처소를 우리에게 보여주십시오. 그곳을 추적하는 것이 우리에게 필요하기 때문입니다."라는 길벗들의 청에 예수께서 "들을 귀가 있는 사람은 들으십시오. 빛(ΟΥΟΕΙΝ)의 사람 내면에 빛이 존재하고, 그이는 온 세상에 대해 빛이 됩니다. 그이가 [세상에 대해] 빛이 되지 않는다면, 어둠(ΚΑΚΕ)이 있습니다."고 합니다.

길벗들은 예수에게 유대의 성전처럼 예수만의 특수한 장소나 기법이 있으리라고 생각해서 예수만의 비법을 알고 싶다고 요청합니다. 예수가 '있는' 처소가 아니라 '발견하고 알아본' 처소가 바로 '도마 113'에서 이 땅 위에 펼쳐져 있으나 사람들이 그것을 못 본다고 했던 '나라'의 처소입니다.

그래서 예수는 만일 그곳을 정말로 추적하고 싶다면, 즉 나라를 발견해서 자신만의 특수한 비법을 알아보고 싶다면, 여러분이 먼저 '세상에 대해 빛이 되라'고 합니다. 그러므로 세상의 정의를 위해서 싸울 때에야 비로소 자기 내면에 빛이 존재한다는 것을 입증하게 됩니다.

반면에 세상에 대해 빛이 되지 않는다면, 즉 세상의 정의를 위해 싸우지 않는다면, 자기 내면에 빛이 존재하지 않는 어둠임을 입증하게 됩니다.

〈참고로『수운과 칸트의 발견』135쪽 '외면할 痴'의 설명 중 일부 수정해서 인용합니다.〉

우리가 만일 세상의 불의(不義)를 타파하기 위해서 '자발적으로' [대가를 기대하지 않고] 사회운동에 뛰어든다면 무명(無明 avijjā)을 타파하는 것과 똑같은 효과를 낳게 됩니다.

여기서 중요한 점은 수행에서 '자신이 옳게 행한다'는 생각을 내려놓아야 하듯이 운동에서도 '자신이 옳은 일을 한다'는 생각을 내려놓아야 한다는 진실입니다. [수행이 그렇듯이] 단순히 자신이 할 일이라서, 세상을 위해, 후세들을 위해 기대 없이 자신을 던지는 방식이어야 한다는 것입니다. 수행에서 남을 따라 하면 무명 타파가 어렵듯이 운동에서도 남을 따라 하면 불의 타파가 어려우므로 자기만의 소신으로 해야 합니다. 수행에서 팔성도를 실천할 때라야 실아(atta)를 알아보듯이 운동에서도 [배후조종이나 이론이 아니라] 몸으로 실행할 때라야 자기 진면목을 알아보게 됩니다. [배후조종하는 이들이 정치권에 들어갈지라도 담마를 깨닫기 어렵습니다.]

햄릿처럼 계산하지 않아서 치(痴)를 해결한 도마 안중근 의사는 상당 부분 명지(明知 vijja) 상태가 되었고(1909년 그 당시에도 자기 삶의 소명을 알았다고 함) 적어도 불환자(不還者)가 되었으리라고 봅니다. 붓다가 자주 언급한 '청정한 삶은 성취되었으며 [태어나서] 할 일(목적)을 다 했으므로 다시는 윤회하지 않는다.'대로 실행했기 때문에 명지상태가 되었습니다. 여기서 할 일인 삶의 목적은 이 세상에 들어올 때 각자 계획한 고유의 목적(이데아)을 말합니다. 확실한 것은 정견(正見)의 경우처럼 그 목적을 실천하기로 결단했을 때에야 [길이 보이므로] 알게 된다는 점입니다.

'도마 82'에는 "나에게서 가까이 있는 사람은 불(ⲥⲁⲧⲉ)에도 가까이 있는 셈이고, 나에게서 멀어진 자는 나라(ⲘⲚⲦⲈⲢⲞ)에도 멀어진 셈입니다."고 합니다. 살펴보면 '예수' ≒ '불' = '나라'인데, 진실·정의를 상징하는 '도마 10·13·16'의 빛을 내는 불(ⲔⲰϨⲦ)과 열도 함께 내는 불(ⲤⲀⲦⲈ)은 다릅니다.

얼마간 있다 보면 자신이 녹아버릴까 봐 용광로에 가까이 있기가 꺼려지듯이, 일정 기간 함께하다 보면 자신의 기존 관념이 뒤집힐까 봐 예수로부터 가까이 있기가 꺼려지는데, 용광로의 '불'(ⲤⲀⲦⲈ)이 철광석이나 고철을 녹여버리듯이 예수의 '나라'가 고정관념을 정화해버립니다.

연금술의 불이 세상의 물질을 더 높은 상태로 변환시킨다고 하듯이 '나라'도 인간의 심령을 더 높은 상태로 고양하게 합니다. 대장간 주인이 쇠를 불로 가열했다가 두드려, 쇠똥을 떨어내고 급하게 식혀가면서 강철로 담금질합니다. 마찬가지로 예수도 주인공을 '나라'로 무지에서 일깨워 열 받게 했다가 흔들어, 기존 관념을 떨어내고 급하게 자각시키면서 절대자로 단련시킵니다.

불(ⲤⲀⲦⲈ)은 '자기 내면에 주어지는 메시지' 그리고 '외부에 펼쳐지는 메신저'라는 '나라'에 해당하고, 불(ⲔⲰϨⲦ)은 진실·정의라는 메시지에 해당합니다. 그러므로 '불'만인 'ⲔⲰϨⲦ'는 '불' + '용광로'인 'ⲤⲀⲦⲈ'의 한쪽 측면입니다.

7. 지금 여기

'도마 113'에는 "언제 '나라'가 오겠습니까?"라는 길벗들의 질문에 예수께서 "그 나라는 여러분이 밖에서 추구하는 식으로 오지 않고 있습니다. 누구도 '보십시오! 여기 있습니다.' '보십시오! 저기 있습니다.'고 말하지 못할 것입니다. 도리어 '아버지의 나라'는 이 땅 위에 펼쳐져 있으나 사람들이 그것을 못 봅니다."고 하고, '도마 51'에는 "언제 죽어있는 자의 안식이 이루어지겠습니까? 그리고 언제 새 세상이 오겠습니까?"라는 질문에 예수께서 "여러분이 그것을 위해 밖에서 추구하던 것은 이미 왔지만, 여러분은 그것을 알지 못할 뿐입니다."고 합니다.

위에서 나라가 여러분이 밖에서 추구하는 식으로 오지 않고 있을 뿐이지 '지금도 오고 있다'고 하고, 안식과 새 세상을 위해 추구하던 나라가 이미 왔다는 것은 바로 지금을 말합니다. '이 땅 위'는 나라가 펼쳐지고 있는 바로 여기를 말합니다. 나라는 '지금 여기'에도, 언제 어디서나 펼쳐지고 있습니다.

하지만 특정 결과에 대한 원인을 추적해서 밝혀내는 상당한 안목이 없이는 언제 어디서나 현존(現存)하는 '나라'는 보이지 않습니다. 그렇다고 해서 과거에 합당했거나 미래에 합당할 '나라'를 지금 끌어와서 적용하지 말라는 것입니다. 그때의 진실은 주로 그때에나 적합했거나 적합하리라는 것입니다.

'도마 91'에는 "우리가 당신을 믿도록 당신이 누구인지를 우리에게 말해주십시오."라는 이들의 요청에, 예수께서 "여러분은 하늘과 땅의 얼굴(ⲥⲟ)을 읽어내면서 여러분 바로 앞에 있는 사람을 알아보지(ⲥⲟⲩⲱⲛ) 못합니다. 그래서 여러분은 이 순간을 읽어내는 법을 알지(ⲥⲟⲟⲩⲛ) 못합니다."고 합니다.

이들은 예수가 누구인지를, 즉 믿고 의존할 만한지를 자신들에게 말하면(보여주면) 자신들이 따를지 말지를 정하겠다는 의도로 질문하는데, 이는 사실상 자신 마음대로 선택하면서도 그 책임을 타인에게 전가하려는 교묘한 술책입니다. 종말에 구원받으려는 투기에 실패하면 예수 탓이라고 하고, 성공하면 자신의 혜안 덕이라고 여기고 싶은 것입니다.

이들은 자신들이 '시대의 뜻'을 알아내려고 하는 만큼 바로 앞에 있는 예수의 존재상태를 알아보려고 하지 않았고, 그래서 '이 순간'을 읽어내지 못했습니다. 마찬가지로 지금도 '투기할 곳'이 어떤지를 알아내려고 하는 만큼 예수의 말씀이나 행적이라고 하는 전해진 내용의 진위를 알아보려고 하지 않고, 그래서 '지금 여기'를 읽어내지 못하고 있습니다.

대다수 종교인이 신앙의 대상에 대해 조건 없는 믿음으로 따라야 한다고 하지만, 오히려 예수는 투자하려는 만큼 실상을 따져서 알아보라고 합니다. 이들은 예수의 진면목을 알아보려고 하기보다 믿고 의존할 스승으로서 적합한지가 관심사였듯이, 지금도 종단의 진면목을 알아보려고 하기보다 장사나 친목에 적합한지가 관심사입니다. 하지만 만일 종단의 진면목을 알아볼지라도 다만 혹시나 해서 들어놓은 보험을 해약하기 어렵듯이 구원이라는 보험도 해약하기 어렵습니다.

이들이 예수의 외적인 모습이나 말을 기준으로 삼으려 했으므로 그 순간에 있는 '나라'를 알아보는 과정을 겪어내기가 어려웠듯이, 지금도 종교인들이 건물의 외적인 모습이나 신도의 규모를 기준으로 삼고 있으므로 '지금 여기'를 읽어내는 과정을 겪어내기가 어려울 것입니다.

종말의 시기를 전제하는 이 시대의 뜻을 알기 전에 먼저 '이 순간', 즉 지금 여기를 읽어내는 법을 체득해야 합니다. '시대의 뜻'을 알아내서 무임승차하려는 엿보기는 편법으로 구원받기 위한 기회주의적인 타력신앙의 행태이지만, '지금 여기'를 읽어내서 성장하려는 노력은 적법으로 구원될 자격을 갖춰가는 실력주의적인 자력수행의 정진입니다.

하지만 '지금 여기에 집중하라'는 것이 과거나 미래를 무시하거나 고려하지 말라는 것이 아니라, 과거·미래의 도움은 받되 그것들에 집착하지 않고 현재를 중심으로 현상을 파악해서 정하고 선택하라는 것입니다.

'도마 52'에 길벗들의 "이스라엘에서 24명의 모든 선지자가 당신에 관해 예언했습니다."는 말에 예수께서 "여러분은 자신 바로 앞에 살아있는 사람을 떠나보내고, 죽어있는 자들에 관해 말해왔습니다!"고 합니다.

'도마 59'에는 "여러분은 생존해 있는 동안 생명의 길을 가는(ONQ) 사람을 추구해(6ⲱⲱⲧ)보십시오. 자신이 죽음(ⲘⲞⲨ)에 이르러서 그런 사람을 보려고 추적함에도 볼 수 없게 되지 않도록 하십시오."라고 합니다.

'도마 38'에는 "여러분은 내가 여러분에게 말하나 다른 이에게서는 듣지 못하는 이 말들을 여러 번 듣고 싶어했습니다. 여러분이 나를 추적(ⓤINE)하고자 하나 나를 발견하지 못하는 날이 있을 것입니다."고 합니다.

'도마 92'에 "추적하십시오! 그러면 밝혀낼 것입니다. 하지만 여러분이 나에게 물었던 것들에 관해 그 당시에 나는 여러분에게 말해주지 않았습니다. 이제 나는 그런 것을 말하기를 바라나 여러분이 그것들을 찾지 않습니다!"고 합니다.

바로 이 순간인 '지금 여기'를 알아본다면, 즉 추적해서 밝혀낸다면 그 비밀들이 자연스럽게 드러납니다. 마찬가지로 바로 앞의 사람도 알아보기 위해 추적해서 밝혀내야 그이가 살아있는 천지자녀인지 사기꾼인지 알아볼 수 있습니다. 이런 추구를 미루지 말고 지금 여기에서 곧바로 시작함으로써 죽음에 이르러 후회하지 않도록 권고하는 것입니다.

제자가 준비되면 스승이 나타나듯이 길벗들이 예수처럼 '나라'를 말해주는 사람을 추구했기에, 그 결과로 함께하게 된 예수가 직접 일깨우는 기회를 이들에게 제공했지만, '화장실 들어갈 때와 나올 때 다르다.'는 속담처럼 막상 이들이 예수의 길벗이 되고 나서 얼마 후부터 점차 적극 추구하지도 않고 도움받지도 않으려는 태도를 안타까워합니다.

이들이 처음에는 도움되지 않는 지적 호기심에 따른 유치한 질문도 했지만, 나중에는 예수가 일깨워주는 내용을 실천하기가 두려워서 질문하지도 않을 뿐만 아니라 더는 '나라'조차도 알고 싶어하지 않았습니다.

메시아에 대한 신화적인 기대와 믿음을 지녀왔던 이들은 자신들이 만나고 싶었던 예수를 처음에는 존중했으나 차츰 시간이 가면서 자신들이 기대한 것, 이를테면 신통력이나 권력을 가져다주기는커녕 오히려 실천에 진실·용기·결단이 요구되는 '나라'를 계속 제시하므로, 나중에는 그 부담감에 내심 싫어했을 뿐만 아니라 예수로 하여금 사실상 죽음에 이르게 하고 나서야 [마음 편히] 그리스도로 숭배했던 것입니다.

현존의 근거로 과거의 예언을 가져온다면, 그 당시에는 진실이었던 그 예언은 '나라'라는 '살아있는 조언'이 아니라 '죽은 예언'입니다. 정말로 과거의 예언이 그대로 이뤄진다고 믿는다면 자신이 쓴 시나리오대로 드라마가 진행되는 것을 아는 드라마 작가가 되고 싶을 뿐입니다.

현실과 미래가 정해진 각본대로 되기를 바란다면, 이는 각본대로 실감 나게 연기해야 하는 주인공이 되고 싶을 뿐입니다. 이들은 내일 세상의 종말이 올지라도 오늘 사과나무를 심는 자세가 아니라, 남이 모르는 정보를 통해 투기함으로써 재물을 늘렸던 복부인들처럼 남이 몰라서 준비하지 못한 종말을 기회로 한 몫을 보려는 투기꾼에 불과합니다.

요나는 신이 자신에게 심판을 외치라고 한 것은, 신이 정말로 그 사건이 벌어지기를 바라서가 아니라 그 사람들이 변화하기를 바라는 취지임을 이해하지 못하고 위해를 입을까 두려워서 예언하기를 회피하고 도망갑니다.

본디 예언이라는 것은 그것이 실현될 것을 전제해서 예언하는 것이 아니라 그것이 실현되지 않기를 희망하는 것입니다. 이를테면 까마귀가 '오늘 불운한 일이 벌어질지 모른다'고 경고하는 것은, 그 사건이 벌어지기를 바라서가 아니고, 또 '그 불운한 사건'이 벌어지는 것이 까마귀 때문이 아닌 바로 자신의 과거 때문임을 깨닫고, '오늘 벌어질 사건의 원인인 나 자신의 과거 허물을 찾아내서 뉘우쳐야겠다'든가 아니면 '틀림없이 이와 관련된 자신의 과거 잘못이 있겠지만, 오늘 그 이상의 선행을 꼭 하겠다'며 자신의 존재상태를 바꾸기를 제안하는 것입니다.

이 땅에도 정감록을 필두로 격암유록·송하비결·도선비기·궁을가 등 상당수의 예언이 있는데, 이것들에 나오는 소위 십승지(十勝地)라고 하는 '弓乙' '弓弓乙乙' '亞' '田' '工' '王'에 관련해서 의견을 피력해봅니다.

얼마 전 관심을 두고 이것들의 해석을 찾아보니 弓弓(궁궁)을 조합하면 亞(아)를 거쳐 田(전) 다음에 十(십)이 되고, 乙乙(을을)을 합하면 工(공)이 되는데, 이 十(십)과 工(공)을 합하면 王(왕)이고 결국 무당이자 의사의 뜻인 '╋'라는 '巫'(무)라는 글자로 귀착됨을 발견했습니다.

즉, '巫'를 말하려고 弓弓乙乙(궁궁을을)을 말한 셈인데, 그 과정에 王(왕)에서 兩山(양산) 兩百(양백)이 나오고, 田(전)에서 十勝地(십승지)가 나옵니다. 그래서 십승지는 특정 지역이 아니라 일적십거(一積十鉅)를 통해 열 번을 극복해내는 마음자리인 처소이자 '나라'인 셈입니다.

'巫'는 '人'+'工'+'人'인데, '工'이 '二'인 하늘과 땅을 통하게 하는 '│'(곤)이므로 '巫'는 신의 뜻을 두 '人' 중에 한 사람이 전하고, 한 사람이 받는 것을 상징합니다. 그러면 '巫'는 담마인 '나라'와 같습니다.

하늘의 뜻을 무당이라는 통로를 통해서 받을 수도 있지만, 언제나 어디서든 누구에게나 제시되는 '나라'를 통해서 받을 수도 있습니다. 다만 그 메시지에 대한 해석의 책임을 타인에게 의존해서 전가하지 말아야 합니다.

쏘아서 맞히는 활인 弓弓(궁궁)과 하늘의 뜻을 전하는 새인 乙乙(을을)인 무당이나 사제는 어쩌면 신의 메시지를 전해주는 역할보다 해석해주는 대가를 받는 셈입니다.

'도마 38'에 예수의 말씀, 즉 도마복음을 추적하고자 하나 발견하지 못하는 날이 있으리라는 예수의 예언은 적중하고 맙니다. 예수의 어록은 367년 아타나시우스에 의해 묻혀버리고, 이에 기반을 두고 드라마화한 사실상 예수의 수난·부활·재림 이야기가 판치게 되기 때문입니다.

무미건조할 수도 있는 말씀보다 드라마화한 이야기가 훨씬 실감이 나고 흥미로운 것이 사실이지만, '드라마'를 드라마로 바라보지 않는다면 드라마 감상을 통해 얻는 간접적인 교훈조차도 잃어버리게 될 것입니다. 반면에 말씀을 살펴서 예수의 실제 뜻을 알아내고 비밀을 푸는 재미가 드라마보다 훨씬 흥미로우며 실제로 자신을 행복하게 합니다.

'도마 21'에는 마리아의 "①당신의 길벗들은 누구와 같습니까?"라는 물음에 예수께서 "이들은 자신의 것이 아닌 밭에서 사는 어린 자녀와 같습니다. 그 밭주인이 올 때 그 주인은 '우리의 밭을 우리에게 돌려달라'고 말할 것입니다. 자녀는 주인(ⲭⲟⲉⲓⲥ)에게 밭을 돌려주려고 주인 앞에서 자신의 옷을 벗고 알몸이 되어, 그 밭을 주인에게 돌려줄 것입니다."고 하면서 그래서 "⑤집의 주인은 도둑이 오고 있음을 알아챈다면, 그 도둑이 주인 자신의 영역(MNTEPO)인 집을 뚫고 들어와 물건을 가져가지 못하도록 도둑이 도착하기 전에 경계할 것입니다. 하지만 여러분은 세상이라는 시스템의 조건(ⲉ2H)에 대해 경계하십시오. 도둑들이 여러분에게 도달하는 길을 발견하지 못하도록 강한 힘으로 허리띠를 묶으십시오. 여러분은 자신이 밖에서 추구하던 도움을 이것에서 발견하기 때문입니다."라고 하고, '도마 103'에 "①도둑이 어떤 부분으로 들어올지를 아는 사람은 복됩니다. ②그래서 그이는 일어나서 자신의 영역을 점검하고, 도둑이 들어오기 전 조건(ⲉ2H)에 대해 자신의 허리띠를 묶을 것입니다."고 합니다.

먼저 ①~④절의 밭주인과 ⑤절 이후의 집주인의 처지가 다른 점을 주목해야 합니다. 원래 진실과 진리를 알아본 '어린 자녀' ⇒ 진실과 진리를 지키는 집주인 ⇒ 진실과 진리를 거두는 추수자 이런 식으로 성장해야 하는데, 앞부분에서 밭주인에 관련해 사실상 진리를 도둑맞을 어린 자녀에게 뒷부분에서는 집주인으로서 도둑 대처 방법을 제시합니다.

이 구절은 길벗들에 관한 예수의 예언과 당부로 보입니다. 주인의식이 부족했던 길벗들은 자신들이 농사짓던 밭만 돌려줘도 되는데, 자기 정체성인 옷까지도 벗어주는 어린 자녀로 비유됩니다. 이는 예수 사후에 베드로나 야곱, 바나바 등 초기의 길벗들은 바울처럼 주인(로마 시민권) 행세하던 밭주인에게 전도할 땅만 내어주지 않고, 예수의 제자라는 정체성마저 벗어주게 되리라는 것을 예수는 예시했던 것입니다.

알다시피 시대의 흐름을 상당히 알아보았던 바울이 다마스쿠스와 3년간 사막에서의 체험만으로도 기존 제자들의 수준을 뛰어넘은 듯이 보인 것은, 예수의 염려대로 바울을 [예수 사상의] 도둑임을 알아보지 못하고 동료라고 여겨서 제대로 대처하지 못한 순진한 길벗들 덕택입니다.

그 밭주인은 예수가 말한 '나라' 뿐만 아니라 '사람의 아들'이라는 것이 무엇인지조차 명확히 알지 못했으므로, 원래부터 진리는 장사가 안되는 줄 알았던 바울은 전도해서 이해시키기 어려운 예수의 '나라'가 아니라 설득력 있는 수난·부활·재림 이야기로 드라마화했던 것입니다.

예수의 가르침인 예수교는 사라지고, 바울의 가르침인 기독교가 주류가 되어버린 것은 이미 지나간 역사이므로 어쩔 수 없다고 해도 예수는 이 도마복음을 통해 자신의 가르침을 접할 후인들에게 도둑이 오고 있는지를 미리 아는 것을 넘어서 도둑을 만들어내는 조건, 즉 세상이란 시스템의 조건을 경계하라고 합니다. 그래야 집주인이 자신의 영역(MN̄TEPO)인 집안에서 재물을 지켜내듯이, 진리의 주인들도 자신의 '나라(MN̄TEPO)'를 일깨워주는 '예수의 말씀'을 지켜낼 수 있습니다.

이렇게 하려면 먼저 자신이 '나라'를 알아봄으로써, 즉 자기 삶의 주인이 되어 어떤 사건이 자신에게 왜 그리고 어떻게 일어났고, 일어나고 있으며, 일어나리라는 것을 자각함으로써 자기 삶의 도둑이 오는 길을 미리 예방하게 됩니다. 마찬가지로 이렇게 된 개인들이 집단의 '나라'를 알아봄으로써 진리의 주인이 되어 진리 도둑들도 예방할 수 있습니다.

도둑은 자신이 언제 어디로 오는지를 알려주는 법이 없고, 도리어 주인이 가장 취약한 때와 장소를 노립니다. 마찬가지로 원인에 따른 결과가 펼쳐지는 상황도 주인공이 가장 취약한 때와 장소에서 펼쳐집니다.

　살펴보면, 세상이란 시스템을 대행하는 도둑은 바로 영화 매트릭스에서 주인공이 있는 곳이면 거의 나타나서 방해하는 요원(agent)과 같습니다. 그런데 요원들은 주인공에게 특정 원인이 없는데도 굳이 단련시키려고 달려옵니다. 그리고 최고로 싸우기 어려운 적이 바로 자기 내면의 적인 내면 도둑인데, 이 도둑은 엄청난 강자이기도 합니다.[120쪽 참고]

　여러분이 이것을 자각함으로써, 즉 바로 도둑을 대비하는 집주인의 방식을 [교훈으로 삼아서] 자신의 삶에 적용함으로써, 자신의 일이 잘 풀리게 하려고 고대하던 외부의 도움을 얻게 됩니다. 그리고 '허리띠를 묶는다'는 것은 의식하고 알아차려서 단단히 대비한다는 뜻입니다.

　이것은 앞의 13쪽에서 언급한 '원인(αρχη)에 서라'는 말씀과 같습니다. 도둑이라는 것이 어찌해서 발생하는지를 [또한, 세상의 도둑도 어떤 시스템에 의해서 발생하게 되는지를] 깨닫게 되면 도둑맞는 결과가 필요 없을 뿐만 아니라 도둑들이 파고들 만한 허점들도 예방됩니다. 그런 사람은, 만병을 치료한 명의로 유명한 편작보다 의술이 뛰어나 병이 발생하기 전에 병의 원인을 예방했다는 그의 형님처럼, 도둑이 발생하지 않게 할 뿐만 아니라 도둑들이 침투할 통로도 없어지게 할 것입니다.

　이것은 원인을 해결함으로써 결과의 요인을 없애는 것인데, 원인을 놓을 때 결과를 미리 만들고 있다고 연결하는 반야뿐만 아니라 원인을 파악해서 이에 관련된 메커니즘을 명확히 이해하는 앎도 요청됩니다.

이를 위해 주인의식과 각지불이(各知不移)가 요청되는데, 머무르는 곳마다 주인이 되고(隨處作主) 서 있는 곳마다 진실이 있다(立處皆眞)는 임제의 말씀이 도움됩니다.

'도마 109'에는 "나라는 자신의 밭(ⲤⲰⲰⲈ)에 어떤 보물(ⲈⲌⲞ)이 숨겨져 있음에도 그것에 관해 알지 못하는 사람에 비유됩니다. 그리고 그이가 죽은 후 밭을 물려받았으나 그 보물에 관해 알지 못했던 그이의 자녀는 그 밭을 팔아버렸습니다. 그 밭을 산 사람은 밭을 갈던 중 그 보물을 발견했고, 그 사람은 자신이 소망하는(ⲞⲨⲞⲰ) 누구에게든 이익(ⲘⲎⲤⲈ)이 되도록 돈(ⳍⲞⲘⲦ)을 주기 시작했습니다." 고 합니다.

이 구절도 '예수의 말씀'인 도마복음의 앞날을 예시한 것입니다. 예수 사후에 길벗들은 자신들이 전도하던 '예수의 말씀' 속에 보물이 있는지를 몰랐고, 이들 이후에는 바울을 비롯한 복음서의 작가들은 자신들이 손수 쓴 복음서 속에 보물이 묻혀있었다는 사실조차 새까맣게 잊어버렸습니다. 마찬가지로 그 이후의 신학자들도 '도마 77'에서 나무를 가르고, 돌을 들춰서 그 속을 들여다보라고 했듯이 농사지을 의도로 밭을 갈아서, 즉 기존 복음서를 갈라버리고 그 속에 숨겨져 온 내막을 들여다볼 용기를 내려고 하기보다는 자신들이 대대로 물려받은 복음서의 내용에 대해 단순히 연구하는 데 몰두했을 뿐입니다.

결국, 결실이 밭을 쳐다본다고 해서 거둬지는 것이 아니라 몸소 밭을 갈아야 거둬지듯이, 또한 순수실천이성이라는 것이 순수·실천이성비판서를 열심히 읽는다고 해서 터득되는 것이 아니라 하나의 순수이성이라도 몸소 실천해야 터득되듯이, '나라'라는 보물도 경전을 들여다보고 연구한다고 해서 발견되는 것이 아니라 실상 소설에 불과한데도 유산으로 전해져온 복음서라는 밭을 몸소 갈아엎어야 발견하게 됩니다.

그러므로 나무를 가르고, 돌을 들추며, 밭을 갈아엎는 실천을 통해서 그것들 속에 숨겨진 빛과 진실을 들여다봐야 보석을 얻게 되듯이, 위선과 거짓으로 된 세상을 반야의 칼로 찔러버려야 '나라'에 들어갈 자격이 됩니다.

예수 당시의 길벗들과 바울, 복음서 작가들을 비롯하여 초기교회 지도자들, 그리고 그 이후의 신학자들은 대다수 자신만의 소신으로 진리를 탐구해가는 '담마의 상속자'가 아니라, 제대로 된 주인의식이 아닌 노예적인 자발성을 지닐 수밖에 없었던 '재물의 상속자'였을 것입니다.

맛지마니까야(M3)에 '담마의 상속자가 되어야지 재물의 상속자가 되지 마라.'고 합니다. '부처를 만나면 부처를 죽이라'는 말의 원형인 이 구절은 붓다가 자신이 드시고 남은 음식을 배고픈 제자에게 권유할 때 받아먹으면 재물의 상속자고, 만일 그 음식을 받아먹지 않으면 붓다가 바라는 초월(탈바꿈)하는 자로 홀로서게 되는 담마의 상속자가 된다는 것입니다. 그런 중도(中道)의 존재가 되어야만 자신의 부정적 성향에서 탈피하게 된다는 것입니다.

'도마 108'에 "내 입(ⲧⲁⲡⲣⲟ)으로부터 마시는(ⲥⲱ) 사람은 누구든지 나처럼 될 것입니다. 나 자신도 또한 그이와 같이 될 것입니다. 그리고 감춰져 있는 것들이 그이에게 나타내게 될 것입니다."고 합니다.

상대방을 닮는 방법에 외적으로 모방하는 방식이 있고, 내적으로 통하는 방식이 있습니다. 물론 예수와 같은 옷을 입고, 음식을 먹으며, 말을 함으로써 외적인 모습을 흉내를 낸다고 해서 예수처럼 되는 것은 아닙니다.

씹어먹기에는 자신의 침으로 뒤섞는 과정이 포함되지만, 마시기에는 다른 것이 뒤섞이지 않고 원래대로 흡수됩니다. 마찬가지로 '예수의 말씀'을 처음에는 자신의 역량을 섞어가면서 소화하지만, 일정 과정을 거친 다음에는 그 말씀을 곧바로 흡수할 수 있게 된다는 것입니다. 그렇다고 이런 직접적인 방식이 일획일점도 고치면 안 된다는 원리주의자들처럼 문자 그대로 흡수하겠다며 고집하는 방식이 아닙니다.

아기가 처음에는 젖을 먹고 나서 이유식을 하다가 일반적인 음식을 스스로 먹듯이, 교인도 처음에는 전도자의 젖을 먹고 나서 지도자의 이유식을 먹다가 성서내용을 스스로 먹습니다. 마찬가지로 천지자녀도 처음에는 기본적인 영성을 먹고 나서 성인들의 기록을 먹다가 천지의 뜻을 스스로 먹습니다.

성장해가면서 스승의 말을 제대로 소화하는 과정을 거쳐야 합니다. 이를테면 스승의 말은 문지방을 넘기 전에 잊어버리라고 하는데, 이는 그 말씀을 그 순간에 소화하고 나가라는 것입니다. 그렇게 하지 않으면 그 내용을 자신의 필요에 따라 자신에게 유리하게 짜깁기하기 때문입니다.

　마찬가지로 고귀한 내용을 만나면 나중에 종합해서 정리하겠다는 계산으로 제대로 된 이해와 습득을 이 순간에 하지 않고 뒤로 미루다 보면 시작조차도 못한 자신을 발견하게 됩니다. '수행하며 차츰 깨닫겠다'가 아니라 '지금 여기에서 깨닫고 말겠다'고 결단하고 각오해야 합니다.

　이런 과정을 거쳐야만 예수의 입에서 나오는 생생한 말씀을 직접 마시게 됩니다. 그래서 예수와 직접 소통함으로써 예수의 의도가 알아지게 됩니다. 그러면 감춰졌던 것들이 주인공에게 때맞춰 나타내게 됩니다.

　이렇게 예수와 한 식구(食口)가 됨으로써 예수처럼 천지와 협업하게 되는데, 이를 '사람이 중심이 되어 천지와 하나가 된다'는 인중천지일(人中天地一)이라고 합니다.[『천부경의 발견』 151쪽 참고]

　'도마 13'에는 예수께서 길벗들(ΜΑΘΗΤΗC)에게 "나를 비교해보고, 내가 누구와 같은지를 말해보십시오."라고 말씀했습니다. 시몬 베드로가 예수께 "당신은 의로운 천사 같습니다."고 말했습니다. 마태가 예수께 "당신은 현명한 철학자 같습니다."고 말했습니다. 도마가 예수께 "스승(ϹΑϨ)이시여! 제 입은 당신이 누구와 같은지를 담지 못합니다."고 말했고, 예수께서 "그대는 내가 맞춰준 솟아오르는 샘물(ΠΗΓΗ)을 마시고 취해버렸으므로 나는 그대의 스승이 아닙니다."고 말하면서, 예수께서 도마를 따로 데리고 가서 그에게 세 마디를 말해주었습니다. 도마가 자신의 동료에게 돌아왔을 때, 이들이 도마에게 "예수께서 당신에게 무엇을 말씀했는가?"라고 물었습니다. 도마가 이들에게 "예수께서 내게 한 말씀 중 하나라도 내가 여러분에게 말하면, 여러분은 돌(ⲰⲚⲈ)을 들어서 나에게 던질 것이고, 그러면 그 돌에서 불(ⲔⲰϨⲦ)이 나와서 여러분을 태워버릴 것입니다."고 대답했습니다.

　천지와 협업할 정도가 되려면, 도마가 솟아오르는 샘물을 마시고 취해버렸듯이 여러분도 스승이 맞춤식으로 제공해주는 담마를 자신의 체로 걸러내지 않고 곧바로 받아들여야 할(도마 108) 뿐만 아니라 그것에 도취해야 합니다. 그리고 설사 상대가 질투라는 돌을 던질지라도 주인공으로서 진실·정의라는 불을 되돌려줄 정도가 되어야 합니다.

8. 나라의 발견 결과

    이렇게 '나라'를 발견해서 '나라'의 의미인 자기 자신을 알아본, 즉 자기의 실제 모습인 자신의 존재상태를 알아보게 된 여러분이 '알려지는' 곳은, '도마 94'에서 '안쪽에 청하는 사람에게 열리게 됩니다'(두드리면 열릴 것이다)는 바로 그 문의 '안쪽'이고, '도마 75'에서 말하는 결혼식장의 문(ρο) 안쪽입니다.

    〈앞의 19쪽에서 이어진 다음 심우도 내용은 163쪽으로 이어집니다.〉
    그다음 거친 소를 길들이는 ⑤목우(牧牛)의 과정을 통해서 차츰 검은색이 흰색으로 바뀌어 가다가 완전히 흰색이 되면, 소를 타고서 집으로 돌아오는 ⑥기우귀가(騎牛歸家)에 도달합니다. 이 과정이 앞의 '도마 94'에 이어진 [기존에 '두드려라! 그러면 열릴 것이다.'고 번역된] '안쪽에 청하는(ΤѠ2Μ) 사람에게 [문이] 열리게(ΟΥѠΝ) 된다'인 셈입니다.
    인간문화에도 두드린다고 해서 그냥 문을 열어주지 않는데, 신이라고 해서 노크하면 무조건 열어주리라는 발상은 일방주의에 불과합니다. '나라'는 자발적인 수행과정의 관문이므로 'ΤѠ2Μ Ε2ΟΥΝ'을 일방적인 '두드리기'보다 [사실 적극 알리지 않아도 이미 알려져 있으나] 자신이 도착했음을 정중히 알리는 '안쪽에 청하기'로 직역해야 한다고 봅니다.
    그러면 진실을 추적해서 밝혀내고 문 앞에 서기까지는 순수이성이고, 가로막은 진실의 문이 열리기를 안쪽에 청하는 것은 실천이성인 셈입니다. 하지만 세속적인 욕망이 상당수준 정리되지 않으면 비밀을 추적하기 시작해도 밝혀내지 못하고, 문 앞에 도착해도 자신의 무의식적인 내면의 의도까지도 투명해지는 존재상태가 되지 않으면 들어가지 못합니다.

그러므로 진실의 문이 열리지 않는다면 이는 안쪽의 문제가 아니라 바로 자신의 존재상태가 문제임을 인정해야 합니다. 추적할 때와는 다른 방식으로 발상을 전환해서 접근해야 합니다. 존재상태의 변태가 핵심입니다. 종교적인 노력으로 문까지는 도달하기도 하나 신에 대한 기존 관념 그리고 [자신보다] 타인을 탈바꿈시킨다는 명분 때문에 자기 탈바꿈을 포기하게 됩니다. 여기에서는 안쪽에 신이 있다고 보고 자신의 속셈을 투명하게 드러내는 존재상태가 되어 자신을 앎으로써 신과 직접 소통하겠다는 결단이 도움됩니다.

'도마 39'에는 "바리새인들과 율법학자들은 자신들이 잡고 있는 명지(ⲅⲛⲱⲥⲓⲥ)라는 열쇠(ⲱⲁϣⲧ)들을 숨겨버렸습니다. 이들은 자신들도 들어가지 않았고, 또 들어가기를 소망하는 사람들도 들어가지 못하게 했습니다. 하지만 여러분은 뱀(ϩⲟϥ)처럼 지혜롭고, 비둘기(ϭⲣⲟⲙⲡⲉ)처럼 순수해지십시오."라고 합니다.

소위 '천국의 문'이라는 것이 바로 '나라의 문'이고 '불사의 문'이며 '진실의 문'입니다. 왕국으로 비유된 이 '나라'에 들어가려고 문을 열려면, 자기 자신을 알아보고 아기가 된다는 '명지라는 열쇠'가 요청됩니다.

진실의 문을 여는 열쇠가 소위 영지(靈知)라고 하는 명지(明知)인데, 아이러니하게도 종교지도자들은 자신들이 이 명지를 지니고는

8. 나라의 발견 결과 89

있으나, 이런 사실을 몰라보고 있습니다. 이 때문에 그들은 자신뿐만 아니라 타인들까지도 문 안으로 들어가지 못하는 결과를 낳은 것입니다.

그들이 자신에게 천국의 열쇠가 있는지를 모르는 상황에서 그들에게서 명지(明知)를 알아내려면 뱀처럼 지혜롭고, 비둘기처럼 순수해져야 합니다. 그들에게서 열쇠를 얻어내려면, 자신을 보호하는 능력이 뛰어난 뱀 그리고 누구도 해하지 않는 비둘기의 상반된 특성을 활용하면 도움됩니다.

그들이 뱀처럼 교활하게 당신을 대하면 여러분은 비둘기처럼 순수하게 함으로써 그들을 안심시키고, 또 그들이 여러분을 비둘기처럼 순진한 바보로 여겨 남용하려고 하면 뱀처럼 지혜롭게 피해버리라는 것입니다.

그러므로 대개 타인을 지배하고 이용하려는 속셈을 지닌 종교지도자는 일반 사람들보다 훨씬 자주 하늘의 통로로 작동하는 방식으로 그 열쇠가 드러나므로 그런 기회를 놓치지 말아야 합니다. 모든 보물이 그렇듯이 이처럼 소중한 것은 엉뚱하거나 위험한 곳에 숨겨져 있습니다.

이 위험한 곳이 보물이 되는 이유가 '도마 22'에서 제안한 '나라'에 들어가는 3단계[58쪽 참고] 중 남성성과 여성성을 통합하는 것에, 즉 그림자 통합작업의 상대로서 종교지도자들이 엄청나게 효과적이기 때문입니다. 그들에게서 자신의 '권력의지', '결과는 돈이면서도 기발한 명분으로 포장하기', '상대를 수단으로 여기는 뻔뻔함', '상대로 하여금 신을 받드는 자신을 받들도록 협박하기', '제3자를 조종해서 자신을 신격화하기', '맹신의 노예를 양성하려고 따지지 못하게 하기' 등을 보고, 자신이 될 기회인 반면교사로 삼아서 자신의 존재상태를 바꿔버릴 수 있기 때문입니다.

'도마 88'에는 "천사(ΑΓΓΕΛΟC)들이 선지자(ΠΡΟΦΗΤΗC)들과 함께 여러분에게 와서 여러분에게 알맞을 것을 줄 것입니다. 그리고 여러분 자신도 또한 자신에게 속한 것들을 이들에게 주고, '이들이 언제 와서 이들[이 제공한] 것을 회수해갈 것인가?'라고 자문해보십시오."라고 합니다.

천사들이 여러분에게 메시지를 전달하는 통로로 종교지도자들뿐만 아니라 선지자들도 활용합니다. 종교지도자들은 자신들이 행하는 역할 이상의 반대급부를 다양한 방편으로 자신에게 바치게 하지만, 순수한 선지자들은 아마 거의 대가 없이 여러분에게 알맞을 것을 제공할 것입니다. 그러므로 이들에게는 여러분의 것을 적극 제공하라는 것입니다.

그럼에도 천사가 선지자들을 통해서 여러분에게 제공했던 기회를 거두어갈 때가 있다는 것입니다. 선지자가 제공한 기회를 보물처럼 고귀하게 여기지 않고 가벼이 여기거나 당연하게 생각하거나 아니면 아예 무시해버리는 경우입니다.

'도마 102'에는 "바리새인들에게 고난이 있습니다! 그들은 소의 여물통에서 잠자는 어떤 개(ΟΥΖΟΡ)와 같은데, 그 개는 자신도 먹고 있지 않으면서 소(ΕΖΟΟΥ)들도 먹지 못하게 하기 때문입니다."고 합니다.

연인을 자신만이 독점하는 것이 연인을 사랑하는 방식이 아니듯이,

예수를 자신들만이 독점한다는 발상은 예수를 사랑하는 방식이 아닙니다. 예수를 위한다거나 위할 거라고 말로만 하거나 구원받기 위한 수단으로 삼는다면, 자신들도 주위에 행동이 아니라 말로 살아가는 사람들이 판칠 뿐만 아니라 타인들의 수단으로 전락하는 결과를 낳을 뿐입니다.

자신만 유산을 독점하겠다는 자녀는 적어도 부모에게 도움되지는 않을 것입니다. 똑같은 맥락으로 예수를 독점적으로 구원받기 위한 수단이 아니라 보편적으로 구원되기 위한 본보기로 삼는 것이야말로 예수에게 정말 도움될지 아닐지는 몰라도 적어도 해가 되지는 않을 것입니다.

그럼에도 맏이가 되어 예수를 독점하고 싶다면, 그이는 예수처럼 살거나 되고 싶어하는 사람들을 방해하는 행위는 도리어 맏이의 지위조차도 위태롭게 할 것이므로 그 사람들을 내버려두는 것이 도움될 것입니다.

초기 그리스도교의 실상을 외부의 관점에서 살펴보면 바로 이 구절이 지적하듯이 많은 사람으로 하여금 '예수의 말씀'을 아주 교묘하게 먹지 못하게 한 바리새인 출신 인간이 있는데, 그가 바로 바울입니다. 솔선하고 희생적이며 창의적으로 활동하던 바울의 의도를 겉으로는 의심하기 어려우나, 결국 예수의 이야기가 중심이 되어 예수의 말씀이 뒷전이 되어버린 결과를 보면, 이 구절의 경고대로 사람들이 '예수의 말씀'을 먹지 못하게 하려던 바리새인 바울의 전략은 성공했습니다.

결과를 통해 그 원인을 유추해본다면, 사울은 아마 예수의 말씀에 들어있는 '나라'를 완전히 파악하지는 못했으나, 스테판의 당당한 태도에서 예수의 가르침에 대한 위험성을 인지하고, 예수의 제자들에 대한 박해에서 예수의 가르침에 대한 방해로 전략을 바꿨던 것입니다.

이런 점에서 바울은 바리새인들의 교묘한 후원을 받아 보호받으면서 예수님의 가르침을 조직적으로 감춰버린 첩자였는데, 바리새인들이 자신들의 배신자를 살려두었다는 [물론 위협하는 척했으나 시민권을 박탈하지 않은] 사실이 증거입니다. 이것은 적벽대전에서 황개의 고육지계(苦肉之計)와 같은 흔한 첩자들의 방식입니다. 이에 대한 바울은 예수님을 만나서 훌륭해진 것이 아니라 바리새인으로서 제대로 교육받았기에(붓다의 방해자 용수도 브라만 출신으로 제대로 교육받았듯이) 원래부터 모범적이었습니다. 사실상 보호받은 로마행을 살펴보면 그는 근본적으로 유대인들 편이었지 절대 우리 편이 아니라 훌륭한 첩자였을 뿐입니다. 브라만만큼 바리새인도 만만한 사람들이 아닙니다.

'도마 56'에는 '이 세상이라는 시스템을 알아보게 된 사람은 누구든지 산송장(ⲠⲦⲰⲘⲀ)을 발견하게 됩니다. 그리고 누구든지 산송장을 발견했던 사람은 이 세상에 합당하지 않습니다.'고 합니다.

'세상이라는 시스템을 알아본다'는 것은 곧 세상이 왜 존재하는지를 알아보고, 세상이라는 것이 소위 환상임을 알아보며, '환상'을 환상으로 보게 됨으로써 세상 속에 있는 자들이 실상 죽어있다는 진실을 알게 된다는 것입니다. 죽어있다는 것은 인간들이 자신이 무엇을 하는지를 의식하지 못한 채 걷고 있는 살아있는 시체, 즉 산송장입니다.

기독교인이 신과 동격인 예수를 이제 자신은 아는데, 안타깝게도 이런 사실을 모르는 타인들을 그리고 타민족을 전도(傳道)의 대상으로 삼는 것은, 단지 자신이 정보에서 더 나은 입지에 있다고 믿을 뿐이지 세상의 실제 모습을 알아본 것이 아닙니다. 외려 자신이 타인들보다 우월하다는 이런 자세가 '산송장'의 대표적인 실례가 되는데, 남이 몰라서 준비하지 못한 종말을 기회로 한 몫을 보자는 이런 모습은 남모르는 정보로 투기하여 재물을 늘렸던 복부인과 같기 때문입니다.

요지는 자신들의 전도활동이 소위 영적이어서 옳다고 여길 뿐이지 실상 투기하고 있는 행태임을 깨닫지 못하므로 이를 예수는 산송장이라고 합니다. 그런데 만일 자신이 투기하고 있음을 알고 행한다면 그는 이런 면에서 적어도 산송장은 아니고, 이미 그 단체를 졸업했을 것입니다.

이처럼 자신이 뭘 하고 있는지를 자각하고 한다면, 그이가 훔치든 청소하든 가정관리하든 미용하든 무위도식하든 투기하든 기생노릇하든 간에 의식해서 제대로 하게 될 것이고 결국 그곳에서 졸업할 뿐만 아니라 이런저런 과정을 거치고 나면 세상도 졸업하게 된다는 것입니다.

그리고 나면 그는 '세상 속에 있으나 세상에 속하지 않는' 사람이 되는데, 이런 존재가 되면 세속적인 것을 목적으로 삼지 않게 되고, 이때야 자신의 고유한 소명도 깨닫게 되어 묵묵히 실행해가는 그이는 역설적으로 이 세상에 합당하지 않게 됩니다.

결국, '세상을 알아보기'는 자신을 알아본다는 의미에서 '나라를 발견하기'와 비슷합니다.

'도마 80'에 "이 세상이라는 시스템을 알아보게 된 사람은 누구든지 맘(ⲥⲱⲙⲁ)을 발견하게 됩니다. 하지만 누구든지 맘을 발견하는 사람은 이 세상에 합당하지 않습니다."고 합니다.

앞에서 이 세상이라는 시스템을 알아보게 되면 산송장(ⲡⲧⲱⲙⲁ)을 발견하게 된다고 했는데, 이 구절은 맘(ⲥⲱⲙⲁ)을 발견하게 된다고 합니다. 산송장과 맘은 의미상 연결되기도 하므로, 송장이란 것이 죽어버린 시체를 지칭하듯이 맘(ⲥⲱⲙⲁ)도 같은 맥락이리라고 예상됩니다.

순전히 물질적인 측면인 육체(ⲥⲁⲣⲝ)와는 달리 맘은 정신과 물질의 복합체입니다. 이를 이해하려면, 붓다의 용어 중 까야(身 kāya)를 파악해야 합니다. 까야는 '육체+에고'이며 생존하기 위해 '에고로 작동되는 맘'인 생존시스템입니다. 이 오염된 자의식인 자기중심주의 측면인 까야의 의미를 이해하지 못했던 유식(唯識) 불교에서는 붓다의 용어를 무시해버리고 제7식이라는 말나식(manas-vijñāna)을 만들었습니다.

이를테면 까야는 처음 운전을 시작해서 차츰 운전이 몸에 배어가다가 일정 기간이 지나면 운전 자체에 거의 마음쓰지 않고도 운전하게 되는 것처럼 특정한 행위가 체화(體化 embody)된 상태를 말합니다.

대다수 당연한 것으로 습득해온 문화와 도덕, 이를테면 '남들에게 친절하게 대해야 해' '아들을 통해 대를 이어야 해' '부모에게 효도해야 해' '교사에게 순종해야 해' '혼전 순결을 지켜야 해' '이기적으로 살면 안 돼' '예의를 지켜야 해' '뒷말하는 인간은 나빠' '욕하는 건 상스러워' '열심히 공부해야 해' '신을 거스르면 벌 받아' '여성은 아들을 낳아야 해' 등 이런 전제들이 우리에게 체화된 까야에 해당합니다.

쌍윳따니까야[S12:37]에서는 '그대의 것도 타인의 것도 아닌 까야(身 kāya)는 감정에 잘 대처하기 위해서 지어냈고, 의도했던 과거의 활동에 의한 것으로 응시해야 합니다.'고 하는데, 이는 세상에 적응·생존하기 위해 타인들의 것을 자신의 것으로 선별해서 수용했다는 뜻입니다. 즉, 세상이라는 시스템을 내면화해서 신체화(身體化)한 맘(cⲱмⲁ)인 것입니다.

오온(五蘊)이 만물을 순수한 5가지 요소로 분류한 것이라면, 까야(身 kāya)는 이 오온의 복합체인데, 세상 사람들의 선호에 길들여지고 체화되며 습관화되어버린 상태를 말합니다.[『붓다의 발견』 117쪽 이하 참고]

이 두 구절을 연결해보면, 세상에 적응·생존하기 위해 그 시스템을 내면화해서 생활하는 맘(cⲱмⲁ)의 삶은, 자신이 무엇을 하는지를 의식하지 못하고 걷는 시체인 산송장(ⲡⲧⲱмⲁ)과 같아서 결국에는 고온(苦蘊)이라는 괴로운 상황으로 귀결됩니다.

'도마 87'에는 "어떤(ⲟⲩ) 맘(cⲱмⲁ)에 집착하는(ⲁⲱⲉ) 맘도 가엽고, 이 양자에 집착하는 심혼(ⲯⲩⲭⲏ)도 가엽습니다."고 하고, '도마 28'에는 "나는 세상 속에 발을 딛고, 육체(cⲁⲣⲝ)로서 사람들 앞에 나타냈습니다. 나는 이들이 모두 술에 취해있음을 발견했는데, 이들 중 목마른 사람을 발견하지 못했습니다. 내 심혼은 '아담 같은 자녀'의 위에 걱정거리를 더해줍니다. 자신의 마음이 눈먼 이들은 빈손으로 세상에 왔음을 보지 못하고, 또한 빈손으로 세상에서 떠나기를 추종하기 때문입니다. 지금 이들은 취해 있습니다. 그러나 이들이 술(ΗΡΠ)을 끊어버릴 때에야 자기의식을 전환하게(ΜΕΤΑΝΟΕΙ) 될 것입니다."고 합니다.

'도마 87'은 원래 "어떤 '몸(ⲤⲰⲘⲀ)'과 '집착하는 몸'이 가엽고, 이 양자에 집착하는 심혼(ΨΥΧΗ)도 가엽습니다."이었을 것입니다. '몸(ⲤⲰⲘⲀ)'이 까야(身 kāya)이고, '집착하는 몸'이 소위 가아(假我 sakkāya)입니다.

세상에 적응·생존·소유하기 위한 시스템인 에고와 같은 까야(身 kāya)가 있고, '자기가 실제 누구인지'를 일러주는 자신의 실제 모습이 자신 앞에 펼쳐지는 데도 그 모습이 자신의 것이 아니라고 부정하는 데 몰두하다가 결국 가짜 모습으로 위장하는 가아(假我 sakkāya)가 있습니다.

불교인들이 유신(有身)이라고 해온 이 'sakkāya(삭까야)'가 바로 '집착하는 몸(ⲤⲰⲘⲀ)'인 가아(假我)에 해당합니다. '자신이 어떻게 생존할지'(How I survive)를 반영하는 측면을 까야라 한다면, '자신이 어떻게 위장할지'(How I make up)를 반영하는 측면을 가아(假我)라고 합니다.

무상한 오온(五蘊)이 악화하여 결국 괴로움을 초래하고 만다는 사실을 깨닫지 못하는 사람은 특정 상황에 부닥치면 오온이 '나의 것이고 나이며 나의 실아(實我)다'고 집착해서 오취온(五取蘊)을 낳게 됩니다. 세상에 적응해서 생존하려던 '까야'가 결국 '가아'가 되어버립니다. 처음에는 필요에 따라 활용한 가면이 나중에는 진짜 자기 모습이라고 행세하는 까야가 바로 '집착하는(ⲀⳜⲈ) 몸(ⲤⲰⲘⲀ)'입니다.

정리하면, 오온(五蘊)이 까야(身 kāya)인 맘(ⲥⲱⲙⲁ)이고, 이 오온에 집착하는 소위 오취온(五取蘊)이 가아(假我 sakkāya)인 '집착하는 맘'인 셈입니다. 그러므로 이 까야와 가아가 바로 자신의 진짜 모습이라고 착각하면서 그것에 집착하는 심혼(ψγxⲏ)도 가엽다고 한 것입니다.

예수가 이 세상에 들어와서 어느 날 까야(身 kāya)인 맘(ⲥⲱⲙⲁ)과 가아(假我 sakkāya)인 '집착하는 맘'에 취해있는 인간들은 발견했지만, 자기 자신을 알아보려고 갈망하는 사람을 발견하지 못했다고 합니다. 누구나 술에 중독되면 해로운 술에 집착하게 되듯이, 누구나 까야와 가아를 의식해서든 무의식에서든 맛보다 보면 그것들에 집착하게 됩니다. 우리가 술에 취하면 시공간의 감각에 착각이 일어나듯이, 까야에 집착해서 가아 상태가 되면 실상에 대한 오해와 왜곡이 일어납니다.

산송장(ⲧⲱⲙⲁ)처럼 눈이 멀어서 '빈손으로 세상에 왔다'는 것을, 즉 세상에서 무엇이든 채워넣을 수 있는 빈손임을 보지 못합니다. 그리고 결국 '빈손으로 세상에서 떠난다'는 것을, 즉 세상에서 자기 재능을 발휘하지 않기로 선택하는 빈손으로 떠나기를 당연하게 추종합니다.

그러나 까야(身 kāya)와 가아(假我 sakkāya)라는 술을 끊어버리면, 자기의식을 전환하게(ⲙⲉⲧⲁⲛⲟⲉⲓ) 된다고 합니다. 죄를 뉘우치라는 뜻인 '회개하라'로 과하게 번역된 바로 이 'ⲙⲉⲧⲁⲛⲟⲉⲓ'(μετανοια 메타노이아)는 '의식(noia) 전환(meta)'을 의미합니다.

아담 같은 자녀(사람의 아들)에 관련해서는 162쪽을 참고하십시오.

'도마 110'에 "누구든지 세상이라는 시스템을 밝혀내서 풍요로워(ⲘⲀⲞ)진다면, 그이로 하여금 그 세상을 내려놓게(ⲀⲠⲚⲀ) 하십시오."라고 하고, '도마 81'에는 "풍요로워진 자로 하여금 왕이 되게 하고, 권력(ⲆⲨⲚⲀⲘⲒⲤ)을 가진 자로 하여금 권력을 내려놓게 하십시오."라고 합니다.

'세상이라는 시스템을 밝혀내서 풍요(ⲘⲀⲞ)로워진 사람'은 '도마 80'의 '세상이라는 시스템을 알아보게 된 사람'이고, 이 세상에 합당하지 않게 된 사람이며, 세상 속에 있으나 세상에 속하지 않는 사람입니다.

위의 두 구절을 연결하면, 세상이라는 시스템을 알아봄으로써 풍요로워진 사람으로 하여금 세상을 내려놓게 한 다음 왕이 되게 하고, 엉터리 권력자로 하여금 권력을 내려놓게 하도록 우리에게 정치 참여를 명합니다.

이 방식은 자신을 아는 영적으로 풍요로운 자, 즉 소위 철인(哲人)이 정치하는 영성의 정치화인데, 안으로는 성인이고 밖으로는 임금의 덕을 갖춘다는 내성외왕(內聖外王), 정치와 교화를 일치시킨다는 정교일치(政敎一致)를 말합니다.

'도마 112'에는 "심혼(ⲮⲨⲬⲎ)에 집착하는 육체(ⲤⲀⲢⲜ)에도 고난이 있고, 육체에 집착하는 심혼에도 고난이 있습니다!"고 합니다.

영(ⲠⲚⲀ)이 매사에서 사실상 주도하는 가운데 육체(ⲤⲀⲢⲜ)와 심혼(ⲮⲨⲬⲎ)은 상호의존해서 작용해야 정상인데, 만일 육체와 심혼이 둘 중 한쪽에 매달려서 집착한다면 결국 어려움을 불러오게 된다는 것입니다.

이를테면 이 세상을 체험하기 위한 수단인 육체를 무시하고 심혼을 중시하는 인간에게도, 그리고 실상 주인인 심혼을 무시하고 육체에 매달려서 주로 육체를 자기 정체성으로 삼는 인간에게도 이러한 점을 성찰해서 바꾸도록 이끄는 특정 사건들이 심심치 않게 벌어지곤 합니다.

고난이 없던 영(靈)의 삶을 그리워하면서 부조리한 듯한 현실 삶에 뿌리내리지 못하는 이들은 이런저런 핑곗거리를 창조해서 현실에서 도피하려고 합니다. 심혼이 이 세상에서 임무를 완수하면 자연스럽게 떠나지만, 살아서 기회를 살리지 못한 심혼은 육체적 삶에 집착하게 됩니다.

도마복음은 육체와 심혼뿐만 아니라 어른과 아이, 겉과 속, 남성성과 여성성에 대한 동심일체(同心一體)의 통합을 역설합니다.[통합은 119쪽 참고]

'도마 29'에는 "육체(ⲥⲁⲣⲝ)가 영(ⲡⲛⲁ) 덕에 존재해왔다면 이는 기적이지만, 영(靈)이 몸(ⲥⲱⲙⲁ) 덕에 존재해왔다면 이는 기적 중의 기적입니다. 그러나 도리어 나는 어떻게 이런 위대한 풍요로운(ⲙⲁⲟ) 존재가 이런 빈곤한(ϨⲎⲕⲉ) 처지에 자리하게 되었는지는 기적 자체입니다."고 합니다.

'육체가 영(靈) 덕에 존재한다'는 것은 영이 이 세상에 태어나기로 정했던 덕분이라는 것이고, 이처럼 육체로서 존재하는 것은 기적입니다. 그런데 육체를 탄생하게 한 영(靈)은 까야(身 kāya)인 몸(ⲥⲱⲙⲁ) 덕분에, 즉 몸(육체+심혼)의 체계 덕분에 인간의 체험을 하게 되는데, 이처럼 몸을 지닌 영(靈)으로 존재하는 것은 '기적 중의 기적'입니다.

그러나 도리어 어떻게 이런 위대한 풍요로운 존재인 영(ⲠⲚⲀ)이 이런 빈곤한 처지인 육체(ⲤⲀⲢⲜ)에 자리하게 되었는지는 '기적 자체'라는 것입니다.

자신과 관련된 모든 부분이 언제나 영(ⲠⲚⲀ)의 주도 속에 있으므로 몸(ⲤⲰⲘⲀ)도 영(ⲠⲚⲀ)의 도움을 받지만, 영도 몸의 도움을 받습니다. 이를 '도마 108'에서 영의 제안을 몸이 마셔서 수용함으로써 몸도 영처럼 되어가기도 하지만, 영(靈)도 또한 몸이 체험한 것 중에 실패든 성공이든 독창적인 것을 수용함으로써 도움받습니다. 그이가 그렇게 될 때 자신의 감춰져 있던 비밀들이 그이에게 나타내게 된다는 것입니다.

이 세상을 체험하고 싶어하던 영(ⲠⲚⲀ)이 육체라는 옷을 입고 태어나므로 육체(ⲤⲀⲢⲜ)가 영 덕택에 존재하게 되는 것은 기적이고, 또 육체를 가지고 '나라'를 몸소 체험하고 싶어했던 영이 인간적 체험을 하도록 돕는 몸(ⲤⲰⲘⲀ) 덕택에 존재하는 것은 기적 중의 기적이라는 것입니다.

그러면 영(ⲠⲚⲀ)에 의한 육체(ⲤⲀⲢⲜ)의 탄생이 있고, 몸(ⲤⲰⲘⲀ)에 의한 영의 체험이 있습니다. 전자가 인간부모를 통해 이 세상에 들어오는 탑승이고, 후자는 천지부모를 통해 이 '나라'에 들어가는 상승을 위한 삶입니다.

'도마 112'에서는 육체(ⲤⲀⲢⲜ)와 심혼(ⲮⲨⲬⲎ)의 상호의존의 관계를 말했다면, 이 구절은 풍요의 영(ⲠⲚⲀ)과 빈곤한 육체(ⲤⲀⲢⲜ) 사이에 몸(ⲤⲰⲘⲀ)의 역할 그리고 심혼(ⲮⲨⲬⲎ)을 포함하는 몸이 언급됩니다. 탄생한다는 것이 풍요로운 영(ⲠⲚⲀ)이 빈곤한 육체(ⲤⲀⲢⲜ)의 처지로 자리한다는 발상은, 다른 도마복음의 내용도 그렇듯이 매우 놀라운 통찰입니다.

　예수는 인간으로 이 세상에 오는 것 자체가 바로 '거지가 된 왕자'처럼 풍요로운 존재상태에서 빈곤한 처지가 된다는 것입니다. 그러면 인간으로 이 땅에 탄생하는 것은 왕자처럼 풍요로운 영(πnα)의 상태에서 거지처럼 빈곤한 육체(capx)의 상태로 전환되는 것인데, 이것이 기적도 아니고, 기적 중의 기적도 아니라, 바로 기적 그 자체라는 것입니다.

　이것은 인간이 이 세상에 태어나는 '탄생 자체가 바로 빈곤한 처지를 겪기 위한 기적 같은 체험이다'는 놀라운 진실을 우리에게 시사합니다. 그러면 이 세상에 들어오는 이유가 빈곤을 체험하려는 것인데, 막상 태어나서는 빈곤체험이라는 그 근본 취지가 아니라 오히려 빈곤에서 벗어나 부자가 되려고 발버둥치는 아이러니한 상황 속에 있다는 것입니다.

　빈곤을 제대로 겪어내서 빈곤에 관해 터득하지 않는다면 이 세상에 들어온 목적에 반한다는 것입니다. 그래서 자신이 이 세상에 온 목적에 반해서 부자가 되려고 노력하면 할수록, 자신이 부자인데도 더 부자가 되려고 애쓸수록, 점점 더 소위 '상대적 빈곤'에 시달리게 됩니다.

　이를테면 자신의 한계와 싸워서 이겨내는 극기훈련을 하려고 자진해서 들어간 훈련장에서 자신이 아니라 타인과 싸우는 훈련에만 집중한다면, 즉 자신과의 싸움에서 이기면 저절로 체득될 것인데 타인과 싸우는 법에 집중한다면, 이를 본말(本末)이 전도(顚倒)되었다고 합니다.

　마찬가지로 빈곤과 싸워서 이겨내는 단련을 하려고 자진해서 들어온 이 세상에서 빈곤이 아니라 부자만 되려고 집중한다면, 즉 빈곤과의 싸움에서 이기면 저절로 체득될 것인데 부자 되는 법에 집중한다면, 이를 본말(本末)이 전도(顚倒)되었다고 합니다.

축구경기의 본질은 승리가 아니라 체력·실력·협력 등을 배양하는 심신훈련에 있습니다.(경기에 승리해도 동료 간에 협동심이 줄고, 상대팀을 미워하게 된다면 오직 승리만을 위해 경기하는 것일까?), 시험의 본질도 점수가 아니라 바로 '자기 실력성장'에 있고, 군인의 본질도 전쟁에서의 승리가 아니라 전쟁의 예방이며, 경찰관의 본질도 범죄자 검거가 아니라 범죄예방이고, 싸움의 본질도 이기기가 아니라 자기실력배양에 있습니다. 이것이 바로 58쪽에서 '나라'로 들어가기 위해 아기가 되는 3번째 단계, '각각의 기능이 제대로 기능하게 하는 방식'입니다.

타인과의 싸움을 잘하는 이가 자신과의 싸움도 잘할 것으로 보이지만, 상대의 실력에 따라 승패가 좌우되므로 자신의 실력을 배양하기보다 저절로 타인의 실력 저하에 더 마음쓰게 되므로 자신을 극복해내지 않는 한, 결국 상대방에게 마음쓰는 상대적 인간이 될 수밖에 없습니다.

타인과 싸워서 이기는 것에 치중하면 승리 자체가 목적이 되어버리므로, 파우스트가 현실의 쾌락을 위해 악마 메피스토펠레스에게 영혼을 팔듯이, 승리를 위해 불법·탈법·편법·반칙이라는 유혹을 이겨내지 못하고 결국 권력에 빌붙어 악과 타협하기를 부끄럽게 여기지 않게 됩니다.

어제의 자신보다 나아지려고 자신과 싸워서 절대자가 되려고 하기보다 타인보다 나아지고 우월해지려는 경쟁 속에 세월을 낭비하고 맙니다. 우리가 타인보다 우월해지려고 하는 한, 불국토를 멀어지게 합니다.

그러므로 부자가 아니라 빈곤에서 시작하는 것이, 빈곤을 체험하고 극복해서 마스터할 확률이 높습니다. 이런 점에서 부자의 환경에서 시작하는 이들은 가난한 처지에서 시작하는 사람들보다 불리한 출발선에 있는 셈입니다. 더 나아가보면, 빈곤에서 시작해야 정상이고, 만약 부자에서 시작한다면 비정상이고 위험한 특수 상황인 셈입니다.

'도마 85'에 "아담(ⲁⲇⲁⲙ)은 대단한 힘(ⲇⲩⲛⲁⲙⲓⲥ)과 대단한 풍요(ⲙⲁⲟ)를 통해 존재했지만, 여러분에게 합당하지 않습니다. 만약 그가 적합한 자였다면 그는 죽음을 맛보지 않았을 것이기 때문입니다."고 합니다.

아담이 신의 권력을 배경으로 에덴동산의 풍요 속에 존재했을지라도, 신의 뜻을 깨닫지 못해서 자격을 갖추지 못한 탓에 타인의 정보에 휘둘려서 그곳에서 쫓겨났을 뿐만 아니라 엄청난 고생도 맛봐야 했습니다.

마찬가지로 전두환은 박정희의 권력을 통해 정치적 자녀로서 성공했고, 이재용은 이건희의 돈을 편법으로 물려받아 재벌이 되었지만, 권력과 부를 스스로 만들고 나누지 못했을 뿐만 아니라 결국 불행한 독재자가 그리고 감옥을 드나드는 범죄자가 되어버린 이들은 수행자의 본보기로 합당하지 않습니다.

이 땅의 선지자 증산은 대순전경[6:15]에서 "부귀한 자는 자만자

족하여 그 명리를 증대하기에 몰두하여 딴생각이 나지 아니하니 어느 겨를에 나에게 생각이 미치겠는가? 오직 빈궁(貧窮)한 자라야 제 신세를 자신이 생각하여 도성덕립(道成德立)을 하루바삐 기다리며 운수(運數)가 조여들 때마다 나를 생각할 것이므로 그들이 내 사람이다."라고 합니다.

그리고 전경[교법 1:24]에 "부귀한 자는 빈천을 즐기지 않고, 강한 자는 약한 것을 즐기지 않으며, 지혜로운 자는 어리석음을 즐기지 않으므로 빈천하고 병들며 어리석은 자가 곧 내 사람이다."라고 했습니다. '가난함에 편안해하고 도를 즐긴다'는 안빈낙도(安貧樂道)의 삶을 의미합니다.

'도마 12'에는 길벗들의 "우리는 당신이 우리를 떠나리라는 것을 압니다. 우리가 본받을 사람이 누구입니까?"라는 질문에 예수께서 "여러분이 어디에 있든지 의인(義人) 야곱 쪽으로 향할 것입니다. 야곱 덕에 하늘과 땅이 존재합니다."고 합니다.

우리가 본받아야 할 사람이 바로 세상이라는 시스템을 알아봄으로써 하늘과 땅이 원활히 기능하도록 돕고 협업하며 대행하는 야곱 같은 의인입니다. 그래서 천지는 빛과 소금이 되는 타인의 본보기가 되는 이런 존재를 특히 중시하고, 이들을 중심으로 세상을 운영하기가 편합니다.

'도마 58'에는 "고통(ⲣⲓⲥⲉ)을 겪어내면서 생명의 길(ⲱⲛⲥ)을 발견하는 사람은 복됩니다."고 합니다.

고통을 겪기만 하고 '생명의 길'을 발견해내지 못하는 예도 있으므로, 고통을 겪으면서 '생명의 길'을 발견하게 되는 사람은 복됩니다.

궁하면 변하고, 변하면 통하고, 통하면 오래간다는 말이 있습니다. 모든 변화는 위험을 수반하므로 대다수 사람은 강물이 바다로 자연스럽게 흘러가듯이 자연스러운 흐름대로 살아야 한다는 명분을 내세우지만, 실상은 편한 상황에서 어떤 문제든 일으키고 싶지 않기 때문입니다. 이런 점에서 자신이 변화하기를 바라는 사람은 궁해지기 마련입니다.

그래서 자신이 궁해지기 시작한다면 의식해서든 무의식에서든 자신이 변화하기로 정했음을 알아봐야 합니다. 강물이 흘러가는 대로 가는 쉬운 길은 대체로 죽음의 길입니다. 이처럼 신과 하늘, 영혼이 바라고 이끄는 생명의 길이란 대체로 쉽고 편한 쪽으로 가는 것이 아닙니다.

상황이 궁해졌다는 것은, 신이 자신으로 하여금 미리 변할 기회를 제공하려고 뒤흔드는 데도 무시했고 이제는 변해야 한다는 신호입니다. 그래서 고통이 인지된다는 것은 내면 양심체계가 살아있다는 증거인데, 아니면 이조차 무시합니다. 이는 자신으로 하여금 생명의 길로 이끌고 있는 '나라'가 있기 때문입니다. 아니면 고통이 발생하지 않습니다.

하지만 고통이 있는 곳에는 틀림없이 있을 '나라'를 발견하지 못한다면, 아마 자신이 고통에 파묻혀 있든가 아니면 고통 자체를 해결하려고 하기 때문입니다. 그러므로 문제가 있으면 기뻐해야 하듯이 자주 문제 자체가 문제가 아님을 되뇌면서 이 법칙을 자각하도록 노력해야 합니다.

신은 바뀔 기회를 주지 결코 바뀌도록 해주지 않습니다.

「에반 올마이티」(Evan Almighty)라는 영화에 "누가 인내를 달라고 기도하면 신은 그이에게 인내심을 줄까요? 아니면 인내를 발휘할 기회를 줄까요? 용기를 달라고 기도하면 신은 용기를 줄까요? 아니면 용기를 발휘할 기회를 줄까요?"라는 대사가 있습니다.

순전히 '나라'에 접근할 수 있는(이 세상 삶의 목적을 달성할) 확률로 따져본다면 부자의 환경보다 가난한 환경이 훨씬 높습니다. 그런데 여러분은 자신에게 '둘 중 자유로이 선택하는 권한'이라는 복(福)이 있다면 어느 쪽을 택하겠습니까?
 '물질적 빈곤을 통한 정신적 풍요' 혹은 '물질적 풍요를 통한 정신적 빈곤' 중에서 말입니다.

9. 가난과 풍요

'도마 54'에는 예수께서 "하늘나라가 여러분의 것이므로 가난한 사람이 복됩니다."고 합니다.

'마음이 가난한 자가 복되다'는 것은 물질적 부자들에게도 '나라'의 가능성을 줍니다. 즉, 비록 물질적 부자가 마음만이라도 가난하다면 복될 수 있다는 논리가 성립하기 때문입니다. 물질적 부자가 마음이 가난하다면 절약은 하겠지만, 이들 대부분 구두쇠가 되기 쉬우므로 다수의 가난한 이를 도우라는 천부적 사명을 다하기가 어려워집니다. 그래서 물질적 부자가 마음이 가난하다면 복되기는커녕 화가 되기 쉽습니다.

그런데 도마복음은 '나라가 여러분의 것이다'는 전제에서 '가난한 이들이 복된 사람입니다'고 합니다. '나라가 여러분의 것이 아니다'는 전제, 즉 삶이 자신에게 말해주는 메시지를 알아보지 못하는 상태에서나, 아니면 나라 자체에 아예 관심이 없는 상태에서는 적어도 '가난한 이들이 복되다'고 할 수는 없지만, '화(禍)가 된다'고도 하기 어려울 것입니다.

이 구절을 정확하게 표현하자면, "하늘나라가 여러분의 것인 한, 가난한 사람은 복됩니다."가 됩니다. 여러분의 것이 되는 중인 '나라'가 여러분에게 다가가고 있으면, 여러분에게 가난한 상황이 펼쳐지므로 외적으로는 불운하고 힘겹게 보일지라도 실상 복된 현상이라는 것입니다.

'가난'이 아니라 '나라에 관련된 상황'이 중심임을 주목해야 합니다. '나라'와 관련되어 점점 가까워지면 누구든지 기존 인연이 정리되고 사실상 물질적으로 가난해지는 상태가 되는 것이 정상이므로, 결국 가난해지기를 자발적으로 선택하게 되는 셈이 됩니다. 비록 외형적으로는 자발적이 아니라 강제적으로 보이나 결국 '자발적 가난'입니다.

무당이 되는 과정에서도 세속적인 물질과 인연을 정리하는 과정에 돌입하는데, 하물며 '나라'가 자신에게 다가오면, 즉 의식해서든 무의식에서든 영성의 길을 가려고 하면 상당한 변혁의 과정을 거쳐서 영적으로 상당히 유리한 '가난'의 입지에서 '나라'를 알아보게 됩니다.

'도마 104'에는 그들이 예수께 "오십시오! 오늘 기도하고 금식합시다."고 말했습니다. "내가 무슨 죄(ΝΟΒЄ)를 지었습니까? 아니면 그것이 무엇에서 나를 높여줍니까(ⲭⲣⲟ)? 오히려 신랑(ⲚⲨⲘⲪⲒⲞⲤ)이 신방(ⲚⲨⲘⲪⲰⲚ)을 떠나버릴 때에나 이들로 하여금 금식하고 기도하게 하십시오."라고 합니다.

한마디로 자신이 신과 분리된 상태가 될 때나 제대로 금식하고(세상에 대해 먹기를 중단해서 자신을 성찰하고), 아니면 세상을 금식할 때임을 알아채려는 방편으로 몇 끼를 중단하라는 것입니다. 며칠간 먹지 않아도 생존할 수 있듯이, 세상의 가치나 관념에 관련한 일을 얼마간 멈춰도 됩니다.

또 그럴 때에나 '나는 ~~~ 상태입니다.'고 사실 그대로를 신에게 고하는 식으로 기도하십시오. 신에 관해 거의 신경 쓰지 못한 자신을 발견하고, 이를테면 '나는 부인과의 관계가 뜻대로 되지 않아서 괴롭습니다.'라고 기도하라는 것입니다.

'도마 14'에는 "여러분이 금식(ΝΗϹΤΕΥΕ)한다면 자기 자신에게 죄 짓게 되고, 여러분이 기도(ϢΛΗΛ)한다면 심판받게 되며, 여러분이 자선(ΕΛΕΗΜΟϹΥΝΗ)을 베푼다면 자신의 영(ΠΝΑ)에 해악을 끼치게 만들 것입니다. 여러분이 어느 곳에 들어가서 그 마을을 다니다가 사람들이 여러분을 받아들이면, 여러분 앞에 놓인 음식을 먹고, 이들 중 병자를 치료하십시오. 여러분 입으로 들어가는 것이 여러분을 더럽히지 않으며, 도리어 여러분 입에서 나오는 것이 여러분을 더럽힐 것입니다."고 합니다.

여러분이 형식적·위선적으로 금식하면, 정작 세상에 대해선 금식하지 못해서 자신의 욕망에 정직하지 못하고 이중적이 되므로 결국 자신에게 죄짓게 됩니다. 형식적·위선적으로 기도한다면, 조건적인 기도는 대개 욕심이므로 ['왜 내 자식은 대학에 합격해야 하는지'에 관한] 의도를 추궁받을 때가 언젠가 오게 됨으로써 심판받게 됩니다. 형식적·위선적으로 자선을 베풀거나 조건으로 자선하면 적선(積善)이 아니라 적악(積惡)이 되어서 자신의 영(ΠΝΑ)에 해악을 끼치게 합니다.

선의를 지니고 마을에 들어가는 여러분이 마을 사람들을 더럽히는 것이 아니라, 도리어 악의를 지니고 여러분을 마을에서 내쫓는 마을 사람들이 더럽혀질 것입니다. 또한, 여러분이 먹는 음식보다 내뱉는 말이 여러분을 더럽히므로 금식하기보다는 오히려 말하기를 삼가고, 음식은 주는 대로 먹지만 세상은 철저하게 가려서 수용하라는 뜻입니다.

이렇게 하면 자발적으로 먼저 자신의 먹는 욕망과 싸우기로 결단하게 되므로 저절로 금식하게 됩니다. 형식적인 기도와 자신의 행복을 위한 기도가 도움되지 않음을 깨닫고, 타인이 행복해지며 대아(大我)가 잘되라고 기도하며, 하루하루 신의 은총에 대해 기도하게 됩니다. 타인들에게서 물질적 자선을 받으면서 타인에게 제대로 된 정신적 자선을 베풀게 됩니다. 특히 자신과의 싸움에서 승리하려고 금주(禁酒) 금연(禁煙)을 실천하고 몸의 건강을 위해서 되도록 채식할 것입니다. 형식적인 신을 믿는 신자(信者)가 아니라 신을 모시는 것을 직업으로 하는 시자(侍子)가 절로 됩니다.

'도마 3'에는 '㉄여러분이 자기 자신을 알아본다면, 비로소 여러분은 알려지게 되고, 그러면 자신이 살아있는 아버지의 자녀임을 깨닫게 될 것입니다. 그러나 여러분이 자기 자신을 알아보지 못한다면, 여러분은 어떤 빈곤한(ᴀHKє) 처지에 있게 되고, 빈곤한 처지가 되어버립니다.'고 합니다.

여러분이 '나라'를 발견해서 '자기가 실제로 누구인지'를, 즉 자기 자신을 알아본다면, 비로소 여러분은 '나라' 안쪽에 알려지게 되고, 그러면 자신이 살아있는 신의 자녀임을, 천지자녀임을 깨닫게 될 것입니다.

반면에 '나라'를 외면해서 자기 자신을 모른다면, 어느 날 빈곤한 처지에 있는 자신을 발견하게 됩니다. 그럼에도 그 이유를 알아보지 않을 뿐만 아니라 그 처지를 어찌할 수 없다고 합리화한다면, 결국 완전히 자포자기하는 빈곤한 처지 자체가 되어버릴 것입니다. 이들은 특히나 정신적으로 빈곤해집니다.

아무리 물질적인 풍요를 누리고 산다 해도 각자의 삶을 깊이 살펴보면, 정신적으로 빈곤해져서 상대적인 빈곤에 시달리는 형편입니다. 이를테면 연봉 2억의 어떤 사람에게 어느 날 연봉 4억의 이웃이 바로 앞집에 이사 오거나, 연 매출 500억의 회사를 운영하는 사장의 경쟁업체가 신제품으로 매출이 1,000억이 된 경우입니다. 그런데 욕망이 다스려지지 않으면, 그것을 채워달라며 불쑥불쑥 솟아오르는 내면의 충동은 거부되기 어렵습니다. 이를 절대적 부자의 상대적 빈곤 상태라고 합니다.

사실 욕망이 다스려지지 않으면 자신보다 더 나은 사람은 수두룩합니다. 월 500만 원의 수입으로 가족들이 생활해나가기도 벅차다고 여기고 있고, 그래서 이런 현실에 만족하지 못하고 있다면, 수입이 많은 남과 비교해 자신은 가난하다고 판단하는 상대적인 빈곤의 상태입니다. 사실에 현실을 일치시켜서, 즉 욕심을 줄여 수입에 맞추어 지출하면 되는데, 형식적 도리라든가 불필요한 욕망 탓에 어려움을 자초할 뿐입니다.

'나라'를 알아보지 않으면, 즉 무엇이 지금 장기적으로 자기 인생에 도움되는지를 모르면, 누구나 상대적 빈곤 때문에 욕심내게 됩니다. 그래서 어느 날 빈곤한 처지에 처해 있는 자신을 발견하게 되고, 급기야 빈곤해하는 상대적 마음이 당연해집니다. 이는 풍요 자체가 아니라 돈이 목적이 되었기 때문입니다. 풍요로워지기 위해 돈을 도구로서 제대로 활용하지 않는 한, 우리는 왜곡된 현실을 좀 더 겪어야 합니다.

그러나 '나라'를 알아보게 되면, 이를테면 사내 운동회에서 경품으로 자전거를 받았을 때 '아! 이건 신동학공동체 몫이다'는 진실을 화인님이 알아보고 실행했듯이, 모든 정신·물질적 현상이 벌어질 때마다 '도마 67'에서 말하듯이 '모든 그것이 있을 자리'를 알아보고서 그것의 진짜 주인인 임자에게 돌아가도록 합니다.

'도마 63'에는 "돈이 많은 부자가 있었습니다. 그이는 자신이 돈을 들여 씨를 뿌리고 거두며 심어서 창고를 곡물로 가득 채우려고 했고, 그이에게는 '그래서 부족한(6ρω2) 것이 없게 하겠다.'는 생각이 자신의 마음에 있었지만, 그날 밤 그이는 죽어버렸습니다. 귀가 있는 사람은 들으십시오."라고 합니다.

이 구절은 '나라'가 다가오면서 가난해지는 사람이나 재물을 모으려는 속셈을 지닌 이들이나 혹은 죽음이 두려운 이들에게는 협박으로 들릴 수 있지만, 노력해서 된다는 작은 부자와 달리 큰 부자는 하늘이 낳는다고 합니다. 이런 점에서 부자가 된다는 것은 위험천만한 일입니다. 하늘이 부자에게 주는 책무를 저버린다면 더 위험하기 때문입니다.

천지가 인간을 양육해야 할 역할을 부모가 대임(代任)하고, 천지가 가르쳐야 할 역할을 스승이 대임하듯이 부자가 되는 것도 많은 사람을 부양하는 천지의 역할을 대임하는 것일 뿐입니다. '큰 능력에는 큰 책임이 따른다'는 말처럼 부자가 된다는 것은 남을 부양할 의무를 지는 것인데 자기만족이나 남을 지배하거나 조종할 도구로 쓴다면 당연히 허물을 초래할 뿐입니다.

'도마 95'에 "여러분이 돈(2ΟΜΤ)을 가지고 있다면, 이익(ΜΗϹЄ)을 보려고 주지 마십시오. 도리어 여러분이 그 돈을 되돌려받지 못할 사람에게 줘버리십시오."라고 하고, '도마 96'에 "아버지의 나라는 적은 양의 효모(ⲤⲀⲈⲒⲢ)를 가지고 밀가루반죽(ⲘⲰⲦⲈ)에 숨겨서, 그것을 커다란 빵(ⲞⲈⲒⲔ)으로 만들었던 한 여인에 비유됩니다. 귀가 있는 사람은 들으십시오!"라고 합니다.

출애굽기[22:25]에 '너와 함께 사는 내 백성 중 가난한 사람에게 돈을 빌려 줄 때는 빚쟁이처럼 굴지 말고, 이자도 받지 마라.'고 하는데, 도마복음은 이익을 보려고도 돈을 되돌려받으려고도 하지 말라고 합니다.

기대 없이 돈을 선물하여 상대방이 필요한 것을 손쉽게 활용하도록 함으로써 상대방이 해보고 싶은 것을 체험할 기회를 제공하게 되는데, 이는 순환해서 쓰려고 만든 돈의 근본 취지를 살리는 활동입니다.

이는 돈을 지닌 당사자가 세상에 긍정적으로 이바지할 상대를 은혜로 받아들이라는 것인데, 자신의 자금을 줄 기회를 제공하는 상대에게 감사하라는 것입니다. 돈을 목적이 아니라 수단으로 여기라는 것입니다.

돈을 상대에게 빌려줌으로써 발생하는 이자가 아니라 상대에게 기회를 제공하는 공덕이 진정한 이익이라는 것이고, 돈을 받은 상대에게 감사하라고 하는 것이 아니라 기회를 제공한 상대에게 감사하라는 것입니다.

112쪽에서 화인님이 경품으로 받은 자전거가 자신의 것이기는 하나 그것이 신동학공동체의 몫임을 알아봤는데, 여기서 그 자전거가 화인님의 소유라는 사실문제(quid facti)를 증명하는 것을 칸트는 경험적 연역이라고 하고, 그 자전거가 실제로 그것을 이용할 신동학공동체의 몫이라는 권리문제(quid juris)를 증명하는 것을 초월적 연역이라고 합니다.

이런 점을 증산(甑山)은 "칠산(七山) 바다에서 잡히는 조기도 먹을 사람을 정하여 놓고 그물에 잡히며, 농사도 또한 먹을 사람을 정하여 놓고 맺는다. 굶어 죽는 일은 없다."(전경 교법 1:14)고 통찰했는데, 이것은 '모든 그것이 있을 자리'를 알아보는 방식(도마 67)과 같고, 마르크스의 '능력에 따라 일하고 필요에 따라 분배한다'는 말을 넘어섭니다.

'도마 95'는 상대방으로 하여금 하고 싶은 체험을 하도록 기회를 제공하는 것이 진정한 이익이라고 하는데, '도마 96'은 효모를 제공함으로써 밀가루로 하여금 빵이 되고 싶은 체험을 하도록 돕는 실례를 말합니다.

촉매(효소)는 상대의 변화에 관여하나 자신은 변하지 않지만, 효모는 자신도 변하면서 상대로 하여금 하고 싶은 체험을 하도록 돕습니다. 조건 없이 돈이라는 기회를 상대에게 제공하고 [기대하지는 않으나] 자신도 기회를 돌려받게 되듯이, 상대로 하여금 잘되도록 도우려다가 자신도 바뀌는 것이 진짜 이익이고, 이를 소위 공덕(功德)이라고 합니다.

'적은 양의 효모를 가지고 밀가루반죽에 숨겨서'라는 본문 중 '숨겨서'에 주목해본다면, 상대로 하여금 체험하고 싶은 것을 행하도록 도울 때 '드러내놓고'가 아니라 바로 '숨겨서' 하는 방식이라는 것입니다.

이는 드러내놓고 돕는다면 그 의도가 타인들에게 잘 보이려는 것인데, 드러내놓는 방식을 실제 해보면 상대가 진정 바라는 바를 도우려고 하기보다 남들의 인정을 받는 쪽을 선택하려고 계산하기 마련입니다. 그러므로 하늘이 신의 뜻에 따라 만물을 화육(化育)해서 도울 때와 같이, 타인을 제대로 돕는다는 진정성을 간직하려면, 그 도움을 숨기지 않고는 어렵습니다. 이를 칸트는 '나라'를 알아보고 자신만의 준칙으로 삼아 자발적인 의무감으로 실천해가는 '선의지'라고 했습니다.

기존에는 '나라'를 '효모'로 비유했으나 도마복음은 '효모로 밀가루를 부풀리는 여인'으로 의인화해서 비유합니다. 비록 효모가 밀가루를 부풀려주지만, 효모를 밀가루에 넣어주는 여인이 있어야 하듯이, '나라'가 생명의 길인 정견이지만, 이것에 대한 실천이 있어야 합니다.

'나라'는 사람들에게 메신저와 메시지로 기회를 제공해주는 것일 뿐이지, 직접 사람들에게 변화를 일으키지 않습니다. 효모가 순수이성에 해당한다면 그 효모를 손수 집어넣는 여인은 실천이성에 해당합니다.

이처럼 제대로 활용될 가능태를 지닌 각자의 재능을 실제로 세상에 구현되게 하는 '나라'는 사람들로 하여금 각자가 '진정으로' 체험하고 싶은 것을 행하도록 당사자가 눈치채지 않게 은밀히 숨기는 방식으로 돕습니다. 물론 사람들로 하여금 메시지를 실천하게 하는 덕에 '나라'도 동반해서 풍부해집니다. 이를 '신의 일', 즉 신업(神業)이라고 합니다.

'도마 64'에는 "손님을 초대하려는 한 사람이 있었습니다. 그이가 만찬을 준비한 다음 손님들을 초대하기 위해 하인을 보냈습니다. 그 하인이 첫 번째 사람에게 가서 '저의 주인께서 당신을 초대합니다.'고 말했습니다. 그 사람은 '몇몇 상인들이 저녁에 나와 계약하기 위해 나에게로 오고 있으므로 내가 돈을 가지고 가서 그들에게 주문해야 합니다. 죄송하지만 만찬을 사양하겠습니다.'고 말했습니다. 다음 사람에게 간 그 하인은 '저의 주인께서 당신을 초대합니다.'고 말했습니다. 그 사람이 하인에게 '나는 집을 한 채 거래했는데, 온종일 바쁩니다. 저는 시간이 없을 것입니다.'고 말했습니다. 그 하인이 또 한 사람에게 가서, '저의 주인께서 당신을 초대합니다.'고 말했습니다. 그 사람이 하인에게 '친구가 결혼하는데, 제가 만찬을 준비해야 합니다. 저는 갈 수 없습니다. 죄송하지만 만찬을 사양하겠습니다.'고 말했습니다. 그 하인이 또 한 사람에게 가서, '저의 주인께서 당신을 초대합니다.'고 말했습니다. 그 사람이 하인에게 '내가 농장을 하나 거래했는데, 세를 받으러 가야 하므로 저는 갈 수 없을 것입니다. 죄송하지만 사양하겠습니다.'고 말했습니다. 그 하인이 돌아와서 주인에게 '당신께서 만찬에 초대하신 분들은 모두 사양하겠다고 합니다.'고 전했습니다. 그 주인이 하인에게 '길거리로 나아가서 네가 만나는 누구든지 만찬에 참여하도록 데리고 오라.'고 했습니다. 거래하는 자, 즉 상인은 내 아버지의 처소(τοπος)에는 들어가지 못할 것입니다."고 합니다.

  예수의 말씀을 먹고 소화할 기회를 가져보라고 초대해도 상당수의 사람이 거래를 우선시함으로써 진짜 자신에게 유익한 기회를 놓쳐버립니다. 폴라니가 통찰했듯이 땅·사람·화폐뿐만 아니라 시간까지도 돈이라고 하는 자본주의·신자유주의·황금만능주의라는 서쪽에서 불어온 바람 때문에, 이 땅의 사람들이 성숙할 기회를 맞이하고 있습니다.

신의 처소(τοπος)는 신과의 만남과 창조가 발생하는 특수한 장소인데, 이곳을 수운은 수심정기(修心正氣)에서 의(義)를 지키는 것이라 했고, 후설은 괄호치기로 묶어서 먼저 판단중지(에포케 epoche)하는 것이라 했으며, 붓다는 '대상에 집중해서 몰입한다'는 삼매(三昧 samādhi)에 요청되는 육근수호(六根守護)의 장소로서 'āyatana'(아나타나)라고 했습니다. 여기에는 소위 육근(六根)이 수호되지 못한 시장으로서 육장(六場 āyatana)이 아니라 바로 육근(六根)이 수호된 관청으로서 육처(六處 āyatana)가 있습니다.[『붓다의 발견』 281쪽 참고]

맛지마니까야[M107]에 "감각기능의 문을 지키라. 안안(眼){~심心}으로 색色{~법法}을 보고서{~알고서} 그 상(相 nimitta)도 연상(聯想)한 것도 붙들지 마라. 안근(眼根){~심근(心眼)}을 수호하지 않으면 욕망·불만, 부정적이고 불선한 담마가 흘러들 것이므로 안근(眼根){~심근(心眼)}을 수호(守護)하고 제어(制御)함으로써 제어의 길을 가라."고 합니다.

'도마 40'에는 "한 그루의 포도나무가 아버지 밖에 심어졌습니다. 그 나무는 강화되지 못하므로, 뿌리째 뽑혀버려 죽어버릴 것입니다."고 합니다.

이는 신의 처소 바깥에, 즉 신과 분리된 상태에서는 아무리 인간적인 노력으로 잘한다고 해도, '나라'인 신의 뜻에 들어맞지 않는 가르침으로 포도나무 넝쿨처럼 무성하게 할지라도 결국 성공하지 못할 것임을 일러줍니다.

10. 통합자와 절대자

58쪽의 '도마 22'에 제시한 '둘을 하나로 만들어 통합하는 방법'이 도마복음에는 다양하게 제시되어 있습니다. 그런데 둘을 하나로 통합하는데, 한쪽이 너무 강하면 특히나 사자 같은 짐승의 성질이 다뤄지지 않으면 통합 자체가 어렵습니다. 그리고 외부의 대상을 통합하기 전에 인간이 각자 내면에 지닌 속성들부터 통합해야 하는데, 그중 하나가 '사람'이고 하나가 '짐승'인데, 그 사이에 '인간'이 있습니다.

'도마 7'에는 "사람(ⲡⲱⲙⲉ)이 먹는 사자(ⲙⲟⲩⲉⲓ)는 복(福)됩니다. 그리고 그 사자는 사람이 됩니다. 사자가 먹는 사람은 더럽혀집니다. 그리고 그 사자는 사람이 될 것입니다."고 합니다. 그런데 이 구절의 핵심은 바로 '사자가 사람이 된다'는 것인데, 이는 어쨌든 인간 종이 짐승의 속성에서 사람의 속성으로 바꿔가는 중임을 일깨워주고 있습니다.

'인간은 ~~ 동물이다'는 말이 있는데, ~~에 '감정의' '정치적'(아리스토텔레스는 사회적이 아니라 정치적 동물이라 했음) 등 뭐가 들어가든 동물에 방점이 있습니다. 진화 중인 우리가 겉으로는 동물이 아닌 척 위장하나 지금도 이 속성을 지니고 있습니다. 동물들이 세를 짓고 영역을 표시하듯이 인간들도 편을 만들고 제도를 만들어 소유를 주장합니다.

그 동물적 속성에는 경쟁해서 살아남고 소유하려는 권력의 속성이 있습니다. 동물계는 적자생존의 정점에 사자나 호랑이가 있는데, 인간계도 '사자가 사람을 먹는다'면 사자나 호랑이처럼 권력의 정점에 서려고 합니다. 그러면 야생의 짐승들이 생존에 급급해하듯이 대부분 현실에서 이들의 생활은 사실상 짐승과 다를 바가 없게 펼쳐지게 됩니다.

그러나 '사람이 사자를 먹는다'면, 즉 인간이 사람이 되고자 한다면, 단군신화에 나오듯이 인간은 곰처럼 끈기로써 어두운 동굴 속에서 쑥과 마늘(蒜)을 먹으면서 견뎌내야 합니다.[『천부경의 발견』 90쪽 참고]

사자가 사람을 먹는 것은 자신의 욕망을 채우는 것에 불과하지만, 사람이 사자를 먹는 것은 먹어서 소화함으로써 불필요한 것을 똥으로 싸버리고 유익한 것을 영양으로 흡수한다는 것입니다. 이는 사자로 대표되는 짐승의 속성을 무조건 배척하라는 것이 아니라 짐승의 유익한 점을 선별해서 수용하라는 뜻입니다.

'도마 35'에는 "누구든 강력한 자의 집(ΗΕΙ)에 들어가서 그이의 양손을 묶지 않고는 힘으로 그이를 잡아둘 수 없습니다. 그때야 그이는 자신의 집을 바꿀(ΠⲰⲰΝΕ) 것입니다."고 하고, '도마 98'에 "아버지의 나라는 권력자(ΜΕΓΙⲤΤΑΝΟⲤ)를 죽이기를 소망하는 사람에 비유됩니다. 자기 손이 내면을 갈라서 봐야 한다는 점을 깨달은 그이는 자기 집에서 자신의 검(ⲤΗϤΕ)을 뽑아 벽에 찔러넣어 갔습니다. 그러다가 그이는 권력자를 죽이게 되었습니다."고 합니다. 'ΠⲰⲰΝΕ'는 '바꾸다'입니다.

만일 내면의 '강력한 자'가 단순히 생존하기 위해 작동하는 강하고 완고한 에고라면, 그 에고를 죽여버리려고 할 것이 아니라 손을 묶어서 잡아둠으로써 에고가 주인 노릇을 못하게 해서, 즉 속수무책(束手無策_손이 묶여 어찌할 방도가 없음)하게 해서 성질을 바꾸게 해야 합니다.

하지만 내면의 '권력자'가 자기 정체를 드러내지 않고서 배후조종하는 존재라면, 앞의 방식으로 그 권력자가 바뀌기를 기대하지 말고 현상 이면을 갈라보는 반야의 검으로 자기 내면 이곳저곳을 갈라서 들여다보기 시작해야 합니다. 그러다가 노력이 일정 수준에 이르러 한도에 차게 되면 기적처럼 그이가 죽어버리는 상황이 돌연 발생하게 됩니다.

'도마 7'에 나오는 사자의 속성을 지닌 '강력한 자'와 '권력자'는 순순히 물러나지 않는데, 어차피 여러분이 사람이 되고자 한다면 그런 속성을 알고 이해하며 넘어서서 졸업하는 존재가 되어야 합니다. 특히 끝없이 포기하지 않고 '정성을 다하고 또 정성한다'는 성지우성(誠之又誠), '오직 선해지려고 한다'는 선의지(善意志) 그리고 '끈기로써 지속한다'는 정정진(正精進)으로 추적해서 밝혀내려고 해야 합니다.

내면의 '강력한 자'나 '권력자'가 모두 자신의 정체성을 구성해온 존재이므로, 특정 상황에서 완고함이나 은밀함에 의한 현상이 반복해서 벌어지면 그런 존재가 자신에게 틀림없이 있음을 인정해서, '나는 완고함과 배후조종이 아니다'며 자신과 그 존재를 의식해서 분리해야 합니다.

이를테면 특정 상황이 될 때마다 자신이 옳다고 강력하게 주장하는 경우는 자신의 정체성 중에 틀림없이 '강력한 자'가 있음을 확신해야 합니다. 또 자신이 의식해서는 술을 마시고 싶지 않음에도 지속해서 술을 마셔야 하는 불가피한 상황에(예를 들면 친구가 갑자기 전화해서 같이 한잔하지 않으면 자살할 것 같다고 협박하는 상황에) 자주 부닥치곤 하는 경우는 자신에게 틀림없이 '권력자'가 있음을 확신해야 합니다.

대다수 이런 현상을 빙의(憑依)라고 하겠지만, 그 빙의한 대상을 자신이 불러왔음을 자각하지 않으면 또 다른 악순환을 지속할 것입니다. 자신은 어쩔 수 없이 무당이 되었다고 강변하는 사람도 차근차근 삶을 짚어가다 보면 예외 없이 사실상 자신이 무당이 되기로 선택했음을 인정합니다. 빙의가 자신과의 싸움이지 외부 마귀와의 싸움이 아닙니다.

어떤 점에서 내면의 '강력한 자'나 '권력자'가 모두 자신의 단련을 위한 맞상대인 셈입니다. 그런데 이런 자기 내면의 적을 알아보고 인정하지 않으면, 이를 대체하는 외부의 적인 '강력한 자'나 '권력자'가 진짜 맞상대로 주위에 나타나서 조직적으로 교묘하게 자신을 괴롭힙니다.

이런 상황에 부닥치면 어리둥절할 정도로 정신 차리기조차 어렵습니다. 너무나 생생해서 자기를 성찰하기는커녕 우선 그 상황에서 벗어나고 싶을 뿐입니다. 자신이 바뀌라는 양심과 기회를 조직적으로 무시한 결과 슬픔·비탄·고통·원망·절망이라는 고온(苦蘊)이 발생한 것입니다.

인간에게는 집이 안전지대이지만, 여기의 집은 단군신화의 동굴이 인간으로 하여금 사람으로 태어나게 해주는 자궁을 상징하듯이 도마복음의 집도 신의 자녀를 낳기 위해 아기를 길러주는 아기집(자궁)을 상징합니다.

　여러분은 내면의 '강력한 자'나 '권력자'를 처리함으로써 안전지대라는 세속적인 집에서 천지의 아기를 기르는 아기집으로 바꾸게 됩니다.

　'나라'는 누구나 자신의 힘으로 내면의 적이나 마음에 들지 않는 외부의 상황을 바꿀 수 없고, 실상을 알아보려고 상당 수준 노력하고 나서야 뜻밖의 계기, 신의 은총을 통해서 주인공의 뜻이 이뤄진다는 것입니다.

　여기서 자신의 뜻을 이루려면, 반야의 검을 뽑아서 부단히 개인의 진실을 가로막는 개인의 거짓을 파헤치고, 세상의 정의를 가로막는 집단의 위선과 뻔뻔함을 다스려야 합니다. 이 뻔뻔함을 다스리려면, 타인을 수단으로 여기는 의도가 이들에게 있듯이 먼저 자신에게도 그런 의도가 있는지를 반야의 칼로써 자신의 내면 이곳저곳을 갈라 봐야 하고, 그다음 집단이 내세우는 명분을 이리저리 갈라서 집단의 그런 뻔뻔한 의도도 투명하게 까발려야 합니다.

　'도마 48'에는 "한집안에서 둘이 서로 평화로워져서 통합될 때, 이들이 산(ⲧⲁⲩ)을 보고 '여기서 바꿔라(ⲡⲱⲱⲛⲉ)!'고 말하면 산이 바뀔 것입니다."고 하고, '도마 106'에 "여러분이 둘을 하나로 만들 때, '아담 같은 자녀'들이 될 것입니다. 그리고 여러분이 '산이여! 여기서 바꿔라'고 말하면, 산이 바뀔 것입니다."고 합니다.

　필자도 이번에 콥트어 원문을 찾아 확인해보기 전에는 '산을 움직이다'로 알아왔는데, 이것은 오병이어(五餅二魚)와 함께 저에게 하나의 신화였습니다. 'ⲡⲱⲱⲛⲉ'는 사전에서도 '움직이다'가 아니라 '바

10. 통합자와 절대자　123

꾸다'입니다. '움직이다'는 권위에서 벗어나지 못한 습관적인 번역입니다.

인간의 내면에 있는 짐승의 속성과 사람의 속성, 악마와 천사라는 속성, 즉 어른과 아이라는 상반된 두 속성이 서로 싸움 끝에 평화로워져서 통합될 때, 세속적인 집이 천지의 아기를 양육하는 아기집으로 바뀌게 됩니다.

이런 식으로 자기 자신을 변형시킨 사람은 합당한 외부의 대상도, 아를테면 산을 변형시킬 수 있습니다. 반면에 산을 움직일 수 있다는 것은 예수의 말씀은 아닙니다. 신화나 우화로 취급받게 하는 이런 점이 예수의 고귀한 진리를 고의로 알아보지도 실천하지도 못하게 합니다.

팔레스타인 지역의 산은 모래로 된 산이므로 산을 바꾼다는 것이 백두산을 동해로 옮기라는 명령만큼 불가능하지 않다고 합니다. 다만 사막(산)의 모습이 바뀌려면 바람이 불어야 하므로 '산이여 여기서 바꿔라!'는 제갈량의 경우처럼 '바람아 불어라!'입니다.

'도마 71'에는 "내가 이 집을 헐어버리(ωορωρ)겠습니다. 그리고 누구도 그것을 다시 지을(κοτ) 수 없을 것입니다."고 합니다.

일단 자각이 일어나면 누구든 자각하기 이전으로 되돌아갈 수 없습니다. 생존하려고 세상에서 받아들여야 했던 맘(cωma)이라는 환상구조물은, 생존해야 한다는 두려움이 사라지고 나면 해체되어 버립니다.

마찬가지로 일정 수의 인류가 '나라'를 발견해서 알아보고 나라에 들어간다면, 세상이라는 시스템에 의한 환상구조물도, 즉 위선적인 구체제도 해체되어 버립니다.

'도마 4'에는 "나이 든 사람이 칠일 된 어린 자녀인 아기에게 생명(ⲱⲛϩ)의 처소(ⲧⲟⲡⲟⲥ)에 관해 망설이지 않고 물으면, 앞의(ϣⲟⲣⲡ̄) 사람이 뒤의(ϩⲁⲉ) 아기가 될 경우가 많을 것이고, 이들이 통합된 존재(ⲟⲩⲁⲟⲩⲱⲧ)가 될 것이므로 그이는 생명의 길로 가게 될 것입니다."고 합니다.

이것은 앞의 사람인 '나이 든 사람'이라는 구체제와 뒤의 아기인 '칠일 된 아기'라는 신체제의 싸움을 말하려는 것이 아닙니다. 오히려 '나이 든 앞의 사람'인 에고가 자신의 견해로 선택하지 않고, '칠일 된 뒤의 아기'에게 생명의 처소, 즉 생명으로 이끄는 특수 상황에 관해 망설이지 않고 조언을 구한다면, 많은 경우 생존 중심의 에고가 생명 중심의 아기로 탈바꿈하면서 에고와 아기는 통합되어 생명의 길로 가게 됩니다.

'나라'를 발견할지라도 몸(ⲥⲱⲙⲁ)인 에고 측면이 완전히 소멸하는 것이 아니라, 아기(ⲕⲟⲩⲉⲓ)의 측면과 조화로워짐으로써 통합된다는 것입니다. 이 부분을 옥시린쿠스의 희랍어 사본에서는 '하나가 되고 같아진다'(one and the same)는 동심일체(同心一體)라고 하는데, 이것이 통합된다는 뜻입니다. 옥시린쿠스 사본은 대체로 콥트어 도마복음의 주석에 가깝다고 봅니다.

일심동체(一心同體) 동심일체(同心一體)

'일심동체'란 설령 자신에게 다른 의견이 있거나 상대에게 오류가 있어도 한마음으로 통일한다는 의미로 주로 부부가 한편임을 강조할 때 씁니다. '동심일체'란 설령 다른 의견이 있을지라도 함께하기 위해 구성원들이 서로 피드백을 통해 오류를 바로잡아 가는 공동체임을 강조할 때 씁니다. '一'에는 서로 분리되지 않고 하나로 연결되어 있다는 의미가, '同'에는 동등하다는 뉘앙스가 있습니다.

'도마 11'에는 '②죽어있는 자는 살아있지 않고, 살아있는 사람은 죽지 않을 것입니다. ③죽어있는 것을 먹던 그날에 여러분은 그것을 살아있는 것이 되게 만들었습니다. ④여러분이 빛에 존재할 때, 무엇을 할 것입니까? ⑤여러분이 하나였던 바로 그날 여러분은 둘이 되게 만들었습니다. ⑥그런데 여러분이 둘이 되었을 때, 무엇을 할 것입니까?'라고 합니다.

먼저 ⑥절의 '여러분이 둘이 되었을 때, 무엇을 할 것입니까?'라는 질문에 대한 답이 바로 ③절 '죽어있는 것을 먹던 그날에 여러분은 그것을 살아있는 것으로 만들었습니다', 즉 '죽은 것을 먹어서 살아있는 것으로 만든다'는 것이고, 또 그 답이 '도마 22'에도 있습니다. [58쪽 참고]

②절에서 '죽은 자는 살아있지 않고, 살아있는 사람은 죽지 않을 것이다.'는 것은 원론적인 표현이 아니라 자각하지 않은 자는 '아직' 자각하지 못했을 '뿐'이고, 일단 자각이 일어난 사람은 자각하지 못한 상태로 돌아가지 않는다는 것입니다. 그런데 '자각한 사람'이 된 것은 바로 ③절의 죽은 것을 먹어서 살아있는 것으로 만들었기 때문입니다.

이것은 대다수 내버려두면 썩어버릴 뿐인 음식을 먹고 소화해서 몸에 도움되는 영양분이 되게 하듯이, 대부분 그냥 지나쳐버릴 뿐인 현상을 수용하고 해석해서 삶에 도움되는 메시지가 되도록 한다는 뜻입니다.

이런 '죽은 것을 먹어서 살아있는 것으로 만든다'는 것이 바로 ④절의 '빛에 존재한다'는 것입니다. 이것이 죽은 것, 즉 타자와 '하나가 된다'는 것이고, 타자를 통해 교훈을 얻어 '자신이 바뀔 기회'로 삼는다는 것이며, '나라'를 알아보고서 실천한다는 것이며, '진화한다'는 것입니다.

이런 식으로 한 단계를 성장해서 통합된 '하나'가 된 다음 또 다른 단계를 체험하기 위해서 '자기'와 '자기 아닌 것'으로 분리해서 둘이 되게 합니다. 완전하지 못한 듯한 둘이 되면, 또 완벽한 하나가 되려고 할 것입니다.

이처럼 인간의 삶은 분리한 둘을 하나로 통합하고, 통합한 하나를 또다시 둘로 분리하는 방식으로 순환하며 한 계단 한 계단씩 올라가는 과정입니다.

'도마 23'에 "내가 여러분을 택하되, 천 명에서 한 명을, 만 명에서 두 명을 택할 것입니다. 그리고 이들은 통합된 존재가 되어 굳건히 서 있을 것입니다."고 하고, '도마 72'에는 "이 사람이여! 누가 나를 나누는(πωϣε) 자로 만들었습니까?"라고 하고, '도마 61'에 '그 길벗은 수용할(ϣHq) 때마다 빛으로 채워지지만, 분리할(πHϣy) 때마다 어둠으로 채워질 것입니다.'고 합니다.

천 명에서 한 명을, 만 명에서 두 명을 택한다는 것이 계산에 들어맞지 않으나 아마 예수의 말씀을 깨닫고 실천해서 통합하고 절대적인 존재가 되기가 어렵다는 뜻일 것입니다. 통합한다는 것은 상대방과 나누거나 분리하는 방식이 아니라, 상대방을 평등하게 보고 수용하는 방식입니다.

▷ 절대자(絕對者)

무소의 뿔처럼 혼자서 가는 절대자(絕對者)는 상대방에 의해 좌우되는 상대자(相對者)가 아니라, 상대방에 의해 좌우되지 않고 '자기가 누구인지'에 따라 의사를 결정하는 존재이고, 그렇다고 독단적이라는 것이 아니라 신의 속성을 지닌 상태라는 것이지 신 자체를 지칭하지 않습니다.

예를 들면 100점 만점에 81점이더라도 상대평가에서는 남들(상대)이 대다수 나보다 높은 점수라면 자신은 F등급이 되고, 낮은 점수라면 A^+등급이 되는 것입니다. 절대평가에서는 그냥 81점이고 B^-등급입니다.

절대자는 타인들의 것들로 자기 가치를 결정하지 않으므로 상대의 인정에 좌우되지 않고 홀로서기가 되어서 남의 시선을 무시하지도 집착하지도 않습니다. 반면에 타인에 의해 좌우되는 상대적 사람은 남의 인정을 받고, 멋지게 보이려 하므로 남이 알아주지 않으면 힘들어합니다.

그러므로 절대자가 되려면 먼저 사람이 된 다음에 세상의 주인으로 홀로서야 하고, 주인의식이라는 절대적 앎의 상태가 되어야 합니다. 그래서 적어도 자기를 사랑하는 존재가 되어 유혹에 빠지지 말아야 합니다.

자신(我)을 사랑(美)하는 '옳을 義'(美+我)로서 자신을 옳게 하는 마음이 되어야만 자신의 앞날을 위해서라도 불의를 저지르지 않게 됩니다.

　누가 뇌물을 주어도 자신을 사랑하기에, 즉 뇌물이 언젠가는 자신에게 해를 끼치게 되는 결과를 불러온다는 것을 알기에, 상을 받거나 남에게 잘 보이기 위해서가 아니라 자신을 위해서라도 뇌물을 받지 않습니다.

　'도마 49'에는 "절대자(ⲘⲞⲚⲀⲬⲞⲤ)가 되어 선택된(ⲤⲞⲦⲠ) 사람은 나라를 발견할 것이므로 복됩니다. 이는 여러분이 나라 출신이므로 다시 나라로 향하게 될 것이기 때문입니다."고 하고, '도마 75'에는 "문(ⲢⲞ)앞에 서성대는 사람이 많지만, 절대자만이 결혼식(ⲰⲈⲖⲈⲈⲦ)장에 들어가게 될 것입니다."고 하며, '도마 16'에는 "이 땅에 분열, 즉 불, 검, 전쟁을 던지러 왔음을 모릅니다. 한집에 다섯이 있다면 셋은 둘에, 둘은 셋에, 아버지는 자녀에게, 자녀는 아버지에게 맞설 것이기 때문입니다. 그리고 이들은 절대자가 되어 굳건히 서 있게 될 것입니다."고 합니다.

　'자신이 아닌 것'인 상대성을 통합하고 나서 절대자가 되면 결국에는 안쪽에 알려져서 선택받게 되고, 나라를 발견해서 결혼식장 안으로 들어가게 됩니다. 이 결혼식장의 문(ⲢⲞ)을 들어간 사람이 왕(ⲢⲢⲞ)이 됩니다.

　나라를 발견하게 될 선택된(ⲤⲞⲦⲠ) 사람은 신에게서 집단으로 선택된 민족인 소위 이스라엘이라는 선민(選民)이 아니라, 개별적으로 선택된 존재를 말합니다. 이스라엘 민족이 선민이 될 가능성이 있었던 것은 바로 가혹한 생태환경이 식물의 성장에, 적절한 긴장이 동물의 성장에 도움되듯이 그들이 다양한 이유로 박해받고 핍박받았기 때문일 뿐입니다.

'도마 68·69'에서 '박해받는 사람이 복되다'고 했듯이 박해받는 민족도 성장에 유리한 기회가 제공됩니다. 예수가 성장한 갈릴리가 로마의 식민지였고, 붓다가 성장한 카필라도 사실상 코살라의 식민지였듯이, 이 땅도 정치·군사적으로는 미국의 식민지, 종교적으로는 교황청·미국의 식민지, 문화적으로는 중국·일본을 거쳐 미국의 식민지입니다.

이것이 자랑거리라는 것이 아니라 전범의 국가인 독일을 나눠버렸듯이 전쟁범죄의 국가 일본을 나누어버리지 않고, 도리어 이 땅을 갈라서(사실상 전 세계를) 박해해온 미국 땅에서는 '도마 68'에서 말하듯이 신을 알아보는 특수한 상황인 '신의 처소를 발견하지 못한다.'는 것입니다.

강대국들 틈바구니에서 은연중에 주인의식이 없이 주인의 눈치를 살피는 식민지인으로 살아온 덕에 우리는 눈치를 보며 선택하는 처지를 너무나 잘 압니다. 이런 의존적 태도 때문에 아직 독립하지 못한 해방된 국가에서 사는 이 땅의 사람들이 홀로선 인격이 되기를 소망합니다.

한집의 구성원들이 서로 편을 지어서 싸운다는 것은, 66쪽에서는 세상의 진실을 알아본 사람과 진실을 외면하는 자들 사이의 싸움을 말했으나, 각자의 내적인 집안이라는 아기집(자궁)에서도 '자기가 아닌(자신과 상반된) 상대'와의 내적으로 싸우는 과정을 거친다는 것이며, 이런 자신과의 싸움이라는 과정을 졸업해야만 절대자가 될 수 있습니다.

자신과 싸워가는 그림자 통합과정은, 즉 자신의 모습이 아니라고 생각해서 의식해서든 무의식에서든 꼭꼭 숨겨온 모습을 자신의 것이라고 드러내고 인정하며 수용해서 자기를 재창조해가는 자기 투쟁입니다.[『그림자 그리고』 참고]

'도마 100'에는 사람들이 예수에게 금화 하나를 보이며, 예수에게 "카이사르의 사람들이 우리에게 세금을 요구합니다."고 말했습니다. 예수께서 이들에게 "카이사르의 것들은 카이사르에게 주고, 신의 것들은 신(ⲚⲞⲨⲦⲈ)에게 주며, 나의 것은 나에게 주십시오."라고 말씀합니다.

예수는 그 당시 사람들이 각자 자기 정체성을 카이사르 황제에게 세금을 내는 식민지인으로 그리고 야훼를 믿는 유대교인으로 각각 규정하고 있음을 알았습니다. 그런데 예수는 이들에게 기존 가치를 뒤엎어버리는 예수와 함께하는 길벗이라는 제3의 길을 일깨워주고 싶었습니다.

알다시피 좌우로 이념이 갈라진 해방 후 '당신은 좌익이냐 우익이냐?'라는 질문을 통해 상대를 공격하려고 했듯이, 예수에게 질문한 이들도 예수가 자신을 식민지인 아니면 유대교인이라는 정체성으로 정하는 순간 예수의 편도 생기나 예수의 적도 또한 생기므로, 이러한 명분으로 눈엣가시로 여겼던 예수를 어찌해서든 제거하고 싶었던 것입니다.

이런 점은 지금도 유효합니다. 사람들의 정체성을 국가에 직접적이든 간접적이든 세금을 내는 일반 국민, 믿음을 강조하며 어찌해서든 국가에 직접적으로는 세금을 내지 않으려는 종교인들에 동의하는 사람들로 나누어서 규정할 수 있습니다. 자신이 국가를 넘어서는 믿음을 지녔다고 하는 이들은 이 정도의 믿음을 보여줘야 구원받는다고 확신합니다.

이것은 어떤 기독교인이 "당신은 목사가 세금 내지 않는 것에 동의합니까?"라는 질문을 받을 때 "동의하지 않습니다."고 하면 믿음을 보여주지 못해 구원받는 데 지장이 있을지 모른다고 여겨지는 것과 비슷합니다.

지금 예수의 방식으로 서술한다면, 당신이 자신을 중국·러시아·일본·미국의 식민지인으로 규정하는 것도 자유이고, 자신이 믿는 대상에 득을 보려 의존하는 사실상 신의 종(식민지인)으로 규정하는 것도 자유인데, 예수는 스스로 멍에를 쓰고 '나라'의 가르침을 통해 자신을 위한 안식을 발견해서 자신을 자립하는 절대자로 규정해보라고 제안합니다.

이는 그리스도인들에게 구약의 가치를 교묘하게 계승하는 바울을 따르는 신자라고 자신을 규정할지, 아니면 기존 가치를 뒤엎어버리는 예수와 함께하는 길벗이라고 자신을 규정할지를 택하라는 질문이 될 수 있습니다.

11. 뒤흔듦과 안식

'도마 50'에는 "만약 사람들이 여러분에게 '당신은 어디서 왔습니까?'라고 물으면 이들에게 '나는 빛(ΟΥΟΕΙΝ)으로부터 왔습니다. 그 빛이 있던 그곳에서 스스로 나와서 자기 자리를 잡았고, 각각의 모습으로 나타냈습니다.'고 답하십시오. 이들이 여러분에게 '여러분이 그 빛입니까?'라고 물으면 '나는 빛의 자녀이자 살아있는 아버지의 선택된 사람입니다.'고 답하십시오. 이들이 여러분에게 '당신 아버지가 당신에게 있다는 증거(ΠΜΑΕΙΝ)는 무엇입니까?'라고 물으면 '그것은 어떤 뒤흔듦(ΚΙΜ)이자 어떤 안식(ΑΝΑΠΑΥCΙC)입니다.'고 답하십시오." 라고 합니다.

우리는 누구나 빛으로부터 왔는데, 그 빛이 있던 곳에서 자발적으로 나와서 각자가 자기만의 자리를 잡았고, 각각의 모습으로 나타냈습니다. 바로 여기까지는 누구나 똑같이 빛에서 나왔지만, 사람으로서 본격적으로 모습을 나타내면서 빛 쪽으로 향할지 아닐지를 선택합니다.

'우리는 모두 신이라는 빛의 자녀이다'는 뜻은 각자가 빛 쪽으로, 즉 신의 뜻을 일러주는 '나라'를 향해서 가고 있다는 것입니다. 그러나 빛 쪽으로 가지 않는다면, 즉 자기 진실을 외면하고 세상의 정의를 위해 적극적으로 싸우지 않는다면, 어둠(ΚΑΚΕ)이 있을 뿐이라는 것입니다.

'살아있는 신의 선택된 사람'은 지금 여기에서 신의 '나라'를 알아보고 실천해서 일정 수준에 도달하여 합격함으로써 신에게 알려진 사람입니다.

그리고 신이 자신에게 있다는 증거는 바로 뒤흔듦(KIM)이자 어떤 안식(ANATTAYCIC)이라고 합니다. 뒤흔듦(KIM)은 신이 주인공으로 하여금 특정 활동을 시작하라고 보내주는 사인(sign)입니다. 때로는 내면을 뒤흔들기 전에 다음 프로젝트를 예비하라는 암시를 주기도 합니다.

대다수 양심이 있는 사람은 남들에게 대놓고 표현하기는 어려우나 어떤 미지의 존재가 자신의 마음을 뒤흔드는 명확한 느낌을 감지했던 적이 있을 것입니다. 이 은밀한 내면의 목소리가 바로 신의 사인인 뒤흔듦인데, 이것을 존중하는 사람은 생명의 길을 가는 것이고 무시하는 사람은 악화의 길을 가는 셈입니다. 그리고 이 뒤흔듦을 존중해서 생명의 길을 가다가 상당한 고비와 관문을 통과해서 일정 한도에 다다르면 이번 프로젝트를 마쳤다는 명백한 사인이 오는데, 이를 안식이라고 합니다.

안식(ANATTAYCIC)은 주인공이 신의 의도대로 특정 프로젝트를 마쳤을 때 주인공에게 주어지는 일종의 휴식인데, 특정 작업을 졸업하는 것입니다. 주어진 임무를 완수한다는 의미에서 '안식'보다 '졸업'이 적절합니다. 우리가 작업하는 목적이, 임무를 마치고 쉬는 안식이 아니라 일을 마치는 '졸업'이므로 안식의 자리에 '졸업'으로 대체하면 도움됩니다. 그리고 졸업에는 '당분간 쉰다'는 뉘앙스가 내포되어 있습니다.

대체로 누구나 일정 기간이 지나면 졸업시켜주지만, 졸업이라는 것이 원래 그 과정이 요구하는 것들을 충실히 통과해서 합격해야 합니다. 하지만 임무를 완수하지 않고 쉬는 체하는 것이 사이비 안식인 찜찜한 휴식은 될 수 있겠으나 제대로 된 안식인 졸업은 절대로 아닙니다.

이 뒤흔듦과 졸업이 바로 시작과 끝이라는 알파와 오메가입니다. 신은 알파와 오메가 자체가 아니라 시작할 때와 졸업할 때를 사인으로 일러주는 분입니다.

'도마 27'에는 '안식일을 안식일답게 만들지 않는다면, 여러분은 아버지를 보지 못할 것입니다.'고 합니다.

'A'를 'A'답게 해서 각각의 기능이 제대로 기능하게 하는 방식은 58쪽에서 아이가 되어 '나라'에 들어가는 단계 중 3번째에서 설명했습니다. 여기서는 제대로 된 안식이란 것이 무엇인지를 알아보겠습니다.

바로 앞에서 'ⲁⲛⲁⲡⲁⲩⲥⲓⲥ'는 본질에서 임무를 완수하든 아니든지 간에 쉬는 것 자체가 목적이라면 '안식'일 수 있겠으나, 임무를 완수하는 것이 목적이고 쉬는 것이 이차적이라면 '졸업'의 성격에 가깝다고 했습니다.

기존의 안식일은 대체로 신이 제안한 임무를 완수하는지에 관계없이 무조건 일주일 중 제7일로 정해서 율법으로 지키고 있으므로 형식적입니다. 즉, 안식일이 졸업이라는 원래 취지를 살리지 못하고 있습니다.

그러므로 안식일을 안식일답게 만들려면, 지금 여기에서 '나라'를 알아보고 신이 각자 자신에게 바라는 바를 실천하여 완수함으로써 자신의 임무에서 졸업해야 합니다. 이런 점에서 안식일은 '졸업일'이라고 해야 합니다.

'안식일을 위한 사람이 아니라 사람을 위한 안식일'은 비정상적인 안식일을 지적하는 표현이지만, 안식일을 안식일답게 해주는 표현은 아닙니다.

'ⲁⲛⲁⲡⲁⲩⲥⲓⲥ'는 여러분이 자신의 마음을 열 때 신이 가슴속에 있는 영혼을 통해 말해주는 메시지에 담긴 상황에 대한 진리를 찾아내고 실천함으로써 얻게 되는 존재상태고, 변화라는 불안하고 위험한 과정을 통과해서 한 단계 성장함으로써 구원받은 상태라고 할 수 있습니다.

특정 현상이 펼쳐진 목적을 달성해 그 상황에 대한 임무를 다하는 것을 졸업(니비다 nibbidā)이라 하며, 펼쳐졌던 상황 자체가 사라지는 것을 환멸(니로다 nirodha)이라 하고, 현상에 대한 탐진치가 없어지는 것을 열반(니바나 nibbāna)이라고 합니다.

'도마 51'에 길벗들의 "언제 죽어있는 자의 안식이 이루어지겠습니까? 그리고 언제 새 세상이 오겠습니까?"라는 물음에 예수께서 "여러분이 그것을 위해 밖에서 추구하던 것은 이미 왔지만, 여러분은 그것을 알지 못할 뿐입니다."고 하고, '도마 60'에는 예수께서 유대 지역으로 들어가던 중 사마리아 사람이 양을 운반하고 있었습니다. "저 양은 어찌 되는 것입니까?"라는 예수의 물음에 길벗들이 "아마 저 사람은 그 양을 죽여서 먹을 것입니다."고 답했고, 예수께서 "저 사람은 저 양이 살아있을 동안에는 먹지 않을 것이지만, 죽여서 송장(ⲡⲧⲱⲙⲁ)이 된 다음에는 먹어버릴 것입니다."고 했고, 길벗들의 "다른 방도로 할 수 없습니다."는 말에 예수께서 "여러분 자신도 또한 산송장이 되어 먹혀버리지 않도록 자기 안식의 처소(ⲧⲟⲡⲟⲥ)를 추적하십시오."라고 하며, '도마 90'에 "내게로 오시라! 내 멍에(ⲚⲀϨⲂ)는 탁월하고, 내 공동체의 훈육(ⲘⲚ̄ⲦⲬⲞⲈⲒⲤ)은 부드럽기 때문입니다. 그리고 여러분은 자기 자신을 위한 안식(ⲀⲚⲀⲠⲀⲨⲤⲒⲤ)을 발견할 것입니다."고 합니다.

'죽은 자의 안식'은 죽은 사람이 살아생전에 자기 삶의 목적을 달성하는 것이 졸업(안식)에 해당하는데, 그러면 그 삶을 졸업하는 방도는 그 당시에 이미 그이에게 왔었음에도 그이가 몰라봤다는 것입니다.

'여러분 자신도 또한 산송장이 되어 먹혀버리지 않도록 자기 안식의 처소를 추적하십시오.'는, 여러분이 자신의 인생 목적을 알아보지 못하면 산송장이, 즉 살아있는 시체가 되어버리므로 그 목적을 달성하도록 일러주는 처소가, 즉 특수한 상황이 자신에게 있는지를 추적해보라는 것입니다.

'자기 자신을 위한 안식을 발견한다'는 것은 길벗들이 예수가 제시하는 멍에라는 원인을 제공하면, 예수의 가르침은 여러분 자신만의 방식으로 자신의 인생 숙제나 이 세상을 졸업하는 방도를 발견하게 한다는 것입니다.

12. 연기(생명의 길)

 12쪽 '종말과 원인'에서 언급했듯이, 원인이 있으면 이에 따른 결과가 틀림없이 있으나 그 결과가 이루어지는 데는 과정이 있습니다. 그런데 이 과정이라는 것이 인과(因果)를 알아보는 것만큼이나 복잡합니다. 이를 알아보려면 인연과(因緣果)의 원리를 체득해야 합니다. 이를 위해 『붓다의 발견』 21쪽을 수정해서 인용합니다.

 앙굿따라니까야[A3:99]에는 "누가 '사람이 행동하는 방식 그대로 경험하게 된다.'고 한다면 청정하게 살아서 괴로움을 종식할 기회가 설정되지 않으나, '어떤 사람의 행위에서 사람들이 느끼는 감정에 대응한 결과를 경험하게 된다.'고 한다면 청정하게 살아서 제대로 괴로움을 종식할 기회가 설정된다."고 합니다. 자신의 행위로 말미암은 자신과 상대의 감정을 직면함으로써 개선할 기회를 맞이한다는 것입니다.
 우주는 무조건 잘못했다고 벌(罰)주거나 잘했다고 상(賞)을 주지 않고, 일정 유예기간을 두고서 잘못을 개선하고 선행을 유지할 기회를 제공합니다. 한순간의 시세로만 주식의 가치가 평가되지 않듯이 사람도 한순간의 선택만으로 인품이 평가되지 않습니다. 이는 존재상태가 단기간에 파악되기 어렵고 장기간의 선택과정을 통해 증명되기 때문입니다.
 인연과(因緣果)의 방식으로 봐야만 실수를 교정할 기회라는 선택의 메커니즘을 놓치지 않게 됩니다. 인과(因果)만 있다면 우리는 자신이 놓은 원인 그대로 주어질 결과를 마냥 기다려야 하는 신세로 전락하고 맙니다.

　인연과(因緣果)는 우리가 자신의 선택에 따라 삶이 악화할 수도 호전될 수도 있는 자유선택 기회가 지속해서 제공되고 있다는 점을 말해줍니다. 그 기회가 제공되는 방식이 바로 '나라'인데, 이는 각자에게 제시되는 메신저와 주어지는 메시지로 되어 있습니다. 즉, 자신이 맞이하는 모든 현상에서 언제나 우주가 제시하는 고귀한 '나라'를 얻어낼 방법이 있는데, 그 나라를 알아보고 실천하면 상황이 호전되고 아니면 악화한다는 것입니다. 이를 연기(緣起 paṭicca-samuppāda)라고 합니다.

　'도마 70'에는 "여러분이 자신이 지니고 있는 것을 자기 자신의 내면에서 거듭나게 할(ⲈⲀⲬⲠⲈ) 때, 바로 이것이 여러분 자신을 구원할(ⲦⲞⲨⲬⲈ) 것입니다. ②만약 여러분이 자신이 지니고 있는 것을 자기 자신의 내면에서 거듭나게 하지 않는다면, 바로 이것이 여러분을 죽여버릴(ⲘⲞⲨⲦ) 것입니다."고 하고, '도마 41'에는 "손에 지닌 사람은 더 받게 될 것이고, 지니지 못한 사람은 조금 지니고 있는 것도 손에서 빼앗기게 될 것입니다."고 합니다.
　앞 구절의 구성요소를 살펴보면 원래 대구(對句)로 되어 있었는데, 필사 과정에 오류가 있는 듯합니다. 그래서 ②절은 ①절에 대응하여 구성했습니다.
　자신의 내면에서 거듭나게 한다는 것은, 외부 상황을 자신의 마음에 들게 바꾸려고 노력하기보다 자신의 존재상태를 바꿔간다는 뜻입니다.

 나라를 알아보고 실천해서 점점 호전된다는 것이 바로 자신을 구원한다는 것이고, 고(苦)가 환멸(nirodha)한다는 소위 환멸문(還滅門)인 정로(正路 sammāpaṭipadā)이며, 일적십거(一積十鉅) 무궤화삼(無匱化三)이고, '맞는 진실에 의한 자각한 존재상태'라는 기연(其然)이며, 가까운 조건에서 먼 조건으로 나아가는 역진적(regressive) 종합이고, 성장하고 진화해가는 생명의 길이며, 일일신우일신(日日新又日新)입니다.

 나라를 몰라보고 무시해서 점점 악화한다는 것이 바로 자신을 죽여버린다는 것이고, 고(苦)가 집기(集起 samudaya)한다는 소위 유전문(流轉門)인 오로(誤路 micchāpaṭipadā)이며, 일석삼극(一析三極) 무진본(無盡本)이고, '틀린 진실에 의한 무지한 행위상태'라는 불연(不然)이며, 가까운 결과에서 먼 결과로 나아가는 전진적(progressive) 종합이고, 축소되고 퇴보하는 죽음의 길이고, 현상유지에 급급해하는 삶입니다.

 한마디로 전자는 '선'(善)의 길이고, 후자는 '악'(惡)의 길입니다.

 '나라'를 발견하고 알아봄으로써 자각하기 시작한 사람은 계속해서 자각하게 되고 상황도 계속해서 호전됩니다. 반면에 이것을 자각하지 못한 자는 더욱더 무지가 더해지고 상황도 계속해서 악화합니다.

 '지니지 못한 사람은 조금 지니고 있는 것도 손에서 빼앗기게 될 것이다.'는 것은 이렇게 점점 악화해가는 상황이라고, 즉 '모든 현상은 악화한다'(sabbe dhammā anattā)는 제법반아(諸法反我)라고 합니다. "색성향미촉법(色聲香味觸法)은 무상(anicca)하다. 무상한 것은 괴로움(dukkha)이다. 괴로운 것은 악화한(anatta)다."고 합니다.〈쌍윳따니까야 S35:4〉[기존에는 제법무아(諸法無我)라고 했는데, 『붓다의 발견』 78쪽 참고]

반면에 '손에 지닌 사람은 더 받게 될 것이다.'는 것은 실제로 자각이 한 번 일어나면 멈출 수가 없으며, 자각이 자각을 먹으면서 계속 눈덩이처럼 커진다는 것입니다. 그래서 자각이 커지다가 일정한 때에 이르면 커다란 깨침의 계기가 발생하게 됩니다.

'도마 44'에 "아버지(ⲉⲓⲱⲧ)는 자신을 무시하는 누구든지 내버려둘(ⲕⲱ) 것입니다. 자녀(ϢⲎⲣⲈ)도 자신을 무시하는 누구든지 내버려둘 것입니다. 그러나 성령(ⲞⲨⲀⲀⲂ ⲠⲚⲀ)은 자신을 무시하는(ⲬⲈⲞⲨⲀ) 누구든지 땅(ⲔⲀϨ)에서도 하늘(ⲠⲈ)에서도 내버려두지 않을 것입니다."고 합니다.

'무시한다'의 'ⲬⲈⲞⲨⲀ'는 '하나[만]를 말한다.'인데, '아버지나 자녀, 성령이 주인공에게 가장 적절한 조언을 제시할지라도 주인공 자신의 말을 고집한다'로 봅니다. 'ⲔⲰ ⲈⲂⲞⲖ'는 잘못을 전제하는 '용서하기'가 아닌 '내버려둔다'는 뜻인데, 아버지와 자녀는 어쨌든 허용해주고 내버려두지만, 성령은 내버려두지 않고 어떤 식으로든 개입합니다.

성령(ⲞⲨⲀⲀⲂ ⲠⲚⲀ)을 수운의 지기(至氣)와 연결해서 이해하면 도움됩니다. '혼융한 으뜸자리의 한결같은 기운'이라는 혼원지일기(渾元之一氣)는 겉보기에는 혼돈스럽게 보이나 실상을 살펴보면 매우 원리적인 기운이라는 것인데, 이 '지기(至氣)'는 기독교에서 신의 영혼이라고 하는 성령(聖靈) 및 신의 대행자라고 하는 성신(聖身)과 같습니다. 지기의 성령 측면은 령화지신(靈化之神)인 내면의 신령(神靈)으로 양심(良心)을 일깨워주는 메커니즘이고, 지기의 성신 측면은 기화지신(氣化之神)인 외부의 화신(化身)으로 반야(般若)를 일깨워주는 메커니즘입니다. 천부경은 내면 신령의 양심을 본심(本心), 외부 기화(氣化)의 가르침을 본태양(本太陽)이라고 합니다.[『수운과 칸트의 발견』 185쪽 참고]

성부(聖父)나 성자(聖子)인 예수에 대해 무시하는 것은 허용되나, 각자가 자신의 성령(聖靈)이 제시하는 내면 양심의 목소리를 무시하면, 즉 생명의 길이 아니라 죽음의 길을 선택하면 '조금 있는 것'마저 빼앗깁니다.

'땅에서도 하늘에서도 내버려두지 않는다'는 것은 도움되기 위해서 시작한 프로젝트는 어찌해서든 성령이 이뤄지게 한다는 것입니다. 이를 니체는 영겁회귀(永劫回歸)라고 했는데, 이것은 삶이 각자에게 제공하는 교훈을 깨닫지 못하면 같은 상황이 반복해서 되돌아오고, "지금 상황이 반복되어도 괜찮은가?"라는 질문을 각자에게 던집니다.

숫타니파타(Snp730)에서 무명(無明 avijjā)이 커다란 치(외면할 痴)여서 오랫동안 윤회한다고, 즉 한마디로 치(痴)로 말미암아 무명이 쌓인다는 것이며 이 때문에 괴로운 윤회과정을 반복한다고 합니다. 지금 이 순간 용기를 내서 맞닥뜨리지 못하고 자신이 행동해야 할 진실을 외면하고 회피한다면, 이런 현상은 영원히 반복된다는 것입니다. 아무리 '이 또한 지나가리라!'고 해도 우주는 절대 그냥 넘어가지 않습니다.

'도마 47'에는 "한 사람이 동시에 두 마리의 말(2TO) 위에 올라타서 두 개의 활(ΠITE)을 당길 수 없습니다. 그리고 한 종(2M2λλ)이 두 주인(xoeιc)을 섬길 수 없습니다. 즉 그 종이 한 주인은 존중하게 되나 한 주인은 무시하게 될 것입니다. 누구도 오래된 포도주를 마시고 바로 새 포도주를 마시고 싶어하지 않습니다. 그리고 새 포도주는 오래된 부대가 터져버리지 않도록 그 부대에 넣지 않습니다. 그리고 오래된 포도주가 변질하지 않도록 그 포도주를 새 부대에 옮기지 않습니다. 새 옷이 찢어질 것이므로 낡은 천조각을 그 옷에 기워 붙이지 않습니다."고 합니다.

이 구절에서 언급된 두 마리 말 위의 궁수, 두 주인과 한 종, 두 가지의 포도주와 부대, 새 옷과 낡은 천조각이라는 두 옷감 이야기는 모두 선택지는 피할 수 없다고 합니다. 때가 되면 삶은 우리로 하여금 선택하게 합니다.

아를테면 옷가게에서 옷을 고를 때처럼 대다수 인생에서는 다양한 선택을 할 수가 있는데, '자기가 누구인지'를 명확히 해야 하는 때에 이르면, 누구나 예외가 없이 두 갈래의 길이라는 선택지에 직면하게 됩니다.

이런 때가 자기 정체성을 명확히 함으로써 자신을 알고 바꿔가게 해주는 복된 때입니다. 일단 그런 선택지까지 왔다는 사실이 복입니다. 그 지점은 아무런 원인이 없이 절대 다가오지 않기 때문입니다. 다만 이런 복된 때가 앞으로의 인생을 좌우하는 전환점이므로 신중해야 합니다.

그 선택지를 결정할 때 '나라'의 조언을 참고하면 자신에게는 단기적으로는 손해인 듯이 보이지만, 장기적으로는 틀림없이 도움됩니다. 이것은 다양한 방편으로, 또 각자에게 맞춤식으로, 또 대체로 소위 생명의 길이라는 '좁은 문'과 죽음의 길이라는 '넓은 문'의 양상으로 제시됩니다.

이를테면 구약과 신약은 사실상 다른 길이므로 상반됩니다. 바울에 의한 지금의 신약은 구약의 요소를 상당 부분 수용해버렸지만, 예수의 신약은 구약을 완전히 전복한 길입니다. '육체적 할례로 구원된다'는 구약과 오직 '영적 할례만이 구원에 이르게 한다'는 신약은 상반됩니다.

예수는 이것이 양립할 수 없다는 점을 일깨우려고 했지, 새 시대에 새로운 진리가 합당하므로 '새 술은 새 부대에 담으라'면서 신약이 옳다고 주장하지 않습니다. 이는 구약 신약이 옳고 그른 문제가 아니라 각자의 선택을 존중하되 다만 구약 신약을 뒤섞지 말라는 당부입니다.

오히려 각자가 직면하는 두 갈래의 길 중에서 각자의 선호에 따라 선택하는 것을 존중하라는 당부입니다. 다만 구약을 존중하는 사람은 원래 내용상 완전히 상반된 예수의 신약을 존중하지 못한다는 것입니다. 이 맥락에서 기존 율법(세간적 가치)을 지키는 척하여 손가락질도 받지 않으면서, 기존 율법을 완전히 뒤엎어야 하는 예수의 '나라'(출세간적 가치)를 발견도 하려는 중간의 기회주의자나 회색분자가 되지 말아야 합니다. 구약과 일부 타협했던 바울처럼 되지 말라는 것입니다.

우리는 각자 언제나 선택권을 지니고 있지만, 우주는 각자 자신에게 선택권이 있음을 깨닫게 하고 있는 셈입니다. 그러므로 당면한 현실을 자신이 과거에 자유의지로 행한 것에 의한 당연한 귀결, 즉 결정된 숙명으로 받아들이지만, 그 숙명이 미리 계획되어버린 숙명이 아니라 각자가 미리 지닌 자유선택권으로 나날이 새롭게 선택해야 하는 숙명이라는 것입니다. 다시 말하면, 현재까지는 받아들임 자체가 숙명, 즉 무조건 받아들여야 할 숙명이었지만, 현재부터는 선택 자체가 숙명, 즉 의식해서 선택해야 할 숙명이라는 것입니다.

'도마 19'에는 "있게(ⲱⲱⲡⲉ) 되기 전인 조건(ⲉⲣⲏ)에 대해 존재하는(ⲱⲱⲡⲉ) 사람은 복됩니다. 여러분이 나의 길벗이 되어(ⲱⲱⲡⲉ) 내 말에 귀 기울인다면, 이 돌들이 여러분을 섬길 것입니다. 여러분을 위해 여름과 겨울에 흔들리지(ⲕⲓⲙ) 않고 잎이 떨어지지 않는 다섯 그루의 나무(ϣⲏⲛ)가 낙원(ⲡⲁⲣⲁⲇⲓⲥⲟⲥ)에 준비되어 있기 때문입니다. 그 나무를 알아보는 사람은 누구든지 죽음을 맛보지 않을 것입니다."고 합니다.

예수의 말에 귀 기울이는 길벗이라면 자신에게 펼쳐진 어떤 현상에 매달리기보다 그 현상의 근원에 대해 파악하려고 해야 하며, 그러면 낙원에 준비된 다섯 그루의 나무를 알아보게 되어 돌들도 여러분을 섬기게 되고, 결국 죽음을 맛보지 않게 된다고 이 구절을 재정리할 수 있습니다.

시인이 말하듯이 대상의 이름만 불러줘도 빛과 향기를 주는 꽃이 되어줄 정도인데, 만일 대상이 [이 세상에] 존재하는 의미를 알아보고 또한 알아주기도 한다면, [인간들은 대체로 싫어하지만] 돌들은 주인공의 뜻을 섬깁니다. 게다가 죽음을 맛보지 않게, 즉 불멸하게 됩니다.

그러면 대상이 존재하는 의미를 알아보고 또 알아주는 방법을 알고자 한다면, '현상의 근원'에 대해 파악하고 '낙원에 준비된 다섯 그루의 나무'가 뭔지를 알아야 합니다.

환웅은 태백산 신단수(神檀樹) 아래 신시를 세웠고, 붓다는 무우수(無憂樹)나무 아래에서 탄생하고 염부수(閻浮樹)나무 아래에서 사색하며 보리수(菩提樹)나무 아래에서 성도하고 사라수(沙羅樹)나무 아래에서 열반했으며, 모세는 시내산에서 불타는 떨기나무를 만났습니다.

이분들이 신과 관계하는 곳에 언제나 나무들이 있었다는 공통점이 있는데, 이 나무의 모양이 구름을 닮았다는 점을 주목해야 합니다. 요즘 데이터를 인터넷을 통한 서버에 저장해두고 접속하면 언제 어디서나 자료를 편리하게 이용하게 해주는 '클라우드(cloud) 서비스'가 있습니다.

이분들이 접속한 나무 모양의 공간이 바로 이 클라우드 공간, 즉 자료들이 중앙에 저장된 구름과 같은 공간처럼 작동합니다. 다만 이분들은 물리적인 클라우드 공간이 아니라 영적인 정보원에 접속한 것입니다.

나무처럼 생기고, 어디서나 언제나 접속할 수 있는 구름처럼 작동하는 이 영적인 정보원이 바로 '선악나무', 즉 선악을 알게 해주는 지식의 나무입니다. '선'(善)의 길과 '악'(惡)의 길을 일러주는 정보원입니다.

전이 영역(轉移領域) 성격을 지닌 낙원(παραδισοc)에 준비되어 있는 이 나무(ⲱHN)는 다섯 그루인데, 빛을 상징하는 숫자 '5' ⳁ는 그림자를 통합함으로써 '자기 아닌 상반된 상대방'과 통합하는 결혼의 수이고, 이 나무의 정보를 구체화한 것이 바로 붓다의 연기(緣起)입니다.

쌍윳따니까야[S12:20]에 '연기(paṭicca-samuppāda)란 것은 여래의 출현과 관계없이 이 계(界)로 지속해왔고, 현상(담마)으로 지속하며, 메시지(담마)로 확정되고, 특정 조건이 있다.'고 합니다. 이 연기(緣起)는 붓다가 세상에 출현하든 아니든 지속하고 확정된 담마의 본체며, 흔들리지도 않고 잎이 떨어지지도 않는 '선악나무'의 열매가 바로 '나라'입니다.

정리하면, 연기(緣起)='선악나무'이고 담마='나라'인데, '연기'에 의해 주어지는 메시지가 '담마'이고 '선악나무'에 열리는 열매가 '나라'인 셈입니다. 칸트의 예지계인 낙원의 '선악나무'가 이 세상 누구에게나 드리워지는데, 그 열매가 바로 '나라'입니다. 그러면 이 '나라'가 죽음을 맛보지 않게 하고, 불멸하게 하며, 살아있게 하는 열매이므로 이 열매의 '선악나무'가 [영생이 아닌] 영원한 생명[의 길]을 준다는 '생명나무'인 것입니다.

'선악나무'인 '생명나무'가 하늘을 뿌리로 하고 지상에 가지를 드리워서 선악의 길을 일러주는 선악과를 따도록 언제나 누구에게든 기회를 제공하고 있는 구름 같은 모습은 흡사 세계수(世界樹)처럼 보입니다.

그러면 '무엇이든 대상으로 있게 되기 전인 조건(연기)에 대해 존재

⊕ 피타고라스학파에서 4는 서약의 숫자이고, 신성을 상징하는 4와 10은 성수(聖數)입니다. 빛을 상징하는 5는 짝수와 홀수 2+3, 4+1의 결혼을, 10은 완성·부활을 의미합니다.〈『천부경의 발견』 88쪽〉

한다'는 것은 연기에서 'viññāṇapaccayā nāmarūpaṃ'(식을 조건으로 하는 명색이다)라는 'ⓛpaccayā ⑪'의 'ⓛ을 조건으로 하는 ⑪이다'에서 ⑪라는 연기된 현상을 'ⓛ이라는 조건'을 중심으로 파악한다는 것입니다.

즉, 원인과 결과 사이에 중간 결과, 즉 상황이 호전되는 선(善)이나 악화하는 악(惡) 쪽으로 선택할 기회가 제공된다는 것입니다. 그러면 원인 ⇒ 선택의 기회 ⇒ 결과 이렇게 되고, 이 기회가 다양한 조건이라는 과정이므로 결국 '원인 ⇒ 과정 ⇒ 결과'가 되며, 이 과정이라는 '조건에 주목하라'는 것입니다. 이것이 바로 '조건에 대해 존재한다'는 것입니다.

이 '조건에 주목하라'는 것은 원인에서 결과로 가는 과정에 선해질 수도 악해질 수도 있는 자유 선택의 기회가 언제나 누구에게든 어떤 상황에서든 제공되고 있으므로 어떤 상황이든지 결과가 아니라 선택의 기회라는 과정으로 보라는 것이 됩니다.

'도마 61'에는 "둘이 한 침대에서 쉬고 있을지라도 한 사람은 죽음의 길(ⲘΟΥ)로, 한 사람은 생명의 길(ⲰⲚϨ)로 갈 것입니다."는 예수의 말씀에 살로메는 "당신은 마치 하나가 된 사이처럼 내 침대 위에서 함께했고, 내 식탁에서 식사했던 남자인 당신은 누구입니까?"고 물었고, 예수께서 "나는 수용하는 자로 존재하는 사람이고, 내 아버지의 것들을 부여받은 사람입니다."고 답하자 살로메가 "나는 당신의 길벗입니다."고 말했고, 그래서 예수께서 "그 길벗은 수용할(ⲰϢⲰ) 때마다 빛으로 채워지지만, 분리할(ⲠⲎϪ) 때마다 어둠으로 채워질 것입니다."고 답했습니다. 'ⲰϢⲰ'는 '동등하게 하다'는 뜻이나 대구(對句)

인 '분리하다'(πнω)를 고려해, 상대를 동등하게 여기는 '수용하다'로 합니다.

'생명의 길'과 '죽음의 길'로 갈리는 것, 즉 선(善)과 악(惡)의 선택은 자신의 존재상태에 의한 삶의 태도에 의해서 정해진다는 것입니다. 특히 자신의 마음에 들지 않는 상대방을 수용하는지 아니면 분리하는지에 의해서 자신의 주위를 빛으로 채울지 아닐지가 정해진다는 것입니다.

앞에서 말한 불과 빛의 관계를 고려하면, 상대방을 동등하게 대우하는 사람, 즉 수용하는 사람은 주위를 빛으로 채우는 결과를 낳으므로 그이는 진실·정의라는 빛을 내는 불인 셈입니다. 반면에 상대방을 동등하게 대우하지 않는 자, 즉 분리하는 자는 주위를 어둠으로 채우는 결과를 낳으므로 그이는 진실·정의라는 빛을 내는 불이 아닌 셈입니다.

이 구절은 살로메로서는 함께 자고 먹더라도 생사가 갈린다는 예수의 말에 발끈해서 '당신이나 나나 외형적으로 동등하게 먹고 자고 했으므로 결과도 같아야 하는데, 왜 차별이 있습니까?'라며 따지는 상황입니다.

예수는 살로메가 자신과 같은 생명의 길을 가려면, 주위가 결국 빛으로 채워질 정도의 진심으로 상대방을 수용해서 동등하게 대우하는 존재상태가 되도록 내면적으로 노력해서 실제로 존재상태가 바뀌어야 한다는 것이지, 신에게서 권능을 부여받은 자신에게 득을 보려고 예수의 길벗이 된다는 식으로 외형적으로 말한다고 되지 않음을 강조합니다.

이것을 한마디로 '타인을 목적이 아니라 수단으로 여기는 태도로는 빛을 내는 불이 되지 못합니다.'라고 칸트의 말을 응용해서 요약해봅니다.

'도마 62'에는 "나는 나의 신비(MYCTHPION)에 합당한 사람들에게만 나의 신비를 말해줍니다. 여러분의 오른손(OYNaM)이 무엇을 할지를 여러분의 왼손(2BOYP)이 알아채지 못하도록 하십시오."라고 합니다.

'도마 61'에서 부부처럼 함께 먹고 자고 할지라도 이런 외형적인 모습이 아니라 각자의 존재상태에 의해서, 즉 상대방을 수용하는지 아니면 분리하는지에 의해 생명의 길과 죽음의 길로 갈린다고 합니다. 마찬가지로 양손이 하나의 몸체에 붙어있을지라도 이런 외형적인 모습이 아니라 오른손 왼손 각각의 존재상태에 의해서 운명이 달라집니다.

바다에 따로 떨어져 있는 두 개의 섬이 보기에는 서로 분리된 듯이 보이나 바다 아래에서는 연결되어 있듯이, 각각의 사람들도 겉보기에는 서로 분리된 듯이 보이나 영적인 관점에서는 사람들이 서로 연결되어 있습니다. 오른손 왼손의 역할이 다르듯이 사람들은 각자 다른 역할을 합니다.

그러므로 오른손이 무엇을 할지를 여러분의 왼손이 알아채지 못하도록 하라는 것은, 우리가 영적으로 하나로 연결되어 있으나 미래에 자신이 무엇을 할지 또는 어찌 될지 상대에게 폭을 잡히지 않게 하라는 것, 즉 타인이 예상하는 수준을 넘어선 실력을 갖추도록 남모르는 공부를 하라는 말입니다. 이 남모르는 공부의 내용을 가까운 사람에게 말해주어도 대다수 '소귀에 경 읽기'가 되어버릴 것이므로, '나라'

에 관련해서는 혈연·학연·지연 사람들의 깨달음을 기대하지 말라는 것입니다.

그 사람들은 등잔 밑이 어두워서 주인공이 무엇을 그리고 왜 하는지를 모르면서도 잘 알고 있다고 생각합니다. 그래서 '도마 31'에서 예수는 "선지자는 자신의 마을에서 환영받지 못합니다. 의사는 자신을 아는 사람들을 고치지 못합니다."고 말씀합니다.

'도마 21'에는 '⑥여러분은 세상이라는 시스템의 조건(ϵϩн)에 대해 경계하십시오. 여러분은 도둑들(ⲁнⲥтнⲥ)이 여러분에게 도달하는 길을 발견하지(ϩⲉ) 못하도록 강한 힘으로 허리띠를 묶으십시오. 여러분은 자신이 밖에서 추구하던 도움을 이것에서 발견하기 때문입니다.'고 합니다.

여기서 '세상이라는 시스템의 조건에 대해 경계하라'는 것이 바로 '조건에 대해 존재한다', 즉 '조건에 주목하라'는 것입니다. 이것은 먼저 자신이 '나라'를 알아봄으로써, 즉 자기 삶의 주인이 되어 어떤 사건이 자신에게 왜 그리고 어떻게 일어났고, 일어나고 있으며, 일어날 것임을 자각함으로써 자기 삶의 도둑이 오는 길을 미리 예방하라는 것입니다. 여러분이 밖에서 추구하던 도움을 이런 식으로 발견하기 때문입니다.

'도마 19'에 '있게 되기 전인 조건(ϵϩн)에 대해 존재하는 사람은 복됩니다.'고 하고, '도마 21'에 '⑥여러분이 세상의 조건에 대해 경계하십시오.'라고 하며, '도마 103'에 '②그이는 일어나서 자신의 영역을 점검하고, 도둑이 들어오기 전 조건에 대해 자신의 허리띠를 묶을 것입니다.'고 합니다.

'도마 18'에는 '④원인(ⲁⲣⲭⲏ)에 굳건히 서 있는 사람은 복되다'고 하듯이 '도마 19'에도 '조건(ⲉⲍⲏ)에 대해 있는 사람은 복되다'고 하는데, '원인≒조건'이므로 앞에서 결과처럼 보이더라도 선택의 기회라는 과정으로 보라는 것처럼, 우주에는 원인이 없는 결과가 없으므로 '결과처럼 보이는 것'을 도리어 원인이자 조건인 과정으로 보라는 것입니다.

'도마 11'에는 '이 하늘(ⲡⲉ)은 환멸될(ⲣ̄·ⲡⲁⲣⲁⲅⲉ) 것이고, 이와 함께 그 하늘에 있던 것들도 환멸될 것입니다. 죽어있는(ⲙⲟⲟⲩⲧ) 자는 살아있지 않고, 살아있는(ⲟⲛϩ) 사람은 죽지 않을 것입니다. 죽어있는 것을 먹던 그날에 여러분은 그것을 살아있는 것으로 만들었습니다.'고 하고, '도마 110'에 "누구든지 세상이라는 시스템을 밝혀내서 풍요로워진다면, 그이로 하여금 그 세상을 내려놓게 하십시오."라고 하며, '도마 111'에는 "하늘들과 땅이 여러분 바로 앞에서 전환될(ϭⲱⲗ) 것입니다. 그리고 살아있는 사람을 통해서 생명의 길(ⲟⲛϩ)로 가는 사람은 죽음(ⲙⲟⲩ)을 보지 않을 것입니다. 이 때문에 '누구든지 자기 자신을 발견하는 사람은 이 세상에 합당하지 않습니다.'고 했다"고 합니다.

'도마 42'에도 쓰이는 '사라지다'는 의미인 'ⲡⲁⲣⲁⲅⲉ'(παράγω)는 136쪽의 안식(ⲁⲛⲁⲡⲁⲩⲥⲓⲥ)이 어떤 상황에 대한 임무를 다하는 졸업(니바다 nibbidā)이듯이, 그 상황을 졸업한 다음 펼쳐졌던 상황 자체로 하여금 '사라지게 한다'는 맥락에서 환멸(니로다 nirodha)이라고 하겠습니다.

환멸은 자신이 직접 외부에 영향을 끼쳐서 상황을 바꾸는 것이 아니라 자신을 바꿔서 상황이 사라지게 하는 방식입니다. 환멸(還滅)이란 것은 특정 현상이 벌어진 궁극의 목적을 달성하면, 비로소 그것이 맡은 역할을 마치고 본처로 돌아가게 된다는 환지본처(還至本處)입니다.

아를테면 심청이가 아빠를 위해서 남긴 재산을 뺑덕어미가 탕진하고 나중에 한양가는 노잣돈마저 빼돌림으로써 심봉사를 고생시킵니다. 이는 업(業)이 없어지지 않으면 눈을 뜨지 못하기 때문일 것입니다. 여기서 고생하는 [대다수 봉사인 인류의 모습인] 심봉사의 상황은, 뺑덕어미가 심봉사의 업이 소멸하도록 맡은 역할을 다할 때에야 비로소 환멸한다고 볼 수 있습니다.

이 구절의 하늘은 천부경의 삼극(三極) 중에 먼저 천계(天界)에서 작동하는 '천(天)1'의 메커니즘을 말합니다. 천1극(天1極)은 하늘(天神) 전체가 아니라 주인공의 존재상태와 관련된 사람들을 고려해서 상황들을 종합해서 기획하는 천신(天神)들입니다. '도마 111'의 '하늘들과 땅'이 천1극과 지2극(地2極)에 해당하는데, 이것도 땅(地神) 전체가 아니라 천1극의 기획안에 따라 주인공의 지리적 환경(萬物)을 연출해내는 지신(地神)들입니다. 보통 이 천신(天神)과 지신(地神)을 합쳐서 천지신명(天地神明)이라고 합니다. 그다음에 인3극(人3極)도 사람(人神) 전체가 아니라 천1극의 기획안과 지2극의 연출에 따라 주인공 주위에서 관계하는 인신(人神)들입니다.[『천부경의 발견』 23쪽 참고]

그러면 '이 하늘은 환멸되고, 그 하늘에 있던 것들도 환멸된다.'와 '하늘과 땅이 여러분 바로 앞에서 전환된다.'는 같은 뜻인데, 위의 실례처럼 심봉사가 죽을 고생을 통해 업(業)이 거의 소멸한다고 확증

되면(존재상태가 바뀌면), 심봉사의 업 해결을 기획했던 천1극 프로젝트가 해산하면서 지2극 인3극도 해체된다는 뜻입니다.

앞에서 해설했듯이 '나라'를 알아보고 발견해 '나라'에 들어간 살아있는 사람을 통해 자각하고 체득한 생명의 길 쪽으로 간다면, 천1극과 지2극(地2極)에 해당하는 하늘들과 땅이 여러분 바로 앞에서 '노사(老死)⇒생(生)⇒유(有)⇒취(取)⇒애(愛)⇒수(受)⇒촉(觸)⇒육처(六處)⇒명색(名色)⇒식(識)⇒위(爲)⇒무명(無明)'이라는 식으로 단계적으로 전환되면서 각각의 하늘과 땅이 환멸되어 상황이 호전되고, 결국 죽음(死)이라는 괴로운 상황을 보고 겪지 않게 될 것입니다.

그러나 만일 죽음의 길로 간다면, '무명(無明)⇒위(爲)⇒식(識)⇒명색(名色)⇒육장(六場)⇒촉(觸)⇒수(受)⇒애(愛)⇒취(取)⇒유(有)⇒생(生)⇒노사(老死); 슬픔·비탄·고통·원망·절망인 고온(苦蘊)' 이렇게 단계적으로 상황이 점점 악화하고, 결국 죽을 것 같은 괴로운 상황(苦蘊)을 겪게 될 것입니다.

그래서 한 프로젝트가 끝나면, 즉 임무를 완수해서 졸업하여 일정 휴식기간(안식)을 갖고 나면, 다음 프로젝트를 시작하라는 '뒤흔듦'이라는 신의 사인이 각각의 과정에서 발생합니다.[『붓다의 발견』 223쪽 참고]

'하늘들과 땅이 여러분 바로 앞에서 전환된다.' '살아있는 사람을 통해 생명의 길로 가는 사람은 죽음을 보지 않을 것이다.'는 이 두 문장은 '살아있는 사람을 통해 생명의 길로 가면, 하늘들과 땅이 여러분 바로 앞에서 전환되고, 그이는 죽음을 보지 않게 될 것이다.'가 됩니다.

'살아있는 사람은 죽지 않을 것입니다. 죽어있는 것을 먹던 그날에 여러분은 그것을 살아있는 것으로 만들었다.'는 것은 '생명의 길'을 가는 살아있는 사람은 죽음의 길을 가지 않을 뿐만 아니라, 존재하는 의미를 알아보지 못하여 죽어 있던 대상이 그곳에 있는 이유를 알아봄으로써, 그 불연(不然)의 대상을 살아있는 '나라'로 활성화한다는 뜻입니다.

이처럼 죽어 있던 불연의 대상으로 하여금 살아있는 '나라'가 되게 하는 것이 바로 [자신이 특정한 상황을 창조한다는] 세상의 시스템을 밝혀내는 것이며, 이렇게 자기 자신을 발견하는 사람은 이 세상에 합당하지 않으므로 세상을 내려놓아야, 즉 졸업해야 합니다.

'도마 42'에는 "환멸하는(P·παρaγε) 사람이 되십시오."라고 합니다.

이 구절은 여러분이 단순히 나그네나 유랑자가 되라는 것, 즉 세상을 피상적으로 체험하는 손님이 아니라 세상의 주인으로서 자신의 숙제를 내포하고 있는 이 세상을 졸업하고, 자신에게 자각할 기회를 제공하는 하늘과 땅을 환멸하라는 것입니다.

주인이 아닌 나그네처럼 '이 또한 지나가리라!'고 하면서 자신의 숙제에 직면하지 않는 태도는 더 악화한 상황을 반복해서 불러올 뿐입니다. 타자가 아니라 자신을 바꿔버림으로써(還) 상황이 저절로 사라지게(滅) 하는 것이 바로 환멸(還滅)입니다.

13. 정견 적중 중용

'빗나가다'는 뜻의 죄(罪)인 하말티아(ἁμαρτία)는 과녁에 적중하지 못함을 말합니다. 「중용 14」에 '활쏘기는 군자와 비슷한 점이 있는데, 정곡(正鵠)에서 빗나감을 도리어 자신의 몸에서 찾는다(射有似乎 君子 失諸正鵠反求諸其身)'고 합니다.

'도마 8'에는 "[사자에서 사람이 되려고 한다면] 그 사람은 바다에 던진 그물을 새끼 물고기가 가득한 채 끌어올린 슬기로운 어부에 비유됩니다. 그 슬기로운 어부(ⲟⲩⲱϨⲉ)는 가득한 물고기 중에서 좋고 훌륭한 물고기 한 마리를 발견합니다(Ϩⲉ). 그이는 모든 새끼 물고기를 다시 바닷속으로 던져 버리고, 고통(Ϩⲓⲥⲉ) 없이 그 훌륭한 물고기만을 선택했습니다. 들을 귀가 있는 사람은 들으십시오."라고 합니다.

이 구절은 'ⲁⲩⲱ'(그리고)로 시작하는데, 이는 바로 앞 구절 '도마 7'의 '사람이 먹는 사자는 복됩니다. ~~ 그 사자는 사람이 될 것입니다.'는 내용에 이어진다는 것입니다. 그러면 '사자(짐승)에서 사람이 되려고 한다면'이 이 구절 앞에 전제되어야 합니다.['도마 7'은 119쪽을 참고]

'도마 21·24·63·65·96'에 직역하면 '듣기 위한 자신의 귀를 가지고 있는 사람은 자신으로 하여금 듣게 하십시오.(ⲡⲉⲧⲉⲩⲙ̄ⲙⲁⲁϫⲉ ⲙ̄ⲙⲟϥ ⲙⲁⲣⲉϥ ⲥⲱⲧⲙ̄)'라는 내용이 있습니다. 이는 신이 인간에게 다양한 방식으로 전해주는 천지의 말귀를 사람들이 알아듣기가 어렵듯이, 이 구절도 단순한 관점으로는 이해되지 않으므로 마음 깊이 잘 살피고 특히 틀 밖에서 사유해보라는 것입니다. 들을 귀가 있는 사람은 들으십시오!

알다시피 '단 한 마리만을 취한다'는 이 구절의 내용은 일정 기준 이상의 물고기를 분류하는 대다수 어부에게는 합당하지 않지만, 바로 '나라'를 발견해서 그곳에서 메시지를 얻는 주인공에게는 합당합니다.

즉, 많은 것을 거둬들여서 이익을 봄으로써 생존에 도움받는다는 기존의 '어부 패러다임'이 아니라 다양하게 제시된 답들에서 정확히 들어맞는 단 하나의 정답만을 골라내도록 시험받는 '학생 패러다임'이 요청됩니다.

쌍윳따니까야[S12:15]에 "~ '오직 괴로움이 집기하고 환멸할 뿐이다'는 점에 의심도 의혹도 없으며, 이에 대한 앎은 외부를 조건으로 하지 않는다. 이런 점에서 정견이다. 여래는 양극단으로 가지 않고 적중하는(majjhena) 담마를 제시한다. 무명(無明){~생(生)}을 조건으로 위(爲){~노사(老死)}가 있고 슬픔·비탄·고통·원망·절망이라는 고온(苦蘊)이 집기하나 무명이 완전히 벗겨지고 환멸하면 고온도 환멸한다."고 합니다.

여기서 '오직 괴로움이 집기하고 환멸할 뿐이다'는 것은 인생이라는 것이 언제나 선택, 즉 호전되는 선(善)이나 악화하는 악(惡) 쪽으로 선택할 기회가 제공될 뿐이고, 중간이라는 '△'는 없다는 것입니다.

'이에 대한 앎은 외부를 조건으로 하지 않는다.'는 것은 객관식에서 수많은 답이 제시되어도 결국 고르는 자신에게 책임이 있듯이, 정견(正見 sammādiṭṭhi)이라는 것도 그럴듯한 수많은 외부 정보가 아니라 결국 정하는 자신이 책임져야 한다는 것입니다. 이것은 '자기가 누구인지'를 이미 마음속으로 정했고, 이에 따른 선택에 달렸다는 것입니다.

'양극단으로 간다'는 것은 일견 선악(善惡) 중 하나를 자신의 소신으로 선택하는 듯이 보이나 실상은 소신을 포기하는 행태라는 것입니다. 이는 어린아이에게 '아빠가 좋니, 엄마가 좋니'라고 묻듯이 [양쪽 다를 사랑할 수 있음에도] 줄 세우고 편 가르며 다른 가능성을 무시한다는 것입니다.

'적중하는(majjhena) 담마를 제시한다'의 담마가 그다음 서술되는 연기(緣起)인데, 선과 악의 길을 제시하는 이 연기(緣起)가 곧 적중법(的中法 majjhimā-dhamma), 즉 적중하는 메시지인 정견이고 '훌륭한 단 한 마리'인 셈입니다. 무명(無明)을 조건으로 위(爲)가 있고, 위(爲)를 조건으로 식(識)이 ~~ 노사(老死)가 펼쳐져 결국 슬픔·비탄·고통·원망·절망이라는 고온(苦蘊)이 발생하고 만다는 이 연기가 바로 우리로 하여금 '훌륭한 단 한 마리'의 정답을 알아보게 하는 공식입니다.

어찌 보면 출제자가 내는 문제를 통해 시험받는 수험생이 있듯이, 신이 언제나 누구에게든 어디서든 제시하는 '나라'를 통해 시험받는 주인공이 있는 셈입니다. 하지만 정답이 수험생에게만 적용되듯이, 정견(正見)도 오직 '나라'를 추적하는 주인공에게만 적용되므로 누구에게나 적용하면 안 됩니다.[『붓다의 발견』 53쪽 적중로(中道) 정견(正見) 부분 참고]

정리해보면, 짐승(사자)에서 사람이 되려고 한다면, '나라'를 통해 시험받는 주인공이 되어 '훌륭한 단 한 마리'를 추적해서 밝혀내는 과정을 밟아야 한다는 것입니다.

'도마 76'에 "아버지의 나라는 물품을 사서 모으다가 거기서 진주(ⲘⲀⲢⲄⲀⲢⲒⲦⲎⲤ)를 발견한 상인에 비유됩니다. 현명한 그 상인은 다른 물품들을 팔아버리고 자기를 위해 그 진주 하나만을 샀습니다. 여러분 자신도 또한 좀이 먹거나 벌레가 해하지 못하는 곳에서 소멸하지 않고 지속할 자신의 보물(ⲈⲌⲞ)을 추적하려고(ⲰⲒⲚⲈ) 하십시오."라고 합니다.

앞 구절과 같은 맥락인데, 얼마 후 상하는 보물인 물고기와 달리 영원히 지속하는 보물인 진주의 특성을 '나라'의 불멸하는 속성으로 제시합니다.

그리고 정견을 실천하려면, 상인에게는 다른 물건들을 팔아버리는 투기성이 요청되듯이 주인공에게도 다른 정보들을 제쳐놓는 용단이 요구됩니다.

또 진주가 상당기간의 고통을 통해 형성되듯이 정견도 상당기간의 진실 실천을 통해 형성됩니다. 겉으로는 상인이 손쉽게 진주를 얻는 듯이 보이지만, 조개가 자기 아닌 이물질을 감싸서 진주를 만들듯이 주인공도 내면에서 고통스러운 진실을 간직하고 켜켜이 쌓아서 자신만의 진리를 만들어야 합니다.

'도마 107'에는 "나라는 100마리의 양을 가지고 있는 목자(ⲰⲰⲤ ⲢⲰⲘⲈ)에 비유됩니다. 100마리 중 가장 훌륭한 양 1마리가 무리를 떠나버렸습니다. 목자는 99마리를 남겨두고 그 1마리를 추적해서 (ωine) 결국 그 양을 발견했습니다(2e). 그리고 이 모든 고통(2ice)을 끝냈을 때, 목자는 그 양에게 '나는 99마리보다 너를 더 소망한다.'고 했다"고 합니다.

앞에서 어부의 비유에서는 '훌륭한 단 한 마리'의 물고기를 고통(2ice)이 없이 골랐으나, 여기서는 '훌륭한 단 한 마리'의 양을 추적해서 발견하는 데는 진주(眞珠)처럼 상당한 고통의 과정이 있어야만 합니다.

기존 복음서에서 만들어낸 잃어버린 연약한 양은, 약한 이를 돕는다는 도덕주의를 명분으로 포장해서 영적 지진아들을 착취하는 기법일 뿐입니다. 양치는 목자의 실상은 양들로 하여금 고난이 기다리는 삶으로 나오지 못하게 하고, 종교라는 울타리에 보호한다는 명분으로 그 안에 가두고서 양식할 뿐입니다. 대다수 어장관리인인 목자는 인간을 사람이 아니라 양이라는 가축이 되게 하는데, 그래도 짐승이 되게 하는 대다수 세상보다는 났습니다. 물론 아닌 경우는 제외합니다.

화살을 과녁에 적중시키지 못하는 것을 죄라고 한다면, 자신에게 펼쳐진 특정 현상이 제시하는 메시지를 알아보지 못하는 것이 바로 죄가 되는 셈입니다. 단순히 도덕적으로 잘못했다고 해서, 위법행위를 했다고 해서, 범죄를 저질렀다고 해서 '죄'가 되는 것이 아니라는 것입니다.

나이가 어려서 화살을 과녁에 적중하지 못했다고 해서 원래부터 죄를 타고났다고 하지 않듯이, 신의 메시지에 적중하지 못했다고 해서 타고난 죄인이 되는 것이 아니라 다만 실수를 통해서 성공하는 과정에 있을 뿐입니다.

　과녁에 적중시키지 못했다고 해서 죄라고 하지도 잘못이라고 추궁하지도 않듯이, '나라'의 목적에 들어맞지 못했다고 해서 죄라고 하지도 잘못이라고 추궁받을 필요가 없습니다. 다만 맞추지 못한 실수를 만회하기 위해 노력하지 않는 점은 피드백돼야 하듯이, 삶의 목적에 들어맞지 않은 실수를 만회하려는 노력조차도 하지 않는 것은 문제입니다.

　신의 권능이나 신통력으로 과녁에 맞춘다고 해서 자기 실력이 아니듯이, 신의 권능이나 신통력으로 정답인 정견을 커닝하는 것도 상을 받을 행위가 아니라 도리어 반칙이나 편법으로 하늘의 경고나 제재를 받을 뿐입니다. 이런 점에서 신은 경기에 직접 참여하지는 않지만, 경기의 원활한 진행에 관여하는 '심판'에 가깝습니다.

14. 아담 같은 자녀

도마복음의 '아기'(ⲕⲟⲨⲉⲓ)와 '자녀'(ⲱϩⲡⲉ)에는 차이가 있습니다.

육체적인 탄생에도 일정한 과정이 있듯이, 영적인 탄생에도 특정한 과정이 있습니다. 먼저 여자와 남자가 서로 사귀다가 한집에 살기로 정해서 결혼하고 신방에서 결합함으로써 자궁 속에 아기가 잉태됩니다. 아기는 280일이 지나면 산도(産道)를 통과해서 부모의 자녀로 태어납니다.

마찬가지로 먼저 주인공이 맞상대를 통해서 '자기가 누구인지'를 아는 주인공이 되려고 수행하다가 통합자가 되기로 하여 절대자가 되고 신의 처소에서 통합함으로써 나라에 아기가 잉태됩니다. 아기는 일정 과정을 지나면 진리의 문을 통과해서 천지의 자녀로 태어납니다.

이처럼 그림자 작업을 통해 자기 자신을 알아가다가 세상을 금식해서 수행자가 되고, 그다음 그림자를 통합함으로써 절대자가 되어 삶의 전도된 기능을 정상화해서 진실의 존재가 됩니다. 이 아기는 일정 과정을 거쳐 '나라'의 문에 들어가서 진리의 존재인 신의 자녀로 탄생합니다.

결국, 아직 외부와 적극 관계하지 못하고 있는 '아기'(ⲕⲟⲨⲉⲓ)는 자기 진실의 존재를, 상당히 성장한 '자녀'(ⲱϩⲡⲉ)는 보편적 진리의 존재를 말합니다.

누구든 심언행(心言行)을 일치시켜서, 자신의 그림자(아니마·아니무스)를 통합하고, 모든 그것이 그것답게 돼서(각각이 제대로 기능해서)

조화로워질 때에야 '아기'가 되어 나라로 들어가게 된다고 합니다.
(도마 22)

　천지(天地)의 젖을 먹기 시작한, 즉 신(神)의 메시지를 수용해서 알아듣고 실천하기 시작한 '아기'(ⲕⲟⲩⲉⲓ)가 성장하면서 천지의 정식 자녀(ⲱϩⲣⲉ), 즉 천지자녀(天地子女)가 됩니다. '여러분 중에 누구든 아기가 되는 사람은 나라를 알아보고, 요한보다 높여질 것입니다.'고 합니다.(도마 46)

　〈이 심우도 내용은 88쪽에서 이어진 것입니다.〉
　찾아낸 소는 없어지고 자기만 남아 있는 ⑦망우존인(忘牛存人)에서 아기가 됩니다. 소와 함께 자신도 잊어버린 ⑧인우구망(人牛俱忘)에서 고루(痼漏 āsava)마저 해결합니다. 근원으로 돌아오게 된 ⑨반본환원(返本還源)에서 자녀로 태어나는 것입니다. 세상에 들어가서 도움을 베푸는 ⑩입전수수(入鄽垂手)의 삶이 시작됩니다.

　'도마 37'에는 길벗들의 "당신은 언제 우리 앞에 [진면목을] 나타내고, 우리는 언제 당신을 보게 될 것입니까?"라는 질문에 예수께서 "여러분이 부끄러워하지(ϣⲓⲡⲉ) 않고 발가벗을 때, 또 어린 자녀인 아기처럼 자신의 옷(ϣⲑⲏⲛ)을 벗어 발밑에 두고 밟아버릴 때, 여러분은 살아있는 아버지의 자녀를 보게 되고, 두려워지지 않을 것입니다."고 합니다.
　여기서 어린 자녀(ⲱϩⲣⲉ ⲱϩⲙ)인 아기처럼 자기 정체성을 발가벗어 버린다면, 즉 자신의 은밀한 의도를 투명하게 드러낸다면, 살아있는 신의 자녀를 보게 된다는 것입니다. 그리고 신의 자녀를 보게 된 여분이 두려워지지 않는다는 표현은, 그 신의 자녀가 처음에는 여러분의 속이 차지 못해서 진실하지 못한 자신의 비밀스러운 상태를 아는 것 때문에 불편하지만, 차츰 대화를 나누어가면서 그런 점이 오히려 자신에게 도움되므로 두려워지지 않게 된다는 것입니다.

이처럼 예수는 '아기가 되라'고 하는데, 바울은 '어렸을 때는 말하고 생각하며 깨닫는 것이 아이와 같았지만, 어른이 되어서는 유치한 것들을 버렸다.'고 했습니다. 이는 마치 붓다는 '세상이 고(苦)다'고 하는데, 나가르주나(용수)는 '세상은 공(空)이다'고 했던 것과 같습니다.

용수가 거의 모든 대승불교의 연원에 자리하며 제2의 붓다 또는 대승의 종조(宗祖)로 불리듯이, 바울도 최고의 전도자이자 신학자로서 오늘날의 그리스도교가 있게 한 중심인물이며 사실상 그리스도교의 주창자로 불립니다.

붓다와 예수를 '있는 그대로 본받자!'가 아니라 '자기만의 방식으로 이용하자!'가 바로 바울과 용수의 방식입니다. 물론 그 당시는 상당한 진보적 지식인이었던 바울과 용수의 표현은 세상의 관점에서는 상당한 조언이지만, 주인공에게는 다른 사람보다 우월한 입지를 부추기는 정보로 지적 호기심을 자극하면서 오히려 혼돈을 제공하는 미끼였습니다.

이를테면 그 자체로 이율배반적이어서 끝없는 논란을 낳는 '세상은 공(空)이다'는 미끼를 물고, 이 비밀을 알아내고야 말겠다고 하는 미늘에 걸려버린 수행인은 평생을 허비하게 되고 맙니다. '천국을 누리게 해주겠다'는 미끼를 물고, 자신만은 그 구원받는 대상이 되려고 눈물겹게 노력하는 미늘에 걸려버린 종교인은 평생을 허비하게 되고 맙니다.

틀림없이 그리스도(메시아)인 예수가 죽어서 부활했듯이 자신들도 죽은 이후에 부활하리라고 믿는데, 진실로 믿지 않아도 봄이 오듯이 여러분의 부활도 믿음이 없어도 발생하는 자연스러운 우주의 섭리입니다. 학교에서 나머지 공부하듯이, 인생공부를 다하지 못하면 다음 생애는 당연합니다.

복음서의 작가들은 '예수의 말씀'을 종교 공동체를 형성하는 데 도움되는 내용으로 기발하게 드라마화하면서 지혜로운 스승 예수가 아니라 메시아(그리스도) 예수를 내세운 것입니다. 사실적 예수가 아니라 신화적 예수의 영웅적인 여정을 자신의 필요에 따라 이용했던 바울은 신격화한 그리스도 이야기를 자신의 일방적 케리그마로 삼았던 것입니다.

예수교는 수행하는 개인이라는 주체의식으로 살아있는 예수를 통해 깨달음으로써 천국을 알아봐야 한다는 내면적 영성신앙입니다. 기독교는 선택된 단체에 속한 일원이라는 우월의식으로 부활한 주님을 통해 속죄함으로써 신의 의(義)를 행해야 한다는 외형적 대속신앙입니다.

'도마 15'에 "여러분이 여자를 통해 태어나지 않은 사람을 볼 때 여러분의 얼굴을 땅에 대고 엎드려 경배하십시오. 그런 사람이 바로 여러분의 아버지(ειωτ)입니다."고 합니다. 여기의 아버지는 신성(神性)입니다.

이제 아기가 신의 자녀인 천지자녀(天地子女)로 탄생하게 됩니다.

육신부모(肉身父母)를 통해서 태어난 갓난아이가 세상에 적응할 때 우선 부모를 알아보고 그다음 걸음마를 익히면서 세상 사람들의 말을 알아듣기 시작합니다. 마찬가지로 천지부모(天地父母)를 통해서 재탄생한 천지자녀(天地子女)인 수행자도 천지에 적응해갈 때 우선 천지부모를 알아보고 천지의 법도를 익히면서 천지의 말을 알아듣기 시작합니다.

그런데 무당이 친어머니와 신어머니 중 한 어머니를 선택할 시 한쪽은 육체적 부모이나 한쪽은 신적 부모라고 상황에 따라 선택하면 되지만, 의식이 상승한 천지자녀는 부모가 정확히 누구라고 말하기가 어렵습니다.

'도마 55'에서 자신의 부모를 미워하지 않는 자는 예수의 길벗조차 될 수 없다고 했고, '도마 101'에서 부모를 나처럼 싫어하지 않는 자는 길벗이 될 수 없다고 했는데, 하물며 천지자녀의 본보기인 예수는 언급할 필요조차 없습니다. 이처럼 천지자녀의 부모는 천지(天地)인 셈입니다.

그러면 천지자녀가 바로 '여자를 통해 태어나지 않은 사람'인 것입니다. 이런 점에서 예수도 '여자를 통해 태어나지 않은 사람'인 것은 사실인데, 다만 성령이 잉태된 곳이 엄마 마리아가 아니라 예수 자신이었습니다. 사실 엄마는 예수가 신의 자녀로 태어나는 데 거의 역할이 없었습니다.

그런 사람이 바로 여러분의 아버지라는 것은 예수처럼 신성을 터득한 존재야말로 여러분의 신성을 대행해서 여러분으로 하여금 신성을 체득하게 해주므로 여러분의 신성이라고 한 것입니다. 바로 이런 점에서 예수는 경배받아도 되고, 경배받아야 하지만, 손쉽게 신성을 얻고 싶었던 기대를 충족시키지 못한다고 해서 도리어 살해당하고 맙니다.

그 당시 이런 예수의 진면목을 몇몇 길벗들 빼고는 거의 알아보지 못했으므로 대다수가 자신들의 민족에 대한 예언을 자신들의 의식 상승이 아니라 정치적 구원으로 오해했던 것입니다. 그래서 로마에서 정치적으로 독립하기 전에 먼저 자신들의 의식부터 독립시키려는 예수의 장기적이고 근본적인 방식을 실천하기가 어려웠기에 죽여버렸던 것입니다.

'도마 105'에 "아버지와 어머니를 알아보는(ⲥⲟⲨⲱⲛ) 사람은 창녀(ⲠⲞⲢⲚⲎ)의 자녀(ϢⲎⲢⲈ)라고 불릴 것입니다."고 합니다.

그때도 마찬가지였겠으나 지금 현실에서 창녀에게 자녀가 있다면, 아마도 그 자녀의 아빠가 누구인지 알기 어려울 것입니다. 설사 그녀는 누가 아빠인지 알고 있을지라도 그 진실을 드러내지 못하는 아픔이 있을 것입니다. 이런 맥락에서 '창녀의 자녀'라는 의미가 해석돼야 합니다.

『수운과 칸트의 발견』 64쪽에 "천황씨가 인류의 시조라면 부모가 없어야 하는데 이는 상식의 관점에서는 모순이므로 '틀린 사실'(不然)이기는 하지만, 실제로 천황씨는 상식을 뛰어넘는 방식으로 정신 차원의 시조가 됨으로써 천황씨에게 천지라는 부모는 있기에 '틀린 사실과 비슷하다'고 했습니다. 시조(始祖)로서 천황씨에게 육체적 부모는 없을지라도 '천지부모'는 있으므로 결국 부모가 없다고도 있다고도 할 수 있습니다."고 합니다. 이것은 세상에 부모 없는 사람이 없는데, '인류의 시조인 아담에게 부모가 있는가?' 같은 질문에 관한 설명입니다.

이런 점에서 제대로 된 시조가 되지 못했던 아담과 달리, 천황씨는 육체적 차원을 넘어서 정신적 차원의 시조(始祖)가 됨으로써, 즉 '자재연원'(自在淵源)이 됨으로써 그에게는 부모가 없다고도 있다고도 할 수 있다는 것입니다. 마찬가지로 '창녀의 자녀'에게도 생물학적으로는 틀림없이 아빠가 있을 것이므로 아빠가 있다고도 하나 그렇다고 아빠가 누구인지 밝힐 수 없으므로 아빠가 없다고도 할 수 있다는 것입니다.

그러므로 천지의 아버지와 어머니인 천지부모를 알아보는 사람은, 즉 그 부모에게서 태어난 천지자녀는 '창녀의 자녀' 자체가 아니라 '창녀의 자녀'라고 불리게 된다는 것입니다. 부모를 무시하고 불효할 때 듣게 되는 '창녀의 자식처럼 부모도 모른다'는 말은 모욕이 아니라 머지않아 신의 자녀가 되리라고 예언해주는 축복입니다.[『천부경의 발견』 58쪽 '기연불연' 참고]

붓다도 예수도 수운도 정신문명의 시조가 되었듯이 여러분도 각자 자신만의 분야에서 시조가 될 수가 있습니다. 이처럼 각 분야에서 시조가 되기 전에 먼저 천지자녀가 되어야 합니다. 이런 사람을 예수는 '사람의 자녀'라고 했습니다.

'도마 28'에 "내 심혼(ΨΥΧΗ)은 '③아담 같은 자녀'의 위에 걱정거리를 더해줍니다."고 하고, '도마 86'에 "여우에게도 굴이 있고 새에게도 둥지가 있지만, '아담 같은 자녀'는 누워서 쉴 곳이 없습니다."고 하며, '도마 106'에는 "여러분이 둘을 하나로 만들 때, '아담 같은 자녀'들이 될 것입니다."고 합니다.

'그 사람의 자녀'(ϣнре м̄πρωме), 즉 인자(人子)는 원래 '벤 아담 (아담의 자녀 Aben adam)'이라고 했는데, 아담이 일반명사인 사람으로 바뀌어버린 것입니다. 'âdâm'(아담)의 중요한 특징은 신의 자녀로서 신과 직접 대화하는 존재라는 것입니다. 그러면 '벤 아담'이라는 말은 '아담의 자녀'가 아니라 '아담처럼 신과 이야기하는 자녀'고, 줄이면 신과 소통하는 자녀가 되었던 예수의 모습인 '아담 같은 자녀'가 됩니다.

바울은 고린도전서[15:45]에서는 옛 성서의 기록인 '첫 번째 사람 아담'(πρωτος ανθρωπος αδαμ)에 대비해서 예수를 마지막 아담(last Adam)이라고 했고, 고린도전서[15:47]에서는 '첫 번째 사람은 땅의 흙에서 나왔고, 두 번째 사람(the second man)은 하늘에서 났습니다.'라고 했습니다.

바울은 아담이 인류의 시조라는 의미에서의 '첫 번째 사람 아담' 그리고 신과 소통하는 아담이라는 자녀의 의미에서의 '벤 아담'(아담 같은 자녀) 사이의 차이를 이해하지 못했기에 예수를 '마지막 아담'인 마지막 시조라고 했는데, 더는 시조가 없으리라고 기대한 종말론적 발상일 뿐입니다.

또 바로 뒤이어 일관성 없이 이번에는 흙으로 빚어 땅에서 창조된 아담을 '첫 번째 사람'이라고 바라보았고, 예수를 하늘에서 창조된 '두 번째 사람'이라고 한 것입니다. 예수가 자신을 '사람의 자녀'라고 한 의미를 이해하지 못했던 바울은 아담을 단순히 육체적 시조라고 보았을 뿐이었지 아담을 '신과 소통했던 첫 번째 자녀'라고 바라보지 못했습니다.

아담처럼 신과 소통하는 자녀였던 예수는 신의 '메신저'로서 신의

'메시지'를 전한 '메시아', 즉 세상을 물질적으로 해결해주는 구원자가 아니라 먼저 사람들로 하여금 정신적으로 자각하도록 노력했고, 또 사람들로 하여금 '아담 같은 자녀'가 되도록 모범을 보였던 성인(聖人)입니다.

그러므로 '아담 같은 자녀'가 되면 자신의 뜻대로 살아가는 것이 아니라 신과 언제나 소통하므로 대다수 신의 뜻이 효과적으로 이뤄지도록 천지와 협업해야 합니다. 신의 속성이 사람들을 포함한 만사만물로 하여금 잘되게 섬기는 것이므로 '아담 같은 자녀'도 자기 뜻대로 권력을 행사하기는커녕 타인들을 섬기는 것에도 매우 바쁘다는 것입니다.

예수의 심혼은 예수 자신이 신과 직접 소통하는 '아담 같은 자녀'로서 활동하기에도 만만하지 않은데, 이런 현실을 자각하지 못하고 환상 속에 취해 있는 사람들의 모습도 또한 걱정거리를 더해준다는 것입니다.

그리고 '아담 같은 자녀'는 자신의 보금자리가 없는 무숙자처럼 돌아다니면서 타인들이 진정 바라는 것을 이루도록 돕는 신의 일을 하기도 바쁩니다.

'아담 같은 자녀'는 소유한 집도 절도 없이 때에 맞춰 돌아다니는 무숙자(無宿者)이며, 세상 속에 있으나 세상에 속하지 않는 사람이자 무소유(無所有)의 사람입니다. 41쪽 '도마 99'의 설명에서 강조했듯이 출가(出家)가 초점이 아니라 '신의 소망'을 제대로 알고 실행하는 것이 중요합니다.

그리고 여러분이 둘을 하나로 만들 때, 즉 상대방과 통합하는 작업을 하면, '아담 같은 자녀'가 바로 되는 것이 아니라 절대자가 되어 결혼식장에 들어가서 결혼하고 신방에서 아기를 잉태해서 자궁에서 기른 후 낳아서 일정 기간을 지나야 합니다. 그래야 '아담 같은 신의 자녀'인 천지자녀가 됩니다.

15. 전도와 선언

'도마 32'에 "높은 산 위에 세워져서 강화된 성(ⲡⲟⲗⲓⲥ)은 무너지지도 않고, 숨겨질 수도 없습니다."고 하고, '도마 33'에는 "여러분이 자신의 귀(ⲙⲁⲁϫⲉ)로 들을 것을 다른 귀에다 자신의 지붕 위에서 단계적으로 선언하십시오(ⲟⲉⲓⲱ). ②누구도 등불(ⲭⲉⲣⲉϩⲏⲃⲥ)을 켜서 됫박 아래나 감춰진 곳에 두지 않고, 도리어 집에 들어오고 나가는 모든 이로 하여금 그 빛을 보도록 등불을 등잔걸이 위에 올려놓기 때문입니다."고 하며, '도마 34'에 "눈먼 자(ⲃⲗⲗⲉ)가 눈먼 자를 앞에서 인도하면, 둘 다 구덩이(ϩⲓⲉⲧ)의 바닥에 빠져버리게 될 것입니다."고 합니다.

먼저 ②절부터 살펴보면, 등불을 높은 데 올려놓음으로써 누구나 덕을 입도록 하는 것은, 영적 할례처럼 '도마 77·109'에서 나무를 가르고, 돌을 들추며, 밭을 갈아엎어서 그 속을 드러내는 것과 같은 맥락입니다.

내면의 진실인 빛을 감춰진 곳에서 밖으로 드러내는 작업이 바로 '나라'를 발견하는 방식입니다. 이 '내면의 진실인 빛'이 내유신령(內有神靈)의 메시지, 즉 [대상을 탐하기, 싫어하기, 외면하기가 아니라] 소위 자신만의 양심을 말합니다. 탐진치(貪瞋痴)가 아닌 자기 내면의 목소리, 즉 '자신의 귀로 들을 내용'을 세상에 도움되도록 드러내라는 것입니다.

그리고 '도마 32'는 '나라'를 발견해보면, 하늘에서 땅으로 드리워진 선악의 열매처럼[147쪽 참고] 누구든지 접근할 수 있는 '나라'는 높은 산 위에 세워진 성(城)처럼 누구에게나 보이고, 없애려고 해도 없앨 수 없는 난공불락의 요새처럼 절대로 무너지지 않는다는 것입니다.

'단계적으로 선언하라'(ⲧⲁⲩⲉⲟⲉⲓⲱ)에서 'ⲟⲉⲓⲱ'는 타인에게 알리는 것이 중심인 '선포'보다 자신의 진실을 드러낸다는 점에서 '선언'이 적절하고, 'ⲧⲁⲩⲉ'는 '증가하면서'라고 하나 '단계적으로'의 뜻으로 봅니다.

물론 'ⲟⲉⲓⲱ'를 자신이 들을 양심의 목소리를 '전하다'라고 번역할 수 있습니다. 그런데 상대와 관련 없이 자기 진실을 드러내는 '선언하다'는 절대적 용어이지만, 상대의 눈높이에 맞춰서 수위를 조절하는 '전하다'는 상대적 용어이므로 절대자를 추구하는 도마복음에는 '선언하다'가 적합합니다.

그러면 자신만의 귀에 언제나 들릴 양심의 목소리를 다른 귀에다 자신의 지붕 위에서 선언하라는 것입니다. 여기서 '자신의 지붕 위에서'는 타인의 입장을 중심으로 설득하려고 전하지 말고, 자기 진실에 서서 선언하라는 뜻입니다.

『신과 나눈 이야기 가이드북』 15장에서 진실(진리)을 말하는 5단계를 제안합니다.
① '자신에게 자신에 관한 진실을 말하기'
② '타인에 관한 진실을 당신 자신에게 말하기'
③ '타인에게 당신 자신에 관한 진실을 말하기'
④ '타인에게 타인 자신에 관한 진실을 말하기'
⑤ '모든 이에게 모든 것에 관한 진리를 말하기'

이런 단계를 거치면서 진실을 말하면, 결국 자기 내면의 빛은 등대처럼 사람들의 길을 안내하기 위해 비추게 됩니다. 여기의 다른(ⲕⲉ) 귀(ⲙⲁⲁϫⲉ)에는 자신의 귀와 타자의 귀 그리고 모든 이의 귀들이 포함되어 있습니다.

'자기가 누구인지'를 그리고 '상대가 누구인지'를 말하면서 선언하는 방식은, '이것이 옳다' '이것이 맞다'고 하면서 강요하는 방식이 아닙니다.

'선언하다'(ⲟⲉⲓϣ)는 나중에 케리그마(Kerygma)가 된 헬라어 케루소(κηρυσσων)인데, 이것이 자기 진실을 선언하는 것을 넘어서 강요하는 진리로, 즉 자기 신념이 옳다고 선포하는 전도(傳道)로 변질하여 버렸습니다.

누가[8:1]에 '예수는 신(του θεου)의 나라라는(την βασιλειαν) 그 복음을 전하고(ευαγγελιζομενος) 일깨워줬습니다(κηρυσσων).'고 합니다. 누가는 '복음(도움되는 메시지)'이 바로 '신의 나라의 내용'이라고 했습니다.

이 'κηρυσσων'(케루소)가 신이 자신에게 부여한 명령을 선포하는 것이라고 말해왔는데, 이 단어의 유래와 쓰임을 이리저리 살펴보면, 펼쳐진 상황이 상대에게 들어맞게 그 의미를 해석해주고 번역해주는 일깨움에 가깝지 절대 일방적인 설교나 자기 신념을 드러내는 선포는 아닙니다.

종말의 천국을 내세웠으나 언제나 함께하는 '나라'인 천국은 알아보지 못했으므로, 결국 케리그마는 우월의식을 숨기고 안타까움으로 포장한 위선이고, 상대를 지배하려는 자기 속셈을 예수를 핑계로 타인에게 요구하는 강요며, 구원을 빌미로 타인을 압박하는 심적인 폭력일 뿐입니다.

　전도하는 행위의 속내를 살펴보면, 사회운동가 정치인 다단계모집인 같이 자신이 속해 있는 단체에 관해 자신감이 확고하지 못하므로 자신의 종단에 다른 이들을 끌어들임으로써 자신의 옳음을 증명하려고 합니다.

　도박에서 보장되지 않아도 돈을 따려고 하듯이, 종교에서 보장되지 않아도 구원을 받으려고 합니다. 도박하다가 안될성싶으면 손을 털고 그만두어야 하는데, 대다수 본전 생각 때문에 그만두지도 못할 뿐만 아니라 남들도 끌어들이려 합니다. 공공연하게 끌어들이면 도덕적으로 문제가 되므로 엄청난 염력을 써서라도 자신이 빠진 함정에 남들도 끌어들이려 애씁니다. 이런 점에서 종교인들도 대다수 본전을 아까워하다가 결국 기도라는 염력을 동원해서라도 남들도 끌어들이게 됩니다.

　신·인간·지하 세계를 자유자재로 넘나들며 신의 뜻을 전달하는 전령인 헤르메스(Hermes)처럼 신의 뜻이 들어 있는 '나라'를 발견하고 알아보는 법을, 즉 물고기를 주는 것이 아니라 낚시법을 일깨워주지 않는다면, 이것은 예수가 모범을 보였고 권장했던 전도의 방법은 아닙니다.

　그래서 '나라'를 알아보지 못하는 눈먼 자가 다른 눈먼 자를 앞에서 인도하면, 둘 다 구덩이의 바닥에 빠져버리게 된다고 하는 것입니다. 살펴보면, 한때 [성령에 의해] 눈이 멀었던 바울도 사실 '나라'를 알아보지 못했던 소경의 상태에서 전도했으므로, 예수님의 말씀대로 바울의 방식을 따랐던 사람들은 거의 틀림없이 구덩이에 빠져버려서 눈뜬장님이 되었을 것입니다.

'도마 26'에는 "여러분은 형제자매의 눈 속에 있는 티(xH)는 보지만, 자신의 눈(Baλ) 속에 있는 들보(coei)를 보지 못합니다. 여러분이 자신의 눈 속에서 들보를 빼낼 때에야 형제자매의 눈 속의 티를 빼주려고 바깥으로 볼 것입니다."고 합니다.

타자의 눈 속에 보이는 작은 티가 바로 자신의 눈 속에 들어있는 커다란 들보가 투사(投射)된 것임을 알아보지도 못하면서 전도하거나 상대에게 조언한다면, 반드시 다른 특정 사건이 발생해서 서로 싸우는 상황이 벌어지게 되고 결국 둘 다 구덩이의 바닥에 빠져버립니다.

그럼에도 타인에게 조언하고 싶다면, "아직 내가 내 눈에서 들보를 다 빼지 못했지만, 너의 눈 속에 티가 보인다"고만 서술하는 방식이 도움됩니다. 이어서 "그렇다고 그 티가 나쁜 것이니까 뽑아버리라는 것이 아니라 ~~점에서 너에게 도움되지 않는 것으로 보인다."고 일깨워주는 방식이 있습니다.

'도마 9'에는 "보십시오! 씨 뿌리는 자가 밖으로 나와서 손에 씨를 가득 쥐고 씨를 던졌습니다. 더러는 길(21H)에 떨어져서 새들이 와서 먹어버렸고, 더러는 바위(πeτpa) 위에 떨어져서 땅에 뿌리를 내리지 못해서 하늘 위로 싹을 내지 못했으며, 더러는 가시덤불(ωonτe)에 떨어져서 덤불이 싹을 막아버려 벌레가 삼켜버렸고, 더러는 좋은 땅(ka2)에 떨어져서 씨앗(6po6)은 하늘 위로 향해 60배, 120배의 좋은 열매(kapπoc)를 맺었습니다."고 합니다. 기존 복음서는 100배의 상을 말했으나 60진법을 쓰던 메소포타미아에서는 60배, 120배가 적확합니다.

이 내용은 기존 복음서에서 조장하듯이 자신이 뿌린 전도가 상대의 태도에 따라 결과가 나타나고 결국 심판받는다는 것이라기보다는 오히려 자신의 존재상태가 '나라'를 발견해서 알아보는 결과를 좌우한다는 것입니다. 그리고 이 농사에서 나타난 4가지의 결과가 절대로 씨를 뿌리는 농부에게 책임이 있지 않듯이, 자신이 '나라'를 발견하지 못하는 결과도 악마나 성령의 책임이 아니라 바로 자기 책임이라는 것입니다.

농부가 이런저런 밭에 무차별적으로 씨를 던지듯이, 성령도 선하든 악하든 관계없이 양심의 목소리를 통해 각자에게 무차별적으로 기회를 던집니다. 마찬가지로 만일 자신이 체득한 '나라'를 사람들에게 전하고자 한다면, 겉모습이나 재산·신분 등으로 상대를 차별하지 말고 기회를 제공하기를 제안하는 것입니다. 자신이 먼저 '나라'를 발견해서 알아보고 난 다음에 전도하지 않으면 구덩이에 빠지고 만다는 점을 유념해야 합니다.

'도마 97'에는 "아버지의 나라는 밀이 가득 든 동이(ϬϪⲘⲈⲈⲒ)를 이고 가는 한 여인에 비유됩니다. 그녀가 먼 길을 걸어가는 동안 동이의 귀(ⲘⲀⲀϪⲈ)가 깨어져서 밀(ⲚⲞⲈⲒⲦ)이 그녀의 뒤쪽 길(ϨⲒⲎ) 위에 새어나왔습니다. 그러나 그녀는 자신이 고통을 깨닫지 못하고 있음을 알지 못했습니다. 그녀가 집에 도착해 그 동이를 내려놓았을 때에야, 그것이 비어있음을 발견했습니다."고 합니다.

앞의 '도마 32'에서 자신의 귀(ⲘⲀⲀϪⲈ)로 들을 것을 다른 귀에다 선언하라고 했는데, 이런 점에서 언제나 누구에게든 '나라'는 생명의 길을 내면의 목소리로써 일러주지만, 이 목소리에 귀 기울이는 이가 드뭅니다.

'도마 96'에는 '나라'를 영양이 되는 빵으로 부풀릴 수 있는 밀가루로 비유했는데, 이 구절은 땅에 뿌려서 많은 열매를 거둘 수 있는 밀로 비유했습니다. 뿌리고 가꾸어서 거두는 이 밀이 바로 알아보고 가꾸어서 거둘 수 있는 탤런트(재능)인데, 귀가 깨어져서 타고난 탤런트가 새나갑니다.

깨져버린 '귀' 모양의 '손잡이'는 천지의 소리를 귀로 듣지 못하는 상태 그리고 기회를 손으로 붙들지 못한 상태인 놓쳐버린 기회를 상징합니다. 천지의 소리를 들을 수 있도록 귀가 열려 있어야 할 뿐만 아니라 마음도 열려 있어야 합니다. 그래서 물리적인 귀가 있어도 귀담아듣지 않으므로 "들을 귀가 있는 사람은 들으십시오."라고 강조합니다.

생명의 씨인 밀이 모두 길에 새나가면, 즉 그 기회를 전부 놓쳐버리면, 그제야 동이를 내려놓듯이 삶을 내려놓게 된다는 것입니다. 이처럼 죽음에 이르러서야 비로소 자신의 탤런트가 지속해서 낭비되어왔음을 깨닫습니다.

이들은 자신의 타고난 탤런트를 활용하지 못하고, 오히려 짐이라고 여겨서 머리에 힘들게 이고 가고 있을 뿐만 아니라 자신의 인생길 위에다가 그 탤런트로 오염시키고 있기까지 하는데도 이것을 깨닫지 못합니다.

그래서 '그녀는 자신이 고통을 깨닫지 못하고 있음을 알지 못했다'는 것은, 대다수 사람은 자신이 잘살지 못할 수 있다고 여기나, 자신만을 모르는 이들은 오히려 자신이 열심히 잘살고 있다고 확신한다는 것입니다.

'고통을 깨닫지 못하고 있다'는 고루(痼漏 āsava)라고 하는데, 한갓 사유 문제로 여기도록 '번뇌'로 번역된 이 '아사와'(āsava)는 무명(無明 avijjā)과 더불어 모든 고(苦)의 뿌리이므로 만만하지 않은데도 숱한 수행자들이 붓다의 가르침 자체보다 번뇌라는 문자 [그대로의 의미]에 매달렸던 것입니다. 이를 해결함으로써 열반으로 직행해서 다른 과정을 건너뛰고 싶었기에, 이를 은밀히 부추기는 선불교(禪佛敎)가 생겼고 엄청난 수행자들이 사실상 한방주의에 매달렸고 매달리고 있습니다.

고루 상태에 빠진 이는 자신이 무명 상태일지라도, 도리어 자신이 옳다고 여기므로 [자신에게 문제가 있으리라고 짐작하지 못하고] 가끔 자신의 문제를 피드백해주는 사람에 대해 의아해하거나 악의나 앙심을 품거나 심하게는 때를 기다리다가 보복합니다. 과거에 상처 입은 마음에 의한 고루는 '[그 상처가] 치유되지 못해 악화한 맘' '자신이 [타인보다] 옳다는 확신' '자기 과시욕에 취한 허영심' '자기 정당화에 도취한 상태' 등으로 나타납니다.

이를테면 돈·권력·이권에 물들어버린 이명박은 현대건설·서울시·청와대에 대표로 있을 때, 자신을 과시하려고 편법을 동원해서 부정을 저지르면서도 자신이 옳다고 여겼는데, 자신을 공격하는 사람에게는 어떤 식으로든 보복합니다.[『붓다의 발견』 258쪽 참고]

'나라'는 지금도 어디서든 공평하게 누구에게나 자기 재능을 자각할 기회를 제공하고 있으므로, 그 소식(복음)을 언제나 귀담아들어야 한다는 것입니다.

'도마 57'에 "아버지의 나라는 좋은 씨(6роб)를 가진 사람에 비유됩니다. 그 사람의 적(xaxe)이 밤에 와서 좋은 씨들 사이에 가라지(ZIZANION)를 뿌렸습니다. 그이는 일꾼들로 하여금 그 가라지를 뽑아버리게 하지 않았고, 그들에게 '너희가 가서 가라지를 뽑으려다 그것과 함께 곡물도 뽑을까 봐 염려된다. 추수하는 그날에 가라지들은 위로 나타낼 것이므로 뽑히어 불살라질 것이기 때문이다.'고 했다"고 합니다.

바로 앞 '도마 97'에서 자신의 타고난 탤런트를 상징하는 밀이라는 씨앗을 말했는데, 이 구절은 그 재능을 발휘해갈 때 유의해야 할 점을 일러줍니다. 아무리 적이라고 여겨지는 독초일지라도 곡물이 다칠 수 있으므로 어릴 때 뽑아버리지 말고 추수 때까지 기다리라는 것입니다.

여기서 곡물이 성장할 때 독초라는 악이 발생한다는 것은, 우리가 어떤 일을 시작하면 그 일의 진행을 방해하는 상반된 현상이 자연스럽게 벌어진다는 것입니다. 이를테면 담배를 끊겠다고 결심하자 돌연 직장상사가 열 받게 해서 생긴 스트레스를 담배로 없애라고 유혹받는 경우입니다.

독초인 상반된 현상이 자신의 결심을 뒤흔드는 악마이기도 하지만, 그 현상을 통해 세상에는 그 결심이 진심인지를 알아보려는 어떤 시스템이 틀림없이 있고, 바로 그 결심이 스트레스받는 상황을 만들어냈음을 깨달을 수도 있습니다. 이처럼 벌어진 상황을 잘 활용하면 자기 결심을 굳건히 하는 데 도움받을 뿐만 아니라 세상의 시스템을 깨닫게도 됩니다.

바로 이 맥락에서 독초를 뽑아버리지 말라는 것이지, 독초를 키우라는 것이 아닙니다. 독초를 외면하지 말고 자신이 바뀔 기회로 활용하라는 것입니다. 만일 그 상사가 정말 독초라면 원인에 따라서 결과가 드러나는 가을이 되면 저절로(대부분 자멸함으로써) 해결된다는 것입니다.

반면에 그 상사가 겉으로는 독초인 듯이 보이나 속으로 진실(眞實 진정한 열매)을 간직하고 있었다면, 무거운 열매는 고개를 숙이게 되므로 잘났다고 고개를 위로 치켜드는 가라지는 절대 되지 않을 것입니다.

하나의 씨앗에서 다수 열매를 맺는 데 돌보는 과정이 있어야 하듯이 누구든 곧바로 어른을 낳을 수 없으므로 양육하는 어려운 과정이 있어야 합니다. 그럼에도 자신이 스스로 알곡이 되지 않으면서도 믿음으로 구원받을 수도 있다는 유혹은 뿌리치기 어려운 독초입니다.

'도마 66'에는 "건축가들이 버려버린 그 돌(ⲱⲛⲉ)을 나에게 보여주십시오. 그것이 바로 모퉁이(ⲕⲱϩ) 돌입니다."고 하고, '도마 68'에는 "여러분이 미움받고 박해받을 때 여러분은 복됩니다. 이들이 여러분을 박해한 곳에서는 이들은 처소를 발견하지 못할 것입니다."고 하며, '도마 69'에는 "마음에서 박해받는 이들은 복됩니다. 이들은 진실로 아버지를 알아봤던 사람입니다. 갈망하는(ϩⲕⲁⲉⲓⲧ) 이들은 복되므로 소망하는(ⲟⲩⲱϣ) 사람의 배(ⲑϩⲏ)는 충족될 것입니다."고 합니다.

속담에 '어느 구름에 비가 많이 들었는지 모른다'는 말이 있듯이 어떤 사람이 천지자녀가 될지는 겉으로 봐서는 알아보기 어려운데, 대체로 이런저런 종교단체나 수행단체에 정착하지 못한 분들이, 즉 그런 곳에서 박해받던 분이 '나라'를 발견할 천지자녀가 되기 쉽다는 것입니다.

박해받는 이들은 틀림없이 남에게 보이기 위해서가 아니라 가슴속에서 진심으로 행하므로 집단에서 이들을 불편해할 것입니다. 그래서 진실해지려고 하는 이들을 수용하지 못하는 이 집단은 신의 처소를, 즉 신을 알아보는 특수한 상황을 맞이하더라도 결국 발견하지 못할 것입니다.

이들은 신이 작동하는 방식을 힐끗 봄으로써 적어도 신이 존재한다는 진실을 알아보고 믿게 된 사람들입니다. 보통 사람들이 모르는 뭔가가 있으리라는 마음속 갈망이 이런저런 계기로 결국 충족된다는 것입니다.

하지만 부모·친구·동료가 말리는 상황에서 특정 단체를 고집해서 다닐지라도 그 진심으로 포장된 속에 숨겨진 이익, 즉 근본적으로 권력의지나 사교, 장삿속, 이성 교제 등이 들어있는지를 검토해봐야 합니다. 사람들은 예수를 믿고 따른다고 하지만, 이는 사실상 예수에게 의존하는 것이고, 자신의 속셈을 차리는 데 예수를 이용하기 위한 것입니다.

소위 '도장깨기'를 통해 독자적 대승사상으로 인도를 사실상 평정한 용수(龍樹)처럼 그리고 3회의 걸친 전도여행을 통해서 [직계 사도들에 밀려서] '이방인의 사도'로서 세계를 선교하게 된 바울처럼 되고 싶은 부러움이 있다면, 이는 자신이 붓다와 예수의 길과는 상반된 목적지로 향하고 있는 것입니다. 붓다와 예수가 이런 방식의 전도를 하라고 하지 않았지만, 그렇다고 이런 식의 전도가 잘못이라는 것은 아닙니다.

보험회사나 다단계업체가 영역을 넓히려고 하는 것이 정상이듯이,

종교단체가 자신의 세력을 넓히고자 하는 것은 자연스러운데, 다만 그것이 붓다와 예수의 방식은 아니다는 것입니다. 기존의 형식적이고 전도된 세상의 가치를 따르지 않으면서 통념보다 사람을 우선시하고, 타인을 위해 봉사하면서 관계에서 펼쳐진 상황을 자신이 될 기회로 삼는 방식입니다.

다만 자기를 우선해서 성찰하는 예수의 방식을 따르는 것은 힘들지만, 집단을 개척해서 거느리면 권력을 가진 듯한 느낌이 들게 하는 바울의 방식은 미끼가 들어있습니다. 그러므로 바울을 따르는 것과 예수를 따르는 것은 상반됩니다.

'도마 79'에는 무리 속의 한 여인이 예수를 향해 "당신을 낳은 자궁과 당신을 먹인 젖가슴이 복됩니다!"고 말했습니다. 예수가 그 여인에게 "아버지의 말씀(λoroc)에 귀 기울이고, 그것을 참되게 지킨 사람들이 복됩니다! 여러분이 '임신하지 않는 자궁과 젖 먹이지 않는 유방이 복됩니다.'고 말할 날이 올 것이기 때문입니다."고 합니다.

예수의 존재상태를 상당 부분 알아본 어떤 여인의 "당신을 육체적으로 낳은 엄마가 복됩니다"는 말에 예수는 여러분이 "임신하지 않는 자궁과 젖 먹이지 않는 유방이 복됩니다."고 말할 날이 온다고 했습니다.

예수 같은 성인(聖人)을 낳는다고 해서 복된 것이 아니라 내면에서 일러주는 신성(神性)의 메시지를 귀 기울여서 듣고, 그것을 실천해야 복된 것이라고 합니다. 이렇게 진실로 실행하다가 보면 어느 날 자신의 도움을 통해 자각하려는 사람들이 주위에 있음을 발견하게 됩니

15. 전도와 선언

다.

그래서 바로 이들을 '임신하지 않는 자궁과 젖 먹이지 않는 유방'을 지닌 영적인 부모라고 합니다. '여자를 통해 태어나지 않은 사람'(도마 15)인 천지자녀가 바로 이들을 통해서 탄생하게 되는 아기입니다.

처녀처럼 임신하지 않는 자궁과 젖 먹이지 않는 유방을 지닌다는 것이 아니라, 물리적인 자궁은 없어도 영적인 아기를 잉태하고, 물리적인 유방이 없어도 영적 아기에게 젖을 먹이는 영적인 부모가 된다는 것입니다.

지금까지가 천지자녀(天地子女)에 관련한 내용이었다면, 이 구절은 그 자녀를 양육하는 천지부모(天地父母)에 관한 내용입니다. 육체적·혈연적·세간적 부모가 아기를 잉태하고 낳아서 길러가듯이, 영적·정신적·출세간적 부모도 천지자녀를 잉태하고 낳아서 길러간다는 것입니다.

이 정신적 자녀를 낳는 것을 산파술이라고 합니다. 소크라테스가 했다는 이 산파술은, 산파가 산모로 하여금 안전하게 아기를 낳도록 도와주듯이, 철인(哲人)도 스스로 새로운 앎을 낳지 못하는 타인으로 하여금 무지(無知)를 자각하게 함으로써 새로운 앎을 낳도록 도와주는 방식입니다.

이때 활용하는 변증법이 바로 말하고 듣는 사람 사이에(dia) 서로 말하는(legein) 기술(ike)인 디아렉티케(dialektike)라는 대화법인데, 실제로 여인이 자녀를 낳을 때 산통(産痛)이 오듯이 천지부모가 자녀를 낳을 때도 똑같이 진통이 옵니다. 산모가 자녀를 낳는 것을 포기하고 싶어진다고 하듯이 천지부모도 천지자녀를 낳는 것을 포기하고 싶은 마음이 굴뚝같아집니다. 게다가 인내의 극한을 겪어내야 하고 심지어 상대방으로 하여금 자각하게 하기를 진심으로 포기해야 하기도 합니다.

소위 '말을 물가까지 끌고 갈 수는 있으나 마시게 할 수 없다'는 격언을 실감하게 됩니다. 이런 점에서 정신적으로 탄생하려면, 태어나는 천지자녀뿐만 아니라 천지부모도 정신적으로 자살하는 과정을 겪어내야 합니다. 정상적으로 자녀를 낳고 나면 산모가 더 건강해지듯이 영적으로 천지자녀를 낳고 나면 천지부모도 상당한 의식상승을 맛보게 됩니다. 우리가 자녀의 탄생을 위해 마음으로 공력(功力)을 들이듯이, 천지자녀의 탄생을 위해서도 상당한 인공(人工)을 들여야만 합니다.

그런데 예수 같은 성인(聖人)을 낳는 것이 복되다는 관념이 그때만 통용되기보다 지금까지도 남아선호사상 형태로 인간사를 꼬이게 하면서 세상 곳곳에 자리 잡고 있습니다. 이를테면 율곡이라는 천재를 낳은 오만원권의 주인공처럼 되고 싶은 사람들이 상당합니다. 오히려 아들을 낳아서 대를 잇지 못하면 죄인이라도 된 심정으로 살아가야 할 뿐만 아니라 실제로 죄가 된다고 믿는 문화가 아직도 세상 곳곳에 남아서 교묘하거나 노골적인 방식으로 인간의 삶을 다양하게 옥죄고 있습니다.

대승불교에서 '여자는 부처가 될 수 없으므로 남자로 다시 태어나 수행하는 과정을 거쳐야 한다.'는 엉터리 관념이 자리 잡고 있듯이, '도마 114'도 '도마 22'의 내용과 명백히 충돌하는 '여자는 생명의 길에 합당하지 않다', '남자가 살아있는 영(靈)이다', '남자가 되는 어떤 여자도 하늘나라에 들어가게 된다'는 남녀차별의 조잡한 발상이 나중에 첨가됐습니다. 다른 도마복음 구절에는 이런 낌새조차도 없습니다.

사실 '여자'이기 전에 누구나 짐승이고, 인간이며, 사람이고, 영적 존재입니다. 자신을 연약한 여성이라고도 강인한 남성이라고도 규정하는 것은 자유입니다. 하지만 예수는 자신과 상반된 속성을 통합하라고 합니다. 여자도 자기 내면의 남성성을 발견해서 통합해야 아기가 되듯이 남자도 자기 내면의 여성성을 발견해서 통합해야 아기가 되어서 '나라'에 들어갈 수 있습니다.

그러므로 남자가 남성이라는 정체성을 극복해서 졸업해야 하듯이 여자도 여성이라는 정체성을 극복해서 졸업해야 합니다. '아들로 대를 잇는다'는 세상의 아비투스(habitus)인 맘(cwma)에 동의해주는 것은, 특히나 여성들이 [차별에 무의식적으로 앞장서서] 동의하는 것은 공평한 세상이 되는 데 도움되지 않습니다.

'도마 73'에 "실로 추수할 것은 많으나 일꾼(ergathc)이 적으므로 주인에게 추수할 일꾼들을 보내달라고 간청하십시오."라고 하고, '도마 74'에는 "주여! 우물(ωωτe) 주변에는 사람들이 많지만, 우물 속에는 아무도 없습니다."고 하며, '도마 75'에 "문앞에 서성대는 사람이 많지만, 절대자만이 결혼식장에 들어가게 될 것입니다."고 합니다.

'도마 74·75'는 '도마 73'에서 말하는 일꾼이 되는 데 요청되는 자질을 서술합니다. 앞에서 말하는 천지부모(天地父母), 즉 소위 추수할 일꾼이 되려면 자신부터 솔선해서 천지자녀가 되어야 하는데, 이것에 중요한 핵심이 바로 과감히 맘을 던져서 담그는 용기가 요구됩니다.

지혜의 샘인 우물에 와서 우물물을 맛보는 자들은 많으나 위험을 무릅쓰며 우물 속에 들어가는 자는 드뭅니다.(도올에 따르면 강우량이 적은 팔레스타인은 우물이 깊어서 우물 청소가 필요하다고 합니다.) 복부인이 투기의 기회를 엿보듯이 외부에서 기회를 엿보면서 진리를 알아보는 자들은 많으나 출세간을 통해 진리를 실천하는 사람은 드물다는 것입니다.

간을 봐가면서 배우기 그리고 몸을 담그고서 체득하기는 다른데, 몸담을 곳이 틀린 곳일지라도 손익을 계산하기보다 몇 번 던져보는 투기가 요청됩니다.

'도마 25'에 "자신의 형제자매를 자신의 심혼처럼 사랑하십시오(ⲙⲉⲣⲉ). 그이를 자신의 눈동자(ⲃⲁⲗ ⲉⲗⲟⲩ)처럼 보호하십시오."라고 합니다.

이 구절은 예수와 함께하던 길벗들이 자신들의 공동체에서 지켜야 할 근본적 태도인데, 이 공동체의 '형제자매를 네 심혼처럼 사랑하라'가 '이웃을 네 몸처럼 사랑하라'로 바뀌었습니다. 대다수 이것을 바울이 유대인의 지역적 윤리에서 인류의 보편적 윤리로 전환했다며 긍정적으로 여기지만, 대개 '이웃을 사랑하라'는 것은 구호가 되기 마련입니다.

이런 '불특정 이웃을 사랑하라'는 말은 백발백중(百發百中)과 같습니다. 한 명의 배우자보다 불특정 다수인 인류를 사랑하기란 쉽습니다. 전자는 당장 실천해야 하는 당면 과제지만, 후자는 아직 준비가 덜 되었다는 핑계로 실행을 미룰 수 있기 때문입니다. 실상 아무런 행동도 하지 않으려는 지연 책략일 뿐입니다. 아무도 사랑하지 않으려는 속셈으로 '나는 인류를 사랑한다'고 말하기란 너무나 손쉬운 일입니다.

　이런 점에서 '남을 사랑한다'는 말의 진실은, 남을 사랑하는 과정을 통해 '나는 사랑을 배우고 싶다'는 것입니다. 이는 '난 너를 대상으로 사랑을 연습하겠어!'라는 말과 다름없습니다. 백발백중(百發百中)의 사수가 된다는 진실도, 백발을 쏘는 연습을 통해 일발필중(一發必中)을 체득하겠다는 속셈일 뿐입니다. 이를 무언지언(無言之言)이라고 합니다.

　백발백중(百發百中)도 일발필중(一發必中)에서 시작하며, 인류에 대한 사랑도 가까운 배우자에 대한 사랑에서 시작하며, 남을 사랑하는 것도 자기 사랑에서 시작합니다.〈『노자의 발견』 96쪽 부분을 수정〉

콥트어 도마복음

⟨도마1⟩ ① ⲚⲀⲈⲒ ⲚⲈ Ⲛ̄ϢⲀϪⲈ ⲈⲐⲎⲠ` ⲈⲚⲦⲀⲒ̄C̄ ⲈⲦⲞⲚϨ ϪⲞⲞⲨ ⲀⲨⲰ ⲀϤⲤϨⲀⲒⲤⲞⲨ Ⲛ̄ϬⲒ ⲆⲒⲆⲨⲘⲞⲤ ⲒⲞⲨⲆⲀⲤ ⲐⲰⲘⲀⲤ ② ⲀⲨⲰ ⲠⲈϪⲀϤ ϪⲈ ⲠⲈⲦⲀϨⲈ ⲈⲐⲈⲢⲘⲎⲚⲈⲒⲀ Ⲛ̄ⲚⲈⲈⲒϢⲀϪⲈ ϤⲚⲀϪⲒϮⲠⲈ ⲀⲚ Ⲙ̄ⲠⲘⲞⲨ

⟨도마2⟩ ① ⲠⲈϪⲈ Ⲓ̄C̄ Ⲙ̄ⲚⲦⲢⲈϤ`ⲖⲞ Ⲛ̄ϬⲒ ⲠⲈⲦϢⲒⲚⲈ ⲈϤϢⲒⲚⲈ ϢⲀⲚⲦⲈϤ`ϬⲒⲚⲈ ② ⲀⲨⲰ ϨⲞⲦⲀⲚ` ⲈϤϢⲀⲚϬⲒⲚⲈ ϤⲚⲀ ϢⲦⲢ̄ⲦⲢ̄ ③ ⲀⲨⲰ ⲈϤϢⲀⲚ`ϢⲦⲞⲢⲦⲢ̄ ϤⲚⲀⲢ̄ ϢⲠⲎⲢⲈ ④ ⲀⲨⲰ ϤⲚⲀⲢ̄ Ⲣ̄ⲢⲞ ⲈϪⲘ̄ ⲠⲦⲎⲢϤ

⟨도마3⟩ ① ⲠⲈϪⲈ Ⲓ̄C̄ ϪⲈ ⲈⲨϢⲀϪⲞⲞⲤ ⲚⲎⲦⲚ̄ Ⲛ̄ϬⲒ ⲚⲈⲦ`ⲤⲰⲔ ϨⲎⲦ` ⲐⲨⲦⲚ̄ ϪⲈ ⲈⲒⲤϨⲎⲎⲦⲈ ⲈⲦ`ⲘⲚ̄ⲦⲈⲢⲞ ϨⲚ̄ⲦⲠⲈ ⲈⲈⲒⲈ Ⲛ̄ϨⲀⲖⲎⲦ` ⲚⲀⲢ̄ ϢⲞⲢⲠ` ⲈⲢⲰⲦⲚ̄ Ⲛ̄ⲦⲈ ⲦⲠⲈ ② ⲈⲨϢⲀⲚϪⲞⲞⲤ ⲚⲎⲦⲚ̄ ϪⲈ ⲤϨⲚ̄ ⲐⲀⲖⲀⲤⲤⲀ ⲈⲈⲒⲈ Ⲛ̄ⲦⲂⲦ` ⲚⲀⲢ̄ ϢⲞⲢⲠ` ⲈⲢⲰⲦⲚ̄ ③ ⲀⲖⲖⲀ ⲦⲘⲚ̄ⲦⲈⲢⲞ ⲤⲘ̄ⲠⲈⲦⲚ̄ϨⲞⲨⲚ` ⲀⲨⲰ ⲤⲘ̄ⲠⲈⲦⲚ̄ⲂⲀⲖ ④ ϨⲞⲦⲀⲚ ⲈⲦⲈⲦⲚ̄ϢⲀⲚⲤⲞⲨⲰⲚ ⲐⲨⲦⲚ̄ ⲦⲞⲦⲈ ⲤⲈⲚⲀⲤⲞⲨⲰⲚ ⲦⲎ ⲚⲈ ⲀⲨⲰ ⲦⲈⲦⲚⲀⲈⲒⲘⲈ ϪⲈ Ⲛ̄ⲦⲰⲦⲚ̄ ⲠⲈ Ⲛ̄ϢⲎⲢⲈ Ⲙ̄ⲠⲈⲒⲰⲦ` ⲈⲦⲞⲚϨ ⑤ ⲈϢⲰⲠⲈ ⲆⲈ ⲦⲈⲦⲚⲀⲤⲞⲨⲰⲚ ⲐⲨⲦⲚ̄ ⲀⲚ ⲈⲈⲒⲈ ⲦⲈⲦⲚ̄ϢⲞⲞⲠ` ϨⲚ̄ ⲞⲨⲘⲚ̄ⲦϨⲎⲔⲈ ⲀⲨⲰ Ⲛ̄ⲦⲰⲦⲚ̄ ⲠⲈ ⲦⲘⲚ̄ⲦϨⲎⲔⲈ

⟨도마4⟩ ① ⲠⲈϪⲈ Ⲓ̄C̄ ϤⲚⲀϪⲚⲀⲨ ⲀⲚ Ⲛ̄ϬⲒ ⲠⲢⲰⲘⲈ Ⲛ̄ϨⲖ̄ⲖⲞ ϨⲚ̄ ⲚⲈϤϨⲞⲞⲨ ⲈϪⲚⲈ ⲞⲨⲔⲞⲨⲈⲒ Ⲛ̄ϢⲎⲢⲈ ϢⲎⲘ ⲈϤϨⲚ̄ ⲤⲀϢϤ` Ⲛ̄ϨⲞⲞⲨ ⲈⲦⲂⲈ ⲠⲦⲞⲠⲞⲤ Ⲙ̄ⲠⲰⲚϨ ② ⲀⲨⲰ ϤⲚⲀⲰⲚϨ ϪⲈ ⲞⲨⲚ̄ϨⲀϨ Ⲛ̄ϢⲞⲢⲠ` ⲚⲀⲢ̄ϨⲀⲈ ⲀⲨⲰ Ⲛ̄ⲤⲈϢⲰⲠⲈ ⲞⲨⲀⲞⲨⲰⲦ

⟨도마5⟩ ① ⲠⲈϪⲈ Ⲓ̄C̄ ⲤⲞⲨⲰⲚ ⲠⲈⲦⲘ̄ⲠⲘ̄ⲦⲞ Ⲙ̄ⲠⲈⲔϨⲞ ⲈⲂⲞⲖ` ⲀⲨⲰ ⲠⲈⲐⲎⲠ` ⲈⲢⲞⲔ` ϤⲚⲀϬⲰⲖⲠ̄` ⲈⲂⲞⲖ ⲚⲀⲔ` ② ⲘⲚ̄ ⲖⲀⲀⲨ ⲄⲀⲢ ⲈϤϨⲎⲠ` ⲈϤⲚⲀⲞⲨⲰⲚϨ ⲈⲂⲞⲖ ⲀⲚ

⟨도마6⟩ ① ⲀⲨϪⲚⲞⲨϤ Ⲛ̄ϬⲒ ⲚⲈϤ`ⲘⲀⲐⲎⲦⲎⲤ ⲠⲈϪⲀⲨ ⲚⲀϤ` ϪⲈ ⲔⲞⲨⲰϢ ⲈⲦⲢ̄ⲚⲢ̄ⲚⲎⲤⲦⲈⲨⲈ ⲀⲨⲰ ⲈϢ ⲦⲈ ⲐⲈ ⲈⲚⲀϢⲖⲎⲖ ⲈⲚⲀϮ ⲈⲖⲈⲎⲘⲞⲤⲨⲚⲎ ⲀⲨⲰ ⲈⲚⲀⲢ̄ⲠⲀⲢⲀⲦⲎⲢⲈⲒ ⲈⲞⲨⲚ̄ϬⲒⲞⲨⲰⲘ` ② ⲠⲈϪⲈ Ⲓ̄C̄

ⲭⲉ ⲙ̄ⲡⲣ̄ⲭⲉⲃⲟⲗ ③ ⲁⲩⲱ ⲡⲉⲧⲉⲧⲙ̄ⲙⲟⲥⲧⲉ ⲙ̄ⲙⲟϥ` ⲙ̄ⲡⲣ̄ⲁⲁϥ ④ ⲭⲉ
ⲥⲉⲃⲟⲗⲡ` ⲧⲏⲣⲟⲩ ⲉⲃⲟⲗ ⲙ̄ⲡⲉⲙⲧⲟ ⲉⲃⲟⲗ ⲛ̄ⲧⲡⲉ[ⲕϩⲟ] ⑤ ⲙⲛ̄ ⲗⲁⲁⲩ
ⲅⲁⲣ ⲉϥϩⲏⲡ` ⲉϥⲛⲁⲟⲩⲱⲛϩ ⲉⲃⲟⲗ ⲁⲛ ⑥ ⲁⲩⲱ ⲙⲛ̄ ⲗⲁⲁⲩ ⲉϥϩⲟⲃⲥ̄
ⲉⲩⲛⲁϭⲱ ⲟⲩⲉϣⲛ̄ ϭⲟⲗⲡϥ`

⟨도마7⟩ ① ⲡⲉϫⲉ ⲓ̄ⲥ̄ ⲟⲩⲙⲁⲕⲁⲣⲓⲟⲥ ⲡⲉ ⲡⲙⲟⲩⲉⲓ ⲡⲁⲉⲓ ⲉⲧⲉ ⲡⲣⲱⲙⲉ
ⲛⲁⲟⲩⲟⲙϥ ⲁⲩⲱ ⲛ̄ⲧⲉ ⲡⲙⲟⲩⲉⲓ ϣⲱⲡⲉ ⲣ̄ⲣⲱⲙⲉ ② ⲁⲩⲱ ϥⲃⲏⲧ` ⲛ̄ϭⲓ
ⲡⲣⲱⲙⲉ ⲡⲁⲉⲓ ⲉⲧⲉ ⲡⲙⲟⲩⲉⲓ ⲛⲁⲟⲩⲟⲙϥ ⲁⲩⲱ ⲡⲙⲟⲩⲉⲓ ⲛⲁϣⲱⲡⲉ
ⲣ̄ⲣⲱⲙⲉ

⟨도마8⟩ ① ⲁⲩⲱ ⲡⲉϫⲁϥ ϫⲉ ⲉⲡⲣⲱⲙⲉ ⲧⲛ̄ⲧⲱⲛ ⲁⲩⲟⲩⲱϩⲉ ⲣ̄ⲣⲙⲛ̄ϩⲏⲧ`
ⲡⲁⲉⲓ ⲛ̄ⲧⲁϩⲛⲟⲩϫⲉ ⲛ̄ⲧⲉϥⲁⲃⲱ ⲉⲑⲁⲗⲁⲥⲥⲁ ⲁϥⲥⲱⲕ ⲙ̄ⲙⲟⲥ ⲉϩⲣⲁⲓ̈
ϩⲛ̄ ⲑⲁⲗⲁⲥⲥⲁ ⲉⲥⲙⲉϩ ⲛ̄ⲧⲃⲧ` ⲛ̄ⲕⲟⲩⲉⲓ ② ⲛ̄ϩⲣⲁⲓ̈ ⲛ̄ϩⲏⲧⲟⲩ ⲁϥϩⲉ
ⲁⲩⲛⲟϭ ⲛ̄ⲧⲃ̄ⲧ̄ ⲉⲛⲁⲛⲟⲩϥ` ⲛ̄ϭⲓ ⲡⲟⲩⲱϩⲉ ⲣ̄ⲣⲙⲛ̄ϩⲏⲧ ③ ⲁϥⲛⲟⲩϫⲉ
ⲛ̄ⲛ̄ⲕⲟⲩⲉⲓ ⲧⲏⲣⲟⲩ ⲛ̄ⲧⲃ̄ⲧ̄` ⲉⲃⲟⲗ ⲉⲡⲉⲥⲏⲧ` ⲉⲑⲁⲗⲁⲥⲥⲁ ⲁϥⲥⲱⲧⲡ̄`
ⲙ̄ⲡⲛⲟϭ ⲛ̄ⲧⲃ̄ⲧ̄ ⲭⲱⲣⲓⲥ ϩⲓⲥⲉ ④ ⲡⲉⲧⲉ ⲟⲩⲛ̄ ⲙⲁⲁϫⲉ ⲙ̄ⲙⲟϥ ⲉⲥⲱⲧⲙ̄
ⲙⲁⲣⲉϥ`ⲥⲱⲧⲙ̄

⟨도마9⟩ ① ⲡⲉϫⲉ ⲓ̄ⲥ̄ ϫⲉ ⲉⲓⲥϩⲏⲏⲧⲉ` ⲁϥⲉⲓ ⲉⲃⲟⲗ ⲛ̄ϭⲓ ⲡⲉⲧ`ⲥⲓⲧⲉ ϥⲙⲉϩ
ⲧⲟⲟⲧϥ̄ ⲧⲟⲟⲧϥ̄ ⲁϥⲛⲟⲩϫⲉ ② ⲁϩⲟⲉⲓⲛⲉ ⲙⲉⲛ ϩⲉ ⲉϫⲛ̄ ⲧⲉϩⲓⲏ`
ⲁⲩⲉⲓ ⲛ̄ϭⲓ ⲛ̄ϩⲁⲗⲁⲧⲉ ⲁⲩⲕⲁⲧϥⲟⲩ ③ ϩⲛ̄ⲕⲟⲟⲩⲉ ⲁⲩϩⲉ ⲉϫⲛ̄
ⲧⲡⲉⲧⲣⲁ ⲁⲩⲱ ⲙ̄ⲡⲟⲩϫⲉ ⲛⲟⲩⲛⲉ ⲉⲡⲉⲥⲏⲧ` ⲉⲡⲕⲁϩ ⲁⲩⲱ
ⲙ̄ⲡⲟⲩⲧⲉⲩⲉ ϩⲙ̄ⲥ ⲉϩⲣⲁⲓ̈ ⲉⲧⲡⲉ ④ ⲁⲩⲱ ϩⲛ̄ⲕⲟⲟⲩⲉ ⲁⲩϩⲉ ⲉϫⲛ̄
ⲛ̄ϣⲟⲛⲧⲉ ⲁⲩⲱϭⲧ` ⲙ̄ⲡⲉϭⲣⲟϭ ⲁⲩⲱ ⲁⲡϥⲛ̄ⲧ ⲟⲩⲟⲙⲟⲩ ⑤ ⲁⲩⲱ
ⲁϩⲛ̄ⲕⲟⲟⲩⲉ ϩⲉ ⲉϫⲛ̄ ⲡⲕⲁϩ ⲉⲧⲛⲁⲛⲟⲩϥ` ⲁⲩⲱ ⲁϥϯ ⲕⲁⲣⲡⲟⲥ
ⲉϩⲣⲁⲓ̈ ⲉⲧⲡⲉ ⲉⲛⲁⲛⲟⲩϥ` ⲁϥⲉⲓ ⲛ̄ⲥⲉ ⲉⲥⲟⲧⲉ ⲁⲩⲱ ϣⲉⲭⲟⲩⲱⲧ`
ⲉⲥⲟⲧⲉ

⟨도마10⟩ ① ⲡⲉϫⲉ ⲓ̄ⲥ̄ ϫⲉ ⲁⲉⲓⲛⲟⲩϫⲉ ⲛ̄ⲟⲩⲕⲱϩⲧ` ⲉϫⲛ̄ ⲡⲕⲟⲥⲙⲟⲥ
ⲁⲩⲱ ⲉⲓⲥϩⲏⲏⲧⲉ ϯⲁⲣⲉϩ ⲉⲣⲟϥ` ϣⲁⲛⲧⲉϥϫⲉⲣⲟ

⟨도마11⟩ ① ⲡⲉϫⲉ ⲓ̄ⲥ̄ ϫⲉ ⲧⲉⲉⲓⲡⲉ ⲛⲁⲣ̄ⲡⲁⲣⲁⲅⲉ ⲁⲩⲱ ⲧⲉⲧⲛ̄ⲧⲡⲉ ⲙ̄ⲙⲟⲥ
ⲛⲁⲣ̄ⲡⲁⲣⲁⲅⲉ ② ⲁⲩⲱ ⲛⲉⲧⲙⲟⲟⲩⲧ ⲥⲉⲟⲛϩ ⲁⲛ ⲁⲩⲱ ⲛⲉⲧⲟⲛϩ
ⲥⲉⲛⲁⲙⲟⲩ ⲁⲛ ③ ⲛ̄ϩⲟⲟⲩ ⲛⲉⲧⲉⲧⲛ̄ⲟⲩⲱⲙ` ⲙ̄ⲡⲉⲧⲙⲟⲟⲩⲧ`

ⲚⲈⲦⲈⲦⲚ̅ⲈⲒⲢⲈ Ⲙ̅ⲘⲞϤ Ⲙ̅ⲠⲈⲦⲞⲚϨ ④ ϨⲞⲦⲀⲚ ⲈⲦⲈⲦⲚ̅ϢⲀⲚϢⲰⲠⲈ
ϨⲘ̅ⲠⲞⲨⲞⲈⲒⲚ ⲞⲨ ⲠⲈⲦⲈⲦⲚⲀⲀϤ ⑤ ϨⲘ̅ⲪⲞⲞⲨ ⲈⲦⲈⲦⲚ̅Ⲟ Ⲛ̅ⲞⲨⲀ
ⲀⲦⲈⲦⲚ̅ⲈⲒⲢⲈ Ⲙ̅ⲠⲤⲚⲀⲨ ⑥ ϨⲞⲦⲀⲚ ⲆⲈ ⲈⲦⲈⲦⲚ̅ϢⲀϢⲰⲠⲈ Ⲛ̅ⲤⲚⲀⲨ`
ⲞⲨ ⲠⲈ ⲈⲦⲈⲦⲚ̅ⲚⲀⲀϤ`

〈도마12〉 ① ⲠⲈϪⲈ Ⲙ̅ⲘⲀⲐⲎⲦⲎⲤ Ⲛ̅Ⲓ︤Ⲥ︥ ϪⲈ ⲦⲚ̅ⲤⲞⲞⲨⲚ ϪⲈ ⲔⲚⲀⲂⲰⲔ`
Ⲛ̅ⲦⲞⲞⲦⲚ̅ ⲚⲒⲘ` ⲠⲈ ⲈⲦⲚⲀⲢ̅ ⲚⲞϬ ⲈϨⲢⲀⲒ ⲈϪⲰⲚ ② ⲠⲈϪⲈ Ⲓ︤Ⲥ︥ ⲚⲀⲨ
ϪⲈ ⲠⲘⲀ Ⲛ̅ⲦⲀⲦⲈⲦⲚ̅ⲈⲒ Ⲙ̅ⲘⲀⲨ ⲈⲦⲈⲦⲚⲀⲂⲰⲔ` ϢⲀ ⲒⲀⲔⲰⲂⲞⲤ
ⲠⲆⲒⲔⲀⲒⲞⲤ ⲠⲀⲈⲒ Ⲛ̅ⲦⲀ ⲦⲠⲈ ⲘⲚ̅ ⲠⲔⲀϨ ϢⲰⲠⲈ ⲈⲦⲂⲎⲦϤ̅

〈도마13〉 ① ⲠⲈϪⲈ Ⲓ︤Ⲥ︥ Ⲛ̅ⲚⲈϤⲘⲀⲐⲎⲦⲎⲤ ϪⲈ ⲦⲚ̅ⲦⲰⲚⲦ` Ⲛ̅ⲦⲈⲦⲚ̅ϪⲞⲞⲤ
ⲚⲀⲈⲒ ϪⲈ ⲈⲈⲒⲚⲈ Ⲛ̅ⲚⲒⲘ ② ⲠⲈϪⲀϤ ⲚⲀϤ Ⲛ̅ϬⲒ ⲤⲒⲘⲰⲚ ⲠⲈⲦⲢⲞⲤ ϪⲈ
ⲈⲔⲈⲒⲚⲈ Ⲛ̅ⲞⲨⲀⲄ`ⲄⲈⲖⲞⲤ Ⲛ̅ⲆⲒⲔⲀⲒⲞⲤ ③ ⲠⲈϪⲀϤ ⲚⲀϤ Ⲛ̅ϬⲒ
ⲘⲀⲐⲐⲀⲒⲞⲤ ϪⲈ ⲈⲔⲈⲒⲚⲈ Ⲛ̅ⲞⲨⲢⲰⲘⲈ Ⲙ̅ⲪⲒⲖⲞⲤⲞⲪⲞⲤ Ⲛ̅ⲢⲘ̅Ⲛ̅ϨⲎⲦ` ④
ⲠⲈϪⲀϤ ⲚⲀϤ Ⲛ̅ϬⲒ ⲐⲰⲘⲀⲤ ϪⲈ ⲠⲤⲀϨ ϨⲞⲖⲰⲤ ⲦⲀⲦⲀⲠⲢⲞ
ⲚⲀϢⲀⲠϤ̅ ⲀⲚ ⲈⲦⲢⲀϪⲞⲞⲤ ϪⲈ ⲈⲔⲈⲒⲚⲈ Ⲛ̅ⲚⲒⲘ` ⑤ ⲠⲈϪⲈ Ⲓ︤Ⲏ︦Ⲥ︥ ϪⲈ
ⲀⲚⲞⲔ` ⲠⲈⲔ`ⲤⲀϨ ⲀⲚ ⲈⲠⲈⲒ ⲀⲔⲤⲰ ⲀⲔ†ϨⲈ ⲈⲂⲞⲖ ϨⲚ̅ⲦⲠⲎⲄⲎ
ⲈⲦⲂⲢ̅ⲂⲢⲈ ⲦⲀⲈⲒ ⲀⲚⲞⲔ` Ⲛ̅ⲦⲀⲈⲒϢⲒⲦⲤ̅ ⑥ ⲀⲨⲰ ⲀϤϪⲒⲦϤ̅
ⲀϤⲀⲚⲀⲬⲰⲢⲈⲒ ⲀϤϪⲰ ⲚⲀϤ Ⲛ̅ϢⲞⲘⲦ` Ⲛ̅ϢⲀϪⲈ ⑦ Ⲛ̅ⲦⲀⲢⲈ ⲐⲰⲘⲀⲤ
ⲆⲈ ⲈⲒ ϢⲀ ⲚⲈϤ`ϢⲂⲈⲈⲢ` ⲀⲨϪⲚⲞⲨϤ` ϪⲈ Ⲛ̅ⲦⲀ Ⲓ︤Ⲥ︥ ϪⲞⲞⲤ ϪⲈ ⲞⲨ
ⲚⲀⲔ` ⑧ ⲠⲈϪⲀϤ` ⲚⲀⲨ Ⲛ̅ϬⲒ ⲐⲰⲘⲀⲤ ϪⲈ ⲈⲒϢⲀⲚ`ϪⲰ ⲚⲎⲦⲚ̅ ⲞⲨⲀ ϨⲚ̅
Ⲛ̅ϢⲀϪⲈ Ⲛ̅ⲦⲀϤϪⲞⲞⲨ ⲚⲀⲈⲒ ⲦⲈⲦⲚⲀϤⲒ ⲰⲚⲈ Ⲛ̅ⲦⲈⲦⲚ̅ⲚⲞⲨϪⲈ ⲈⲢⲞⲈⲒ
ⲀⲨⲰ Ⲛ̅ⲦⲈ ⲞⲨⲔⲰϨⲦ` ⲈⲒ ⲈⲂⲞⲖ ϨⲚ̅ Ⲛ̅ⲰⲚⲈ Ⲛ̅ⲤⲢⲰϨⲔ` Ⲙ̅ⲘⲰⲦⲚ̅

〈도마14〉 ① ⲠⲈϪⲈ Ⲓ︤Ⲥ︥ ⲚⲀⲨ ϪⲈ ⲈⲦⲈⲦⲚ̅ϢⲀⲚⲢ̅ⲚⲎⲤⲦⲈⲨⲈ ⲦⲈⲦⲚⲀϪⲠⲞ
ⲚⲎⲦⲚ̅ Ⲛ̅ⲚⲞⲨⲚⲞⲂⲈ ② ⲀⲨⲰ ⲈⲦⲈⲦⲚ̅ϢⲀ ϢⲖⲎⲖ` ⲤⲈⲚⲀⲢ̅ⲔⲀⲦⲀⲔⲢⲒⲚⲈ
Ⲙ̅ⲘⲰⲦⲚ̅ ③ ⲀⲨⲰ ⲈⲦⲈⲦⲚ̅ϢⲀⲚ† ⲈⲖⲈⲎⲘⲞⲤⲨⲚⲎ ⲈⲦⲈⲦⲚⲀⲈⲒⲢⲈ
Ⲛ̅ⲞⲨⲔⲀⲔⲞⲚ Ⲛ̅ⲚⲈⲦⲘ̅Ⲡ︤Ⲛ︦Ⲁ︥ ④ ⲀⲨⲰ ⲈⲦⲈⲦⲚ̅ϢⲀⲚⲂⲰⲔ` ⲈϨⲞⲨⲚ ⲈⲔⲀϨ
ⲚⲒⲘ ⲀⲨⲰ Ⲛ̅ⲦⲈⲦⲘ̅ⲘⲞⲞϢⲈ ϨⲚ̅ Ⲛ̅ⲬⲰⲢⲀ ⲈⲨϢⲀⲢ̅ⲠⲀⲢⲀⲆⲈⲬⲈ
Ⲙ̅ⲘⲰⲦⲚ̅ ⲠⲈⲦⲞⲨⲚⲀⲔⲀⲀϤ ϨⲀⲢⲰⲦⲚ̅ ⲞⲨⲞⲘϤ̅ ⲚⲈⲦϢⲰⲚⲈ Ⲛ̅ϨⲎⲦⲞⲨ
ⲈⲢⲒⲐⲈⲢⲀⲠⲈⲨⲈ Ⲙ̅ⲘⲞⲞⲨ ⑤ ⲠⲈⲦⲚⲀⲂⲰⲔ ⲄⲀⲢ` ⲈϨⲞⲨⲚ ϨⲚ̅
ⲦⲈⲦⲚ̅ⲦⲀⲠⲢⲞ ϤⲚⲀϪⲰϨⲘ̅ ⲐⲎⲨⲦⲚ̅ ⲀⲚ` ⲀⲖⲖⲀ ⲠⲈⲦⲚ̅ⲚⲎⲨ ⲈⲂⲞⲖ` ϨⲚ̅

ΤΕΤΝΤΑΠΡΟ ΝΤΟϤ ΠΕΤΝΑΧΑ2Μ ΤΗΥΤΝ

〈도마15〉 ① ΠΕΧΕ ΙC ΧΕ 2ΟΤΑΝ ΕΤΕΤΝϢΑΝΝΑΥ ΕΠΕΤΕ ΜΠΟΥΧΠΟϤ` ΕΒΟΛ 2ΝΤC2ΙΜΕ ΠΕ2Τ` ΤΗΥΤΝ ΕΧΜ ΠΕΤΝ2Ο ΝΤΕΤΝΟΥѠϢΤ ΝΑϤ` ΠΕΤΜΜΑΥ ΠΕ ΠΕΤΝΕΙѠΤ`

〈도마16〉 ① ΠΕΧΕ ΙC ΧΕ ΤΑΧΑ ΕΥΜΕΕΥΕ ΝϬΙ ΡΡѠΜΕ ΧΕ ΝΤΑΕΙΕΙ ΕΝΟΥΧΕ ΝΟΥΕΙΡΗΝΗ ΕΧΜ ΠΚΟCΜΟC ② ΑΥѠ CΕCΟΟΥΝ ΑΝ ΧΕ ΝΤΑ ΕΙΕΙ ΑΝΟΥΧΕ Ν2ΝΠѠΡΧ` ΕΧΝΠΚΑ2 ΟΥΚѠ2Τ ΟΥCΗϤΕ` ΟΥΠΟΛΕΜΟC ③ ΟΥΝΤΟΥ ΓΑΡ ΝΑϢѠΠΕ 2Ν ΟΥΗΕΙ ΟΥΝ ϢΟΜΤ ΝΑϢѠΠΕ ΕΧΝ CΝΑΥ ΑΥѠ CΝΑΥ ΕΧΝ ϢΟΜΤ` ΠΕΙѠΤ` ΕΧΜ ΠϢΗΡΕ ΑΥѠ ΠϢΗΡΕ ΕΧΜ ΠΕΙѠΤ` ④ ΑΥѠ CΕΝΑ Ѡ2Ε ΕΡΑΤΟΥ ΕΥΟ ΜΜΟΝΑΧΟC

〈도마17〉 ① ΠΕΧΕ ΙC ΧΕ ΤΝΑΤ ΝΗΤΝ ΜΠΕΤΕ ΜΠΕ ΒΑΛ ΝΑΥ ΕΡΟϤ` ΑΥѠ ΠΕΤΕ ΜΠΕ ΜΑΑΧΕ CΟΤΜΕϤ` ΑΥѠ ΠΕΤΕ ΜΠΕ ϬΙΧ` ϬΜϬѠΜϤ` ΑΥѠ ΜΠΕϤ`ΕΙ Ε2ΡΑΪ 2Ι ΦΗΤ` ΡΡѠΜΕ

〈도마18〉 ① ΠΕΧΕ ΜΜΑΘΗΤΗC ΝΙC ΧΕ ΧΟΟC ΕΡΟΝ ΧΕ ΤΝ2ΑΗ ΕCΝΑϢѠΠΕ ΝΑϢ Ν2Ε ② ΠΕΧΕ ΙC ΑΤΕΤΝϬѠΛΠ` ΓΑΡ ΕΒΟΛ ΝΤΑΡΧΗ ΧΕΚΑΑC ΕΤΕΤΝΑϢΙΝΕ ΝCΑ Θ2ΑΗ ③ ΧΕ 2Μ ΠΜΑ ΕΤΕ ΤΑΡΧΗ ΜΜΑΥ ΕΘΑ2Η ΝΑϢѠΠΕ ΜΜΑΥ ④ ΟΥΜΑΚΑΡΙΟC ΠΕΤΝΑ2Ѡ2Ε ΕΡΑΤϤ` 2Ν ΤΑΡΧΗ ⑤ ΑΥѠ ϤΝΑCΟΥѠΝ Θ2ΑΗ ΑΥѠ ϤΝΑΧΙ ΤΠΕ ΑΝ ΜΜΟΥ

〈도마19〉 ① ΠΕΧΕ ΙC ΧΕ ΟΥΜΑΚΑΡΙΟC ΠΕ ΝΤΑ2ϢѠΠΕ 2ΑΤΕ2Η ΕΜΠΑΤΕϤϢѠΠΕ ② ΕΤΕΤΝϢΑΝϢѠΠΕ ΝΑΕΙ ΜΜΑΘΗΤΗC ΝΤΕΤΝCѠΤΜ ΑΝΑϢΑΧΕ ΝΕΕΙѠΝΕ ΝΑΡΔΙΑΚΟΝΕΙ ΝΗΤΝ ③ ΟΥΝΤΗΤΝ ΓΑΡ` ΜΜΑΥ ΝΤΟΥ ΝϢΗΝ 2Μ ΠΑΡΑΔΙCΟC ΕCΕΚΙΜ ΑΝ ΝϢѠΜ ΜΠΡѠ ΑΥѠ ΜΑΡΕ ΝΟΥϬѠΒΕ 2Ε ΕΒΟΛ ④ ΠΕΤ`ΝΑCΟΥѠΝΟΥ ϤΝΑΧΙ ΤΠΕ ΑΝ`ΜΜΟΥ

〈도마20〉 ① ΠΕΧΕ ΜΜΑΘΗΤΗC ΝΙC ΧΕ ΧΟΟC ΕΡΟΝ ΧΕ ΤΜΝΤΕΡΟ ΝΜΠΗΥΕ ΕCΤΝΤѠΝ ΕΝΙΜ ② ΠΕΧΑϤ ΝΑΥ ΧΕ ΕCΤΝΤѠΝ ΑΥΒΑΒΙΛΕ ΝϢΛΤΑΜ ③ COBK ΠΑΡΑ ΝϬΡΟϬ ΤΗΡΟΥ ④ 2ΟΤΑΝ

ⲇⲉ ⲉⲥϣⲁ ϩⲉ ⲉⲭⲙ̄ ⲡⲕⲁϩ ⲉⲧⲟⲩⲣ̄ ϩⲱⲃ ⲉⲣⲟϥ ϣⲁϥⲧⲉⲩⲟ ⲉⲃⲟⲗ
ⲛ̄ⲛⲟⲩⲛⲟϭ ⲛ̄ⲧⲁⲣ ⲛ̄ϥϣⲱⲡⲉ ⲛ̄ⲥⲕⲉⲡⲏ ⲛ̄ϩⲁⲗⲁⲧⲉ ⲛ̄ⲧⲡⲉ

⟨도마21⟩ ① ⲡⲉϫⲉ ⲙⲁⲣⲓϩⲁⲙ ⲛ̄ⲓⲥ̄ ϫⲉ ⲉⲛⲉⲕⲙⲁⲑⲏⲧⲏⲥ ⲉⲓⲛⲉ ⲛ̄ⲛⲓⲙ` ② ⲡⲉϫⲁϥ` ϫⲉ ⲉⲩⲉⲓⲛⲉ ⲛ̄ϩⲛ̄ϣⲏⲣⲉ ϣⲏⲙ` ⲉⲩϭⲉⲗⲓⲧ` ⲁⲩⲥⲱϣⲉ ⲉⲧⲱⲟⲩ ⲁⲛⲧⲉ ③ ϩⲟⲧⲁⲛ ⲉⲩϣⲁⲉⲓ ⲛ̄ϭⲓ ⲛ̄ϫⲟⲉⲓⲥ ⲛ̄ⲧⲥⲱϣⲉ ⲥⲉⲛⲁϫⲟⲟⲥ ϫⲉ ⲕⲉ ⲧⲛ̄ⲥⲱϣⲉ ⲉⲃⲟⲗ ⲛⲁⲛ ④ ⲛ̄ⲧⲟⲟⲩ ⲥⲉⲕⲁⲕⲁϩⲏⲩ ⲙ̄ⲡⲟⲩⲙ̄ⲧⲟ ⲉⲃⲟⲗ ⲉⲧⲣⲟⲩⲕⲁⲁⲥ ⲉⲃⲟⲗ ⲛⲁⲩ ⲛ̄ⲥⲉϯ ⲧⲟⲩⲥⲱϣⲉ ⲛⲁⲩ ⑤ ⲇⲓⲁ ⲧⲟⲩⲧⲟ ϯϫⲱ ⲙ̄ⲙⲟⲥ ϫⲉ ⲉϥϣⲁⲉⲓⲙⲉ ⲛ̄ϭⲓ ⲡϫⲉⲥϩⲛ̄ⲏⲉⲓ ϫⲉ ϥⲛⲏⲩ ⲛ̄ϭⲓ ⲡⲣⲉϥϫⲓⲟⲩⲉ ϥⲛⲁⲣⲟⲉⲓⲥ ⲉⲙⲡⲁⲧⲉϥ`ⲉⲓ ⲛ̄ϥⲧⲙ̄ⲕⲁⲁϥ` ⲉϣⲟϫⲧ` ⲉϩⲟⲩⲛ ⲉⲡⲉϥⲏⲉⲓ ⲛ̄ⲧⲉ ⲧⲉϥ`ⲙⲛ̄ⲧⲉⲣⲟ ⲉⲧⲣⲉϥϥⲓ ⲛ̄ⲛⲉϥ`ⲥⲕⲉⲩⲟⲥ ⑥ ⲛⲧⲱⲧⲛ̄ ⲇⲉ ⲣⲟⲉⲓⲥ ϩⲁⲧⲉϩⲏ ⲙ̄ⲡⲕⲟⲥⲙⲟⲥ ⑦ ⲙⲟⲩⲣ` ⲙ̄ⲙⲱⲧⲛ̄ ⲉϫⲛ̄ ⲛⲉⲧⲛ̄ϯⲡⲉ ϩⲛ̄ⲛⲟⲩⲛⲟϭ ⲛ̄ⲇⲩⲛⲁⲙⲓⲥ ϣⲓⲛⲁ ϫⲉ ⲛⲉ ⲛⲁⲗⲏⲥⲧⲏⲥ ϩⲉ ⲉϩⲓⲏ ⲉⲉⲓ ϣⲁⲣⲱⲧⲛ̄ ⑧ ⲉⲡⲉⲓ ⲧⲉⲭⲣⲉⲓⲁ ⲉⲧⲉⲧⲛ̄ϭⲱϣⲧ` ⲉⲃⲟⲗ ϩⲏⲧⲥ̄ ⲥⲉⲛⲁϩⲉ ⲉⲣⲟⲥ ⑨ ⲙⲁⲣⲉϥϣⲱⲡⲉ ϩⲛ̄ ⲧⲉⲧⲛ̄ⲙⲏⲧⲉ ⲛ̄ϭⲓ ⲟⲩⲣⲱⲙⲉ ⲛ̄ⲉⲡⲓⲥⲧⲏⲙⲱⲛ ⑩ ⲛ̄ⲧⲁⲣⲉ ⲡⲕⲁⲣⲡⲟⲥ ⲡⲱϩ ⲁϥⲉⲓ ϩⲛ̄ⲛⲟⲩϭⲉⲡⲏ ⲉⲡⲉϥⲁⲥϩ ϩⲛ̄ ⲧⲉϥϭⲓϫ ⲁϥϩⲁⲥϥ ⑪ ⲡⲉⲧⲉ ⲟⲩⲛ̄ⲙⲁⲁϫⲉ ⲙ̄ⲙⲟϥ` ⲉⲥⲱⲧⲙ̄ ⲙⲁⲣⲉϥⲥⲱⲧⲙ̄

⟨도마22⟩ ① ⲁⲓⲥ̄ ⲛⲁⲩ ⲁϩⲛ̄ⲕⲟⲩⲉⲓ ⲉⲩϫⲓ ⲉⲣⲱⲧⲉ ② ⲡⲉϫⲁϥ ⲛ̄ⲛⲉϥⲙⲁⲑⲏⲧⲏⲥ ϫⲉ ⲛⲉⲉⲓⲕⲟⲩⲉⲓ ⲉⲧϫⲓ ⲉⲣⲱⲧⲉ ⲉⲩⲧⲛ̄ⲧⲱⲛ ⲁⲛⲉⲧⲃⲏⲕ` ⲉϩⲟⲩⲛ ⲁⲧⲙⲛ̄ⲧⲉⲣⲟ ③ ⲡⲉϫⲁⲩ ⲛⲁϥ` ϫⲉ ⲉⲉⲓⲉⲛⲟ ⲛ̄ⲕⲟⲩⲉⲓ ⲧⲛ̄ⲛⲁⲃⲱⲕ` ⲉϩⲟⲩⲛ ⲉⲧⲙⲛ̄ⲧⲉⲣⲟ ④ ⲡⲉϫⲉ ⲓⲏⲥ̄ ⲛⲁⲩ ϫⲉ ϩⲟⲧⲁⲛ ⲉⲧⲉⲧⲛ̄ϣⲁⲣ̄ ⲡⲥⲛⲁⲩ ⲟⲩⲁ ⲁⲩⲱ ⲉⲧⲉⲧⲛ̄ϣⲁⲣ̄ ⲡⲥⲁ ⲛϩⲟⲩⲛ ⲛ̄ⲑⲉ ⲙ̄ⲡⲥⲁ ⲛⲃⲟⲗ ⲁⲩⲱ ⲡⲥⲁ ⲛⲃⲟⲗ ⲛ̄ⲑⲉ ⲙ̄ⲡⲥⲁ ⲛϩⲟⲩⲛ ⲁⲩⲱ ⲡⲥⲁⲛⲧⲡⲉ ⲛ̄ⲑⲉ ⲙ̄ⲡⲥⲁ ⲙⲡⲓⲧⲛ̄ ⑤ ⲁⲩⲱ ϣⲓⲛⲁ ⲉⲧⲉⲧⲛⲁⲉⲓⲣⲉ ⲙ̄ⲫⲟ`ⲟⲩⲧ` ⲙⲛ̄ ⲧⲥϩⲓⲙⲉ ⲙ̄ⲡⲓⲟⲩⲁⲟⲩⲱⲧ` ϫⲉⲕⲁⲁⲥ ⲛⲉ ⲫⲟⲟⲩⲧ` ⲣ̄ϩⲟⲟⲩⲧ` ⲛ̄ⲧⲉ ⲧⲥϩⲓⲙⲉ ⲣ̄ⲥϩⲓⲙⲉ ⑥ ϩⲟⲧⲁⲛ ⲉⲧⲉⲧⲛ̄ϣⲁⲉⲓⲣⲉ ⲛ̄ϩⲛ̄ⲃⲁⲗ ⲉⲡⲙⲁ ⲛ̄ⲟⲩⲃⲁⲗ ⲁⲩⲱ ⲟⲩϭⲓϫ` ⲉⲡⲙⲁ ⲛ̄ⲛⲟⲩϭⲓϫ` ⲁⲩⲱ ⲟⲩⲉⲣⲏⲧⲉ ⲉⲡⲙⲁ ⲛ̄ⲟⲩⲉⲣⲏⲧⲉ ⲟⲩϩⲓⲕⲱⲛ` ⲉⲡⲙⲁ ⲛ̄ⲟⲩϩⲓⲕⲱⲛ ⑦ ⲧⲟⲧⲉ ⲧⲉⲧⲛⲁⲃⲱⲕ` ⲉϨⲟⲩⲛ ⲉⲧⲙ̅ⲛ̅ⲧⲉⲣⲟ

〈도마23〉 ① ⲡⲉϫⲉ ⲓ̅ⲥ̅ ϫⲉ ϯⲛⲁⲥⲉⲧⲡ ⲧⲏⲛⲉ ⲟⲩⲁ ⲉⲃⲟⲗ Ϩⲛ̅ϣⲟ ⲁⲩⲱ ⲥⲛⲁⲩ ⲉⲃⲟⲗ Ϩⲛ̅ⲧⲃⲁ ② ⲁⲩⲱ ⲥⲉⲛⲁϣϨⲉ ⲉⲣⲁⲧⲟⲩ ⲉⲩⲟ ⲟⲩⲁⲟⲩⲱⲧ`

〈도마24〉 ① ⲡⲉϫⲉ ⲛⲉϥⲙⲁⲑⲏⲧⲏⲥ ϫⲉ ⲙⲁⲧⲥⲉⲃⲟⲛ` ⲉⲡⲧⲟⲡⲟⲥ ⲉⲧⲕⲙ̅ⲙⲁⲩ ⲉⲡⲉⲓ ⲧⲁⲛⲁⲅⲕⲏ ⲉⲣⲟⲛ ⲧⲉ ⲉⲧⲣ̅ⲛ̅ϣⲓⲛⲉ ⲛ̅ⲥⲱϥ` ② ⲡⲉϫⲁϥ` ⲛⲁⲩ ϫⲉ ⲡⲉⲧⲉⲩⲛ̅ⲙⲁⲁϫⲉ ⲙ̅ⲙⲟϥ ⲙⲁⲣⲉϥ` ⲥⲱⲧⲙ̅ ③ ⲟⲩⲛ̅ ⲟⲩⲟⲉⲓⲛ` ϣⲟⲟⲡ` ⲙ̅ⲫⲟⲩⲛ ⲛ̅ⲛⲟⲩⲣ̅ⲙⲟⲩⲟⲉⲓⲛ ⲁⲩⲱ ϥⲣ̅ ⲟⲩⲟⲉⲓⲛ ⲉⲡⲕⲟⲥⲙⲟⲥ ⲧⲏⲣϥ` ⲉϥⲧⲙ̅ⲣ̅ ⲟⲩⲟⲉⲓⲛ` ⲟⲩⲕⲁⲕⲉ ⲡⲉ

〈도마25〉 ① ⲡⲉϫⲉ ⲓ̅ⲥ̅ ϫⲉ ⲙⲉⲣⲉⲡⲉⲕⲥⲟⲛ ⲛ̅ⲑⲉ ⲛ̅ⲧⲉⲕ`ⲯⲩⲭⲏ ② ⲉⲣⲓⲧⲏⲣⲉⲓ ⲙ̅ⲙⲟϥ ⲛ̅ⲑⲉ ⲛ̅ⲧⲉⲗⲟⲩ ⲙ̅ⲡⲉⲕ`ⲃⲁⲗ`

〈도마26〉 ① ⲡⲉϫⲉ ⲓ̅ⲥ̅ ϫⲉ ⲡϫⲏ ⲉⲧϨⲙ̅ ⲡⲃⲁⲗ ⲙ̅ⲡⲉⲕ`ⲥⲟⲛ ⲕⲛⲁⲩ ⲉⲣⲟϥ` ⲡⲥⲟⲉⲓ ⲇⲉ ⲉⲧϨⲙ̅ ⲡⲉⲕⲃⲁⲗ` ⲕⲛⲁⲩ ⲁⲛ ⲉⲣⲟϥ` ② Ϩⲟⲧⲁⲛ ⲉⲕϣⲁⲛⲛⲟⲩϫⲉ ⲙ̅ⲡⲥⲟⲉⲓ ⲉⲃⲟⲗ Ϩⲙ̅ ⲡⲉⲕ`ⲃⲁⲗ` ⲧⲟⲧⲉ ⲕⲛⲁⲛⲁⲩ ⲉⲃⲟⲗ ⲉⲛⲟⲩϫⲉ ⲙ̅ⲡϫⲏ ⲉⲃⲟⲗ Ϩⲙ̅ ⲡⲃⲁⲗ ⲙ̅ⲡⲉⲕⲥⲟⲛ

〈도마27〉 ① ⲉⲧⲉⲧⲙ̅ⲣ̅ⲛⲏⲥⲧⲉⲩⲉ ⲉⲡⲕⲟⲥⲙⲟⲥ ⲧⲉⲧⲛⲁϨⲉ ⲁⲛ` ⲉⲧⲙ̅ⲛ̅ⲧⲉⲣⲟ ② ⲉⲧⲉⲧⲛ̅ⲧⲙ̅ⲉⲓⲣⲉ ⲙ̅ⲡⲥⲁⲙⲃⲁⲧⲟⲛ ⲛ̅ⲥⲁⲃ`ⲃⲁⲧⲟⲛ ⲛ̅ⲧⲉⲉⲧⲛⲁⲛⲁⲩ ⲁⲛ ⲉⲡⲉⲓⲱⲧ`

〈도마28〉 ① ⲡⲉϫⲉ ⲓ̅ⲥ̅ ϫⲉ ⲁⲉⲓⲱϨⲉ ⲉⲣⲁⲧ` Ϩⲛ̅ ⲧⲙⲏⲧⲉ ⲙ̅ⲡⲕⲟⲥⲙⲟⲥ ⲁⲩⲱ ⲁⲉⲓⲟⲩⲱⲛϨ ⲉⲃⲟⲗ ⲛⲁⲩ Ϩⲛ̅ ⲥⲁⲣⲝ ② ⲁⲉⲓϨⲉ ⲉⲣⲟⲟⲩ ⲧⲏⲣⲟⲩ ⲉⲩⲧⲁϨⲉ ⲙ̅ⲡⲓϨⲉ ⲉⲗⲁⲁⲩ ⲛ̅Ϩⲏⲧⲟⲩ ⲉϥⲟⲃⲉ ③ ⲁⲩⲱ ⲁⲧⲁⲯⲩⲭⲏ ϯ ⲧⲕⲁⲥ ⲉϫⲛ̅ ⲛ̅ϣⲏⲣⲉ ⲛ̅ⲣ̅ⲣⲱⲙⲉ ϫⲉ Ϩⲛ̅ⲃⲗ̅ⲗⲉⲉⲩⲉ ⲛⲉ Ϩⲙ̅ ⲡⲟⲩϨⲏⲧ` ⲁⲩⲱ ⲥⲉⲛⲁⲩ ⲉⲃⲟⲗ ⲁⲛ ϫⲉ ⲛ̅ⲧⲁⲩⲉⲓ ⲉⲡⲕⲟⲥⲙⲟⲥ ⲉⲩϣⲟⲩⲉⲓⲧ` ⲉⲩϣⲓⲛⲉ ⲟⲛ ⲉⲧⲣⲟⲩⲉ ⲉⲃⲟⲗ Ϩⲙ̅ ⲡⲕⲟⲥⲙⲟⲥ ⲉⲩϣⲟⲩⲉⲓⲧ` ④ ⲡⲗⲏⲛ ⲧⲉⲛⲟⲩ ⲥⲉⲧⲟϨⲉ Ϩⲟⲧⲁⲛ ⲉⲩϣⲁⲛⲛⲉϨ ⲡⲟⲩⲏⲣⲡ̅` ⲧⲟⲧⲉ ⲥⲉⲛⲁⲣ̅ⲙⲉⲧⲁⲛⲟⲉⲓ

〈도마29〉 ① ⲡⲉϫⲉ ⲓ̅ⲥ̅ ⲉϣϫⲉ ⲛ̅ⲧⲁⲧⲥⲁⲣⲝ`ϣⲱⲡⲉ ⲉⲧⲃⲉⲡⲛ̅ⲁ̅ ⲟⲩϣⲡⲏⲣⲉ ⲧⲉ ② ⲉϣϫⲉⲡⲛ̅ⲁ̅ ⲇⲉ ⲉⲧⲃⲉⲡⲥⲱⲙⲁ ⲟⲩϣⲡⲏⲣⲉ ⲛ̅ϣⲡⲏⲣⲉ ⲡⲉ ③ ⲁⲗⲗⲁ ⲁⲛⲟⲕ` ϯⲣ̅ϣⲡⲏⲣⲉ ⲙ̅ⲡⲁⲉⲓ ϫⲉ ⲡⲱⲥ ⲁⲧⲉⲉⲓⲛⲟϭ ⲙⲛ̄ⲧⲣ̄ⲙ̄ⲙⲁⲟ ⲁⲥⲟⲩⲱϩ ϩⲛ̄ⲧⲉⲉⲓⲙⲛ̄ⲧϩⲏⲕⲉ

〈도마30〉 ① ⲡⲉϫⲉ ⲓ̅ⲥ̅ ϫⲉ ⲡⲙⲁ ⲉⲩⲛ̄ϣⲟⲙⲧ ⲛ̄ⲛⲟⲩⲧⲉ ⲙ̄ⲙⲁⲩ ϩⲛ̄ⲛⲟⲩⲧⲉ ⲛⲉ ② ⲡⲙⲁ ⲉⲩⲛ̄ⲥⲛⲁⲩ ⲏ ⲟⲩⲁ ⲁⲛⲟⲕ` †ϣⲟⲟⲡ` ⲛⲙⲙⲁϥ`

〈도마31〉 ① ⲡⲉϫⲉ ⲓ̅ⲥ̅ ⲙⲛ̄ⲡⲣⲟⲫⲏⲧⲏⲥ ϣⲏⲡ` ϩⲙ̄ⲡⲉϥϯⲙⲉ ② ⲙⲁⲣⲉⲟⲉⲓⲛ ⲣ̄ⲑⲉⲣⲁⲡⲉⲩⲉ ⲛ̄ⲛⲉⲧ`ⲥⲟⲟⲩⲛ ⲙ̄ⲙⲟϥ`

〈도마32〉 ① ⲡⲉϫⲉ ⲓ̅ⲥ̅ ϫⲉ ⲟⲩⲡⲟⲗⲓⲥ ⲉⲩⲕⲱⲧ ⲙ̄ⲙⲟⲥ ϩⲓϫⲛ̄ⲟⲩⲧⲟⲟⲩ ⲉϥϫⲟⲥⲉ ⲉⲥⲧⲁϫⲣⲏⲩ ⲙⲛ̄ϭⲟⲙ ⲛ̄ⲥϩⲉ ⲟⲩⲇⲉ ⲥⲛⲁϣϩⲱⲡ` ⲁⲛ

〈도마33〉 ① ⲡⲉϫⲉ ⲓ̅ⲥ̅ ⲡⲉⲧ`ⲕⲛⲁⲥⲱⲧⲙ̄ ⲉⲣⲟϥ ϩⲙ̄ⲡⲉⲕ`ⲙⲁⲁϫⲉ ϩⲙ̄ⲡⲕⲉⲙⲁⲁϫⲉ ⲧⲁϣⲉⲟⲉⲓϣ` ⲙ̄ⲙⲟϥ ϩⲓϫⲛ̄ⲛⲉⲧⲛ̄ϫⲉⲛⲉⲡⲱⲣ` ② ⲙⲁⲣⲉⲗⲁⲁⲩ` ⲅⲁⲣ ϫⲉⲣⲉϩⲏⲃⲥ̄ ⲛ̄ϥ`ⲕⲁⲁϥ` ϩⲁⲙⲁⲁϫⲉ ⲟⲩⲇⲉ ⲙⲁϥⲕⲁⲁϥ` ϩⲙ̄ⲙⲁⲉϥϩⲏⲡ` ③ ⲁⲗⲗⲁ ⲉϣⲁⲣⲉϥⲕⲁⲁϥ` ϩⲓϫⲛ̄ⲧⲗⲩⲭⲛⲓⲁ ϫⲉⲕⲕⲁⲥ ⲟⲩⲟⲛ ⲛⲓⲙ` ⲉⲧⲃⲏⲕ` ⲉϩⲟⲩⲛ ⲁⲩⲱ ⲉⲧⲛ̄ⲛⲏⲩ ⲉⲃⲟⲗ ⲉⲩⲛⲁⲩ ⲁⲡⲉϥⲟⲩⲟⲉⲓⲛ

〈도마34〉 ① ⲡⲉϫⲉ ⲓ̅ⲥ̅ ϫⲉ ⲟⲩⲃⲗ̄ⲗⲉ ⲉϥϣⲁⲛ` ⲥⲱⲕ` ϩⲏⲧϥ̄` ⲛ̄ⲛⲟⲩⲃⲗ̄ⲗⲉ ϣⲁⲩϩⲉ ⲙ̄ⲡⲉⲥⲛⲁⲩ` ⲉⲡⲉⲥⲏⲧ` ⲉⲩϩⲓⲉⲧ`

〈도마35〉 ① ⲡⲉϫⲉ ⲓ̅ⲥ̅ ⲙⲛ̄ϭⲟⲙ` ⲛ̄ⲧⲉⲟⲩⲁ ⲃⲱⲕ` ⲉϩⲟⲩⲛ ⲉⲡⲏⲉⲓ ⲙ̄ⲡϫⲱⲱⲣⲉ ⲛ̄ϥϫⲓⲧϥ` ⲛ̄ϫⲛⲁϩ ⲉⲓⲙⲏⲧⲓ ⲛ̄ϥⲙⲟⲩⲣ ⲛ̄ⲛⲉϥϭⲓϫ` ② ⲧⲟⲧⲉ ϥⲛⲁⲡⲱⲱⲛⲉ ⲉⲃⲟⲗ ⲙ̄ⲡⲉϥⲏⲉⲓ

〈도마36〉 ① ⲡⲉϫⲉ ⲓ̅ⲥ̅ ⲙⲛ̄ϥⲓⲣⲟⲟⲩϣ ϫⲓⲛϩⲧⲟⲟⲩⲉ ϣⲁⲣⲟⲩϩⲉ ⲁⲩⲱ ϫⲓⲛϩⲓⲣⲟⲩϩⲉ ϣⲁϩⲧⲟⲟⲩⲉ ϫⲉ ⲟⲩ ⲡⲉ ⲉⲧⲛⲁⲧⲁⲁϥ ϩⲓⲱⲧ`ⲧⲏⲩⲧⲛ̄

〈도마37〉 ① ⲡⲉϫⲉⲛⲉϥⲙⲁⲑⲏⲧⲏⲥ ϫⲉ ⲁϣ ⲛ̄ϩⲟⲟⲩ ⲉⲕⲛⲁⲟⲩⲱⲛϩ ⲉⲃⲟⲗ ⲛⲁⲛ ⲁⲩⲱ ⲁϣ ⲛ̄ϩⲟⲟⲩ ⲉⲛⲁⲛⲁⲩ ⲉⲣⲟⲕ ② ⲡⲉϫⲉ ⲓ̅ⲥ̅ ϫⲉ ϩⲟⲧⲁⲛ ⲉⲧⲉⲧⲛ̄ϣⲁⲕⲉⲕⲧⲏⲩⲧⲛ̄ ⲉϩⲏⲩ ⲙ̄ⲡⲉⲧⲛ̄ϣⲓⲡⲉ ⲁⲩⲱ ⲛ̄ⲧⲉⲧⲛ̄ϥⲓ ⲛ̄ⲛⲉⲧⲛ̄ϣⲧⲏⲛ ⲛ̄ⲧⲉⲧⲛ̄ⲕⲁⲁⲩ ϩⲁⲡⲉⲥⲏⲧ ⲛ̄ⲛⲉⲧⲛ̄ⲟⲩⲉⲣⲏⲧⲉ ⲛ̄ⲑⲉ ⲛ̄ⲛⲓⲕⲟⲩⲉⲓ ⲛ̄ϣⲏⲣⲉ ϣⲏⲙ ⲛ̄ⲧⲉⲧⲛ̄ϫⲟⲡϫⲡ̄ ⲙ̄ⲙⲟⲟⲩ ③ ⲧⲟⲧⲉ (ⲧⲉⲧⲛⲁⲛⲁ)ⲩ ⲉⲡϣⲏⲣⲉ ⲙ̄ⲡⲉⲧⲟⲛϩ ⲁⲩⲱ ⲧⲉⲧⲛⲁⲣ̄ϩⲟⲧⲉ ⲁⲛ

〈도마38〉 ① ⲡⲉϫⲉ ⲓ̅ⲥ̅ ϫⲉ ϩⲁϩ ⲛ̄ⲥⲟⲡ` ⲁⲧⲉⲧⲛ̄ⲣ̄ⲉⲡⲓⲑⲩⲙⲉⲓ ⲉⲥⲱⲧⲙ̄ ⲁⲛⲉⲉⲓϣⲁϫⲉ ⲛⲁⲉⲓⲉϯϫⲱ ⲙ̄ⲙⲟⲟⲩ ⲛⲏⲧⲛ̄ ⲁⲩⲱ ⲙⲛ̄ⲧⲏⲧⲛ̄ⲕⲉⲟⲩⲁ ⲉⲥⲟⲧⲙⲟⲩ ⲛ̄ⲧⲟⲟⲧϥ̄ ② ⲟⲩⲛ̄ϩⲛ̄ϩⲟⲟⲩ ⲛⲁϣⲱⲡⲉ ⲛ̄ⲧⲉⲧⲛ̄ϣⲓⲛⲉ

ⲚⲤⲰⲈⲒ ⲦⲈⲦⲚⲀϨⲈ ⲀⲚ` ⲈⲢⲞⲈⲒ

⟨도마39⟩ ① ⲠⲈϪⲈ ⲒⲤ ϪⲈ ⲘⲪⲀⲢⲒⲤⲀⲒⲞⲤ ⲘⲚⲚⲄⲢⲀⲘⲘⲀⲦⲈⲨⲤ ⲀⲨϪⲒⲚϢⲀϪⲦ` ⲚⲦⲄⲚⲰⲤⲒⲤ ⲀⲨϨⲞⲠⲞⲨ ② ⲞⲨⲦⲈ ⲘⲠⲞⲨⲂⲰⲔ` ⲈϨⲞⲨⲚ ⲀⲨⲰ ⲚⲈⲦⲞⲨⲰϢ ⲈⲂⲰⲔ` ⲈϨⲞⲨⲚ ⲘⲠⲞⲨⲔⲀⲀⲨ ③ ⲚⲦⲰⲦⲚ ⲆⲈ ϢⲰⲠⲈ ⲘⲪⲢⲞⲚⲒⲘⲞⲤ ⲚⲐⲈ ⲚⲚϨⲞϤ` ⲀⲨⲰ ⲚⲀⲔⲈⲢⲀⲒⲞⲤ ⲚⲐⲈ ⲚⲚϬⲢⲞⲘⲠⲈ

⟨도마40⟩ ① ⲠⲈϪⲈ ⲒⲤ ⲞⲨⲂⲈⲚⲈⲖⲞⲞⲖⲈ ⲀⲨⲦⲞϬⲤ ⲘⲠⲤⲀⲚⲂⲞⲖ ⲘⲠⲈⲒⲰⲦ` ② ⲀⲨⲰ ⲈⲤⲦⲀϪⲢⲎⲨ ⲀⲚ ⲤⲈⲚⲀⲠⲞⲢⲔⲤ ϨⲀⲦⲈⲤⲚⲞⲨⲚⲈ ⲚⲤⲦⲀⲔⲞ

⟨도마41⟩ ① ⲠⲈϪⲈ ⲒⲤ ϪⲈ ⲠⲈⲦⲈⲨⲚⲦⲀϤ` ϨⲚⲦⲈϤϬⲒϪ ⲤⲈⲚⲀϮ ⲚⲀϤ` ② ⲀⲨⲰ ⲠⲈⲦⲈⲘⲚⲦⲀϤ ⲠⲔⲈϢⲎⲘ ⲈⲦⲞⲨⲚⲦⲀϤ` ⲤⲈⲚⲀϤⲒⲦϤ ⲚⲦⲞⲞⲦϤ`

⟨도마42⟩ ① ⲠⲈϪⲈ ⲒⲤ ϪⲈ ϢⲰⲠⲈ ⲈⲦⲈⲦⲚⲢⲠⲀⲢⲀⲄⲈ

⟨도마43⟩ ① ⲠⲈϪⲀⲨ ⲚⲀϤ` ⲚϬⲒⲚⲈϤⲘⲀⲐⲎⲦⲎⲤ ϪⲈ ⲚⲦⲀⲔ` ⲚⲒⲘ` ⲈⲔϪⲰ ⲚⲚⲀⲒ ⲚⲀⲚ` ② ϨⲚⲚⲈϮϪⲰ ⲘⲘⲞⲞⲨ ⲚⲎⲦⲚ ⲚⲦⲈⲦⲚⲈⲒⲘⲈ ⲀⲚ ϪⲈ ⲀⲚⲞⲔ` ⲚⲒⲘ ③ ⲀⲖⲖⲀ ⲚⲦⲰⲦⲚ ⲀⲦⲈⲦⲚϢⲰⲠⲈ ⲚⲐⲈ ⲚⲚⲒⲒⲞⲨⲆⲀⲒⲞⲤ ϪⲈ ⲤⲈⲘⲈ ⲘⲠϢⲎⲚ ⲤⲈⲘⲞⲤⲦⲈ ⲘⲠⲈϤⲔⲀⲢⲠⲞⲤ ⲀⲨⲰ ⲤⲈⲘⲈ ⲘⲠⲔⲀⲢⲠⲞⲤ ⲤⲈⲘⲞⲤⲦⲈ ⲘⲠϢⲎⲚ

⟨도마44⟩ ① ⲠⲈϪⲈ ⲒⲤ ϪⲈ ⲠⲈⲦⲀϪⲈⲞⲨⲀ ⲀⲠⲈⲒⲰⲦ` ⲤⲈⲚⲀⲔⲰ ⲈⲂⲞⲖ ⲚⲀϤ` ② ⲀⲨⲰ ⲠⲈⲦⲀϪⲈⲞⲨⲀ ⲈⲠϢⲎⲢⲈ ⲤⲈⲚⲀⲔⲰ ⲈⲂⲞⲖ ⲚⲀϤ` ③ ⲠⲈⲦⲀϪⲈⲞⲨⲀ ⲆⲈ ⲀⲠⲠⲚⲀ ⲈⲦⲞⲨⲀⲀⲂ ⲤⲈⲚⲀⲔⲰ ⲀⲚ ⲈⲂⲞⲖ ⲚⲀϤ` ⲞⲨⲦⲈ ϨⲘⲠⲔⲀϨ ⲞⲨⲦⲈ ϨⲚⲦⲠⲈ

⟨도마45⟩ ① ⲠⲈϪⲈ ⲒⲤ ϪⲈ ⲘⲀⲨϪⲈⲖⲈⲈⲖⲞⲞⲖⲈ ⲈⲂⲞⲖ ϨⲚϢⲞⲚⲦⲈ ⲞⲨⲦⲈ ⲘⲀⲨⲔⲰⲦϤ`ⲔⲚⲦⲈ ⲈⲂⲞⲖ ϨⲚⲤⲢϬⲀⲘⲞⲨⲖ` ⲘⲀⲨϮⲔⲀⲢⲠⲞⲤ ⲄⲀⲢ ② ⲞⲨⲀⲄⲀⲐⲞⲤ ⲢⲢⲰⲘⲈ ϢⲀϤⲈⲒⲚⲈ ⲚⲞⲨⲀⲄⲀⲐⲞⲚ ⲈⲂⲞⲖ ϨⲘⲠⲈϤⲈϨⲞ ③ ⲞⲨⲔⲀⲔⲞⲤ ⲢⲢⲰⲘⲈ ϢⲀϤⲈⲒⲚⲈ ⲚϨⲚⲠⲞⲚⲎⲢⲞⲚ ⲈⲂⲞⲖ ϨⲘⲠⲈϤⲈϨⲞ ⲈⲐⲞⲞⲨ ⲈⲦϨⲘⲠⲈϤϨⲎⲦ` ⲀⲨⲰ ⲚϤϪⲰ ⲚϨⲚⲠⲞⲚⲎⲢⲞⲚ ⲈⲂⲞⲖ ④ ⲄⲀⲢ ϨⲘⲪⲞⲨⲞ ⲘⲪⲎⲦ` ϢⲀϤⲈⲒⲚⲈ ⲈⲂⲞⲖ ⲚϨⲚⲠⲞⲚⲎⲢⲞⲚ

⟨도마46⟩ ① ⲠⲈϪⲈ ⲒⲤ ϪⲈ ϪⲒⲚⲀⲆⲀⲘ ϢⲀⲒⲰϨⲀⲚⲚⲎⲤ ⲠⲂⲀⲠⲦⲒⲤⲦⲎⲤ ϨⲚⲚϪⲠⲞ ⲚⲚϨⲒⲞⲘⲈ ⲘⲚⲠⲈⲦϪⲞⲤⲈ ⲀⲒⲰϨⲀⲚⲚⲎⲤ ⲠⲂⲀⲠⲦⲒⲤⲦⲎⲤ ϢⲒⲚⲀ ϪⲈ ⲚⲞⲨⲰϬⲠ` ⲚϬⲒⲚⲈϤⲂⲀⲖ ② ⲆⲈⲒϪⲞⲞⲤ ⲆⲈ ϪⲈ

ⲡⲉⲧⲛⲁϣⲱⲡⲉ ϩⲛ̄ⲧⲏⲩⲧⲛ̄ ⲉϥⲟ ⲛ̄ⲕⲟⲩⲉⲓ ϥⲛⲁⲥⲟⲩⲱⲛⲧⲙⲛ̄ⲧⲉⲣⲟ
ⲁⲩⲱ ϥⲛⲁϫⲓⲥⲉ ⲁⲓ̈ⲱϩⲁⲛⲛⲏⲥ

〈도마47〉 ① ⲡⲉϫⲉ ⲓ̅ⲥ̅ ϫⲉ ⲙⲛ̄ϭⲟⲙ ⲛ̄ⲧⲉⲟⲩⲣⲱⲙⲉ ⲧⲉⲗⲟ ⲁϩⲧⲟ ⲥⲛⲁⲩ
ⲛ̄ϥϫⲱⲗⲕ` ⲙ̄ⲡⲓⲧⲉ ⲥⲛ̄ⲧⲉ ② ⲁⲩⲱ ⲙⲛ̄ϭⲟⲙ` ⲛ̄ⲧⲉⲟⲩϩⲙ̄ϩ̄ⲁ̄ⲗ̄
ϣⲙ̄ϣⲉϫⲟⲉⲓⲥ ⲥⲛⲁⲩ ⲏ ϥⲛⲁⲣ̄ⲧⲓⲙⲁ ⲙ̄ⲡⲟⲩⲁ` ⲁⲩⲱ ⲡⲕⲉⲟⲩⲁ
ϥⲛⲁⲣ̄ϩⲩⲃⲣⲓⲍⲉ ⲙ̄ⲙⲟϥ` ③ ⲙⲁⲣⲉⲣⲱⲙⲉ ⲥⲉⲣ̄ⲡⲁⲥ ⲁⲩⲱ ⲛ̄ⲧⲉⲩⲛⲟⲩ
ⲛ̄ϥ`ⲉⲡⲓⲑⲩⲙⲉⲓ ⲁⲥⲱ ⲏⲣⲡ` ⲃ̄ⲃⲣ̄ⲣⲉ ④ ⲁⲩⲱ ⲙⲁⲩⲛⲟⲩϫ` ⲏⲣⲡ` ⲃ̄ⲃⲣ̄ⲣⲉ
ⲉⲁⲥⲕⲟⲥ ⲛ̄ⲁⲥ ϫⲉⲕⲁⲁⲥ ⲛ̄ⲛⲟⲩⲡⲱϩ ⲁⲩⲱ ⲙⲁⲩⲛⲉϫ`ⲏⲣⲡ` ⲛ̄ⲁⲥ
ⲉⲁⲥⲕⲟⲥ ⲃ̄ⲃⲣ̄ⲣⲉ ϣⲓⲛⲁ ϫⲉ ⲛⲉϥⲧⲉⲕⲁϥ` ⑤ ⲙⲁⲩϫⲗ̄ϭⲧⲟⲉⲓⲥ ⲛ̄ⲁⲥ
ⲁϣⲧⲏ ⲛ̄ϣⲁⲉⲓ ⲉⲡⲉⲓ ⲟⲩⲛⲟⲩⲡⲱϩ ⲛⲁϣⲱⲡⲉ

〈도마48〉 ① ⲡⲉϫⲉ ⲓ̅ⲥ̅ ϫⲉ ⲉⲣϣⲁⲥⲛⲁⲩ ⲣ̄ⲉⲓⲣⲏⲛⲏ ⲙⲛ̄ⲛⲟⲩⲉⲣⲏⲩ ϩⲙ̄ⲡⲉⲓⲏⲉⲓ
ⲟⲩⲱⲧ ⲥⲉⲛⲁϫⲟⲟⲥ ⲙ̄ⲡⲧⲁⲩ ϫⲉ ⲡⲱⲱⲛⲉ ⲉⲃⲟⲗ ⲁⲩⲱ
ϥⲛⲁⲡⲱⲱⲛⲉ

〈도마49〉 ① ⲡⲉϫⲉ ⲓ̅ⲥ̅ ϫⲉ ϩⲉⲛⲙⲁⲕⲁⲣⲓⲟⲥ ⲛⲉ ⲛⲙⲟⲛⲁⲭⲟⲥ ⲁⲩⲱ
ⲉⲧⲥⲟⲧⲡ` ② ϫⲉ ⲧⲉⲧⲛⲁϩⲉ ⲁⲧⲙⲛ̄ⲧⲉⲣⲟ ϫⲉ ⲛ̄ⲧⲱⲧⲛ̄ ϩⲛ̄ⲉⲃⲟⲗ
ⲛ̄ϩⲏⲧⲥ̄ ⲡⲁⲗⲓⲛ ⲉⲧⲉⲧⲛⲁⲃⲱⲕ` ⲉⲙⲁⲩ

〈도마50〉 ① ⲡⲉϫⲉ ⲓ̅ⲥ̅ ϫⲉ ⲉⲩϣⲁⲛϫⲟⲟⲥ ⲛⲏⲧⲛ̄ ϫⲉ ⲛ̄ⲧⲁⲧⲉⲧⲛ̄ϣⲱⲡⲉ
ⲉⲃⲟⲗ ⲧⲱⲛ ϫⲟⲟⲥ ⲛⲁⲩ ϫⲉ ⲛ̄ⲧⲁⲛⲉⲓ ⲉⲃⲟⲗ ϩⲙ̄ⲡⲟⲩⲟⲉⲓⲛ ⲡⲙⲁ
ⲉⲛⲧⲁⲡⲟⲩⲟⲉⲓⲛ ϣⲱⲡⲉ ⲙ̄ⲙⲁⲩ ⲉⲃⲟⲗ ϩⲓⲧⲟⲟⲧϥ` ⲟⲩⲁⲁⲧϥ` ⲁϥⲱϩⲉ
ⲉⲣⲁⲧϥ̄ ⲁⲩⲱ ⲁϥⲟⲩⲱⲛϩ ⲉⲃⲟⲗ ϩⲛ̄ⲧⲟⲩϩⲓⲕⲱⲛ ② ⲉⲩϣⲁϫⲟⲟⲥ
ⲛⲏⲧⲛ̄ ϫⲉ ⲛ̄ⲧⲱⲧⲛ̄ ⲡⲉ ϫⲟⲟⲥ ϫⲉ ⲁⲛⲟⲛ ⲛⲉϥϣⲏⲣⲉ ⲁⲩⲱ ⲁⲛⲟⲛ
ⲛ̄ⲥⲱⲧⲡ` ⲙ̄ⲡⲉⲓⲱⲧ` ⲉⲧⲟⲛϩ ③ ⲉⲩϣⲁⲛϫⲛⲉⲧⲏⲩⲧⲛ̄ ϫⲉ ⲟⲩ ⲡⲉ
ⲡⲙⲁⲉⲓⲛ ⲙ̄ⲡⲉⲧⲛ̄ⲉⲓⲱⲧ` ⲉⲧϩⲛ̄ⲧⲏⲩⲧⲛ̄ ϫⲟⲟⲥ ⲉⲣⲟⲟⲩ ϫⲉ ⲟⲩⲕⲓⲙ ⲡⲉ
ⲙⲛ̄ⲟⲩⲁⲛⲁⲡⲁⲩⲥⲓⲥ

〈도마51〉 ① ⲡⲉϫⲁⲩ ⲛⲁϥ ⲛ̄ϭⲓⲛⲉϥⲙⲁⲑⲏⲧⲏⲥ ϫⲉ ⲁϣ ⲛ̄ϩⲟⲟⲩ
ⲉⲧⲁⲛⲁⲡⲁⲩⲥⲓⲥ ⲛ̄ⲛⲉⲧⲙⲟⲟⲩⲧ` ⲛⲁϣⲱⲡⲉ ⲁⲩⲱ ⲁϣ ⲛ̄ϩⲟⲟⲩ
ⲉⲡⲕⲟⲥⲙⲟⲥ ⲃ̄ⲃⲣ̄ⲣⲉ ⲛⲏⲩ ② ⲡⲉϫⲁϥ ⲛⲁⲩ ϫⲉ ⲧⲏ ⲉⲧⲉⲧⲛ̄ϭⲱϣⲧ`
ⲉⲃⲟⲗ ϩⲏⲧⲥ̄ ⲁⲥⲉⲓ ⲁⲗⲗⲁ ⲛ̄ⲧⲱⲧⲛ̄ ⲧⲉⲧⲛ̄ⲥⲟⲟⲩⲛ ⲁⲛ ⲙ̄ⲙⲟⲥ

〈도마52〉 ① ⲡⲉϫⲁⲩ ⲛⲁϥ ⲛ̄ϭⲓⲛⲉϥⲙⲁⲑⲏⲧⲏⲥ ϫⲉ ϫⲟⲩⲧⲁϥⲧⲉ

ⲙ̄ⲡⲣⲟⲫⲏⲧⲏⲥ ⲁⲩϣⲁϫⲉ ϩⲙ̄ⲡⲓⲥⲣⲁⲏⲗ` ⲁⲩⲱ ⲁⲩϣⲁϫⲉ ⲧⲏⲣⲟⲩ
ϩⲣⲁⲓ̈ ⲛ̄ϩⲏⲧⲕ` ② ⲡⲉ`ϫⲁϥ ⲛⲁⲩ ϫⲉ ⲁⲧⲉⲧⲛ̄ⲕⲱ ⲙ̄ⲡⲉⲧⲟⲛϩ
ⲙ̄ⲡⲉⲧⲛ̄ⲙ̄ⲧⲟ ⲉⲃⲟⲗ ⲁⲩⲱ ⲁⲧⲉⲧⲛ̄ϣⲁϫⲉ ϩⲁⲛⲉⲧⲙⲟⲟⲩⲧ`

⟨도마53⟩ ① ⲡⲉϫⲁⲩ ⲛⲁϥ ⲛ̄ϭⲓⲛⲉϥⲙⲁⲑⲏⲧⲏⲥ ϫⲉ ⲡⲥⲃ̄ⲃⲉ ⲣ̄ⲱⲫⲉⲗⲉⲓ ⲏ
ⲙ̄ⲙⲟⲛ ② ⲡⲉϫⲁϥ` ⲛⲁⲩ ϫⲉ ⲛⲉϥⲣ̄ⲱⲫⲉⲗⲉⲓ ⲛⲉⲡⲟⲩⲉⲓⲱⲧ`
ⲛⲁϫⲡⲟⲟⲩ ⲉⲃⲟⲗ ϩⲛ̄ⲧⲟⲩⲙⲁⲁⲩ ⲉⲩⲥⲃ̄ⲃⲏⲩ ③ ⲁⲗⲗⲁ ⲡⲥⲃ̄ⲃⲉ ⲙ̄ⲙⲉ
ϩⲙ̄ⲡⲛ̄ⲁ ⲁϥϭⲛ̄ϩⲏⲩ ⲧⲏⲣϥ`

⟨도마54⟩ ① ⲡⲉϫⲉ ⲓ̄ⲥ̄ ϫⲉ ϩⲛ̄ⲙⲁⲕⲁⲣⲓⲟⲥ ⲛⲉ ⲛϩⲏⲕⲉ ϫⲉ ⲧⲱⲧⲛ̄ ⲧⲉ
ⲧⲙⲛ̄ⲧⲉⲣⲟ ⲛⲙ̄ⲡⲏⲩⲉ`

⟨도마55⟩ ① ⲡⲉϫⲉ ⲓ̄ⲥ̄ ϫⲉ ⲡⲉⲧⲁⲙⲉⲥⲧⲉⲡⲉϥ`ⲉⲓⲱⲧ` ⲁⲛ` ⲙⲛ̄ⲧⲉϥⲙⲁⲁⲩ
ϥⲛⲁϣⲣ̄ⲙⲁⲑⲏⲧⲏⲥ ⲁⲛ ⲛⲁⲉⲓ` ② ⲁⲩⲱ ⲛ̄ϥⲙⲉⲥⲧⲉⲛⲉϥ`ⲥⲛⲏⲩ`
ⲙⲛ̄ⲛⲉϥⲥⲱⲛⲉ ⲛ̄ϥϥⲉⲓ ⲙ̄ⲡⲉϥⲥ̄ⲧⲟⲥ ⲛ̄ⲧⲁϩⲉ ϥⲛⲁϣⲱⲡⲉ ⲁⲛ ⲉϥⲟ
ⲛ̄ⲁⲝⲓⲟⲥ ⲛⲁⲉⲓ

⟨도마56⟩ ① ⲡⲉϫⲉ ⲓ̄ⲥ̄ ϫⲉ ⲡⲉⲧⲁϩⲥⲟⲩⲱⲛ ⲡⲕⲟⲥⲙⲟⲥ ⲁϥ`ϩⲉ
ⲉⲩⲡⲧⲱⲙⲁ ② ⲁⲩⲱ ⲡⲉⲛⲧⲁϩϩⲉ ⲉⲩⲡⲧⲱⲙⲁ ⲡⲕⲟⲥⲙⲟⲥ ⲙ̄ⲡϣⲁ
ⲙ̄ⲙⲟϥ ⲁⲛ

⟨도마57⟩ ① ⲡⲉϫⲉ ⲓ̄ⲥ̄ ϫⲉ ⲧⲙⲛ̄ⲧⲉⲣⲟ ⲙ̄ⲡⲉⲓⲱⲧ ⲉⲥⲧⲛ̄ⲧⲱ ⲁⲩⲣⲱⲙⲉ
ⲉⲩⲛ̄ⲧⲁϥ ⲙ̄ⲙⲁⲩ ⲛ̄ⲛⲟⲩϭⲣⲟϭ ⲉⲛⲁⲛⲟⲩϥ ② ⲁⲡⲉϥϫⲁϫⲉ ⲉⲓ
ⲛ̄ⲧⲟⲩϣⲏ ⲁϥⲥⲓⲧⲉ ⲛ̄ⲟⲩⲍⲓⲍⲁⲛⲓⲟⲛ ⲉϫⲛ̄ⲡⲉϭⲣⲟϭ ⲉⲧⲛⲁⲛⲟⲩϥ ③
ⲙ̄ⲡⲉⲡⲣⲱⲙⲉ ⲕⲟⲟⲩ ⲉϩⲱⲗⲉ ⲙ̄ⲡⲍⲓⲍⲁⲛⲓⲟⲛ ⲡⲉϫⲁϥ ⲛⲁⲩ ϫⲉ
ⲙⲏⲡⲱⲥ ⲛ̄ⲧⲉⲧⲛ̄ⲃⲱⲕ ϫⲉ ⲉⲛⲁϩⲱⲗⲉ ⲙ̄ⲡⲍⲓⲍⲛⲓⲟ ⲛ̄ⲧⲉⲧⲛ̄ϩⲱⲗⲉ
ⲙ̄ⲡⲥⲟⲩⲟ ⲛⲙ̄ⲙⲁϥ ϩⲙ̄ⲫⲟⲟⲩ ④ ⲅⲁⲣ ⲙ̄ⲡⲱϩ̄ⲥ ⲛ̄ⲍⲓⲍⲁⲛⲓⲟⲛ ⲛⲁⲟⲩⲱⲛϩ
ⲉⲃⲟⲗ ⲥⲉϩⲟⲗⲟⲩ ⲛ̄ⲥⲉⲣⲟⲕϩⲟⲩ

⟨도마58⟩ ① ⲡⲉϫⲉ ⲓ̄ⲥ̄ ϫⲉ ⲟⲩⲙⲁⲕⲁⲣⲓⲟⲥ ⲡⲉ ⲡⲣⲱⲙⲉ ⲛ̄ⲧⲁϩϩⲓⲥⲉ ⲁϥϩⲉ
ⲁⲡⲱⲛϩ

⟨도마59⟩ ① ⲡⲉϫⲉ ⲓ̄ⲥ̄ ϫⲉ ϭⲱϣⲧ ⲛ̄ⲥⲁⲡⲉⲧⲟⲛϩ ϩⲱⲥ ⲉⲧⲉⲧⲛ̄ⲟⲛϩ ϩⲓⲛⲁ
ϫⲉ ⲛⲉⲧⲉⲙ̄ⲙⲟⲩ ⲁⲩⲱ ⲛ̄ⲧⲉⲧⲛ̄ϣⲓⲛⲉ ⲉⲛⲁⲩ ⲉⲣⲟϥ ⲁⲩⲱ
ⲧⲉⲧⲛⲁϣϭⲙ̄ϭⲟⲙ ⲁⲛ ⲁϥⲛⲁⲩ

⟨도마60⟩ ① ⲁⲩⲥⲁⲙⲁⲣⲉⲓⲧⲏⲥ ⲉϥϥⲓ ⲛ̄ⲛⲟⲩϩⲓⲉⲓⲃ` ⲉϥⲃⲏⲕ` ⲉϩⲟⲩⲛ

ⲉϯⲟⲩⲇⲁⲓⲁ ② ⲡⲉϫⲁϥ` ⲛ̄ⲛⲉϥ`ⲙⲁⲑⲏⲧⲏⲥ ϫⲉ ⲡⲏ ⲙ̄ⲡⲕⲱⲧⲉ
ⲙ̄ⲡⲉϩⲓⲉⲓⲃ` ③ ⲡⲉϫⲁⲩ ⲛⲁϥ ϫⲉ ϫⲉⲕⲁⲁⲥ ⲉϥⲛⲁⲙⲟⲟⲩⲧϥ`
ⲛ̄ϥⲟⲩⲟⲙϥ` ④ ⲡⲉϫⲁϥ ⲛⲁⲩ ϫⲉ ϩⲱⲥ ⲉϥⲟⲛϩ ϥⲛⲁⲟⲩⲟⲙϥ` ⲁⲛ
ⲁⲗⲗⲁ ⲉϥϣⲁⲙⲟⲟⲩⲧϥ` ⲛ̄ϥϣⲱⲡⲉ ⲛ̄ⲟⲩⲡⲧⲱⲙⲁ ⑤ ⲡⲉϫⲁⲩ ϫⲉ
ⲛ̄ⲕⲉⲥⲙⲟⲧ` ϥⲛⲁϣⲁⲥ ⲁⲛ ⑥ ⲡⲉϫⲁϥ ⲛⲁⲩ ϫⲉ ⲛ̄ⲧⲱⲧⲛ̄ ϩⲱⲧ`
ⲧⲏⲩⲧⲛ̄ ϣⲓⲛⲉ ⲛ̄ⲥⲁⲟⲩⲧⲟⲡⲟⲥ ⲛⲏⲧⲛ̄ ⲉϩⲟⲩⲛ ⲉⲩⲁⲛⲁⲡⲁⲩⲥⲓⲥ
ϫⲉⲕⲁⲁⲥ ⲛ̄ⲛⲉⲧⲛ̄ϣⲱⲡⲉ ⲙ̄ⲡⲧⲱⲙⲁ ⲛ̄ⲥⲉⲟⲩⲱⲙ` ⲧⲏⲩⲧⲛ̄

〈도마61〉 ① ⲡⲉϫⲉ ⲓ̄ⲥ̄ ϫⲉ ⲟⲩⲛ̄ⲥⲛⲁⲩ ⲛⲁⲙ̄ⲧⲟⲛ` ⲙ̄ⲙⲁⲩ ϩⲓⲟⲩϭⲗⲟϭ
ⲡⲟⲩⲁⲛⲁⲙⲟⲩ ⲡⲟⲩⲁⲛⲁⲱⲛϩ ② ⲡⲉϫⲉⲥⲁⲗⲱⲙⲏ ϫⲉ ⲛ̄ⲧⲁⲕ` ⲛⲓⲙ`
ⲡⲣⲱⲙⲉ ϩⲱⲥ ⲉⲃⲟⲗ ϩⲛ̄ⲟⲩⲁ ⲁⲕⲧⲉⲗⲟ ⲉϫⲙ̄ⲡⲁϭⲗⲟϭ ⲁⲩⲱ
ⲁⲕ`ⲟⲩⲱⲙ ⲉⲃⲟⲗ ϩⲛ̄ⲧⲁⲧⲣⲁⲡⲉⲍⲁ ③ ⲡⲉϫⲉ ⲓ̄ⲥ̄ ⲛⲁⲥ ϫⲉ ⲁⲛⲟⲕ` ⲡⲉ
ⲡⲉⲧϣⲟⲟⲡ` ⲉⲃⲟⲗ ϩⲙ̄ⲡⲉⲧ`ϣⲏϣ ⲁⲩϯⲛⲁⲉⲓ ⲉⲃⲟⲗ ϩⲛ̄ⲛⲁⲡⲁⲉⲓⲱⲧ`
④ ⲁⲛⲟⲕ` ⲧⲉⲕ`ⲙⲁⲑⲏⲧⲏⲥ ⑤ ⲉⲧⲃⲉⲡⲁⲉⲓ ϯϫⲱ ⲙ̄ⲙⲟⲥ ϫⲉ ϩⲟⲧⲁⲛ
ⲉϥϣⲁϣⲱⲡⲉ ⲉϥϣⲏϣ` ϥⲛⲁⲙⲟⲩϩ ⲟⲩⲟⲉⲓⲛ ϩⲟⲧⲁⲛ ⲇⲉ
ⲉϥϣⲁⲛϣⲱⲡⲉ ⲉϥⲡⲏϣ ϥⲛⲁⲙⲟⲩϩ ⲛ̄ⲕⲁⲕⲉ

〈도마62〉 ① ⲡⲉϫⲉ ⲓ̄ⲥ̄ ϫⲉ ⲉⲓϫⲱ ⲛ̄ⲛⲁⲙⲩⲥⲧⲏⲣⲓⲟⲛ ⲛ̄ⲛⲉⲧⲙ̄ⲡϣⲁ
ⲛ̄ⲛⲁⲙⲩⲥⲧⲏⲣⲓⲟⲛ ② ⲡⲉⲧⲉⲧⲉⲕ`ⲟⲩⲛⲁⲙ ⲛⲁⲁϥ ⲙⲛ̄ⲧⲣⲉⲧⲉⲕϩⲃⲟⲩⲣ`
ⲉⲓⲙⲉ ϫⲉ ⲉⲥⲣⲟⲩ

〈도마63〉 ① ⲡⲉϫⲉ ⲓ̄ⲥ̄ ⲛⲉⲩⲛ̄ⲟⲩⲣⲱⲙⲉ ⲙ̄ⲡⲗⲟⲩⲥⲓⲟⲥ ⲉ'ⲩⲛ̄ⲧⲁϥ ⲙ̄ⲙⲁⲩ
ⲛ̄ϩⲁϩ ⲛ̄ⲭⲣⲏⲙⲁ ② ⲡⲉϫⲁϥ ϫⲉ ϯⲛⲁⲣ̄ⲭⲣⲱ ⲛ̄ⲛⲁⲭⲣⲏⲙⲁ ϫⲉⲕⲁⲁⲥ
ⲉⲉⲓⲛⲁϫⲟ ⲛ̄ⲧⲁⲱⲥϩ ⲛ̄ⲧⲁⲧⲱϭⲉ ⲛ̄ⲧⲁⲙⲟⲩϩ ⲛ̄ⲛⲁⲉϩⲱⲣ ⲛ̄ⲕⲁⲣ`ⲡⲟⲥ
③ ϣⲓⲛⲁ ϫⲉ ⲛⲓⲣ̄ϭⲣⲱϩ ⲗ̄ⲗⲁⲁⲩ ⲛⲁⲉⲓ ⲛⲉ ⲛⲉϥⲙⲉⲉⲩⲉ ⲉⲣⲟⲟⲩ
ϩⲙ̄ⲡⲉϥϩⲏⲧ` ⲁⲩⲱ ϩⲛ̄ⲧⲟⲩϣⲏ ⲉⲧⲙ̄ⲙⲁⲩ ⲁϥⲙⲟⲩ ④ ⲡⲉⲧⲉⲩⲙ̄ⲙⲁϫⲉ
ⲙ̄ⲙⲟϥ` ⲙⲁⲣⲉϥ`ⲥⲱⲧⲙ̄

〈도마64〉 ① ⲡⲉϫⲉ ⲓ̄ⲥ̄ ϫⲉ ⲟⲩⲣⲱⲙⲉ ⲛⲉⲩⲛ̄ⲧⲁϥϩⲛ̄ϣⲙ̄ⲙⲟ ⲁⲩⲱ
ⲛ̄ⲧⲁⲣⲉϥⲥⲟⲃⲧⲉ ⲙ̄ⲡⲇⲓⲡⲛⲟⲛ ⲁϥϫⲟⲟⲩ ⲙ̄ⲡⲉϥϩⲙ̄ϩⲁⲗ ϣⲓⲛⲁ
ⲉϥⲛⲁⲧⲱϩⲙ̄ ⲛ̄ⲛ̄ϣⲙ̄ⲙⲟⲉⲓ ② ⲁϥⲃⲱⲕ` ⲙ̄ⲡϣⲟⲣⲡ` ⲡⲉϫⲁϥ ⲛⲁϥ` ϫⲉ
ⲡⲁϫⲟⲉⲓⲥ ⲧⲱϩⲙ̄ ⲙ̄ⲙⲟⲕ` ③ ⲡⲉϫⲁϥ ϫⲉ ⲟⲩⲛ̄ⲧⲁⲉⲓϩⲛ̄ϩⲟⲙⲧ`
ⲁϩⲉⲛⲉⲙⲡⲟⲣⲟⲥ ⲥⲉⲛ̄ⲛⲏⲩ ϣⲁⲣⲟⲉⲓ ⲉⲣⲟⲩϩⲉ ϯⲛⲁⲃⲱⲕ`

ⲚⲦⲀⲞⲨⲈϨⲤⲀϨⲚⲈ ⲚⲀⲨ ϮⲢ̄ⲠⲀⲢⲀⲒⲦⲈⲒ Ⲙ̄ⲠⲆⲒⲠⲚⲞⲚ ④ ⲀϤⲂⲰⲔ`
ϢⲀⲔⲈⲞⲨⲀ ⲠⲈⲖⲀϤ ⲚⲀϤ` ϪⲈ ⲀⲠⲀϪⲞⲈⲒⲤ ⲦⲰϨⲘ̄ Ⲙ̄ⲘⲞⲔ` ⑤
ⲠⲈϪⲀϤ ⲚⲀϤ ϪⲈ ⲀⲈⲒⲦⲞⲞⲨ ⲞⲨⲎⲒ ⲀⲨⲰ ⲤⲈⲢⲀⲒⲦⲈⲒ Ⲙ̄ⲘⲞⲈⲒ
Ⲛ̄ⲞⲨϨⲘⲈⲢⲀ ϮⲚⲀⲤⲢ̄ϤⲈ ⲀⲚ ⑥ ⲀϤⲈⲒ ϢⲀⲔⲈⲞⲨⲀ ⲠⲈϪⲀϤ ⲚⲀϤ` ϪⲈ
ⲠⲀϪⲞⲈⲒⲤ ⲦⲰϨⲘ̄ Ⲙ̄ⲘⲞⲔ` ⑦ ⲠⲈϪⲀϤ ⲚⲀϤ ϪⲈ ⲠⲀϢⲂⲎⲢ
ⲚⲀⲢ̄ϢⲈⲖⲈⲈⲦ ⲀⲨⲰ ⲀⲚⲞⲔ` ⲈⲦⲚⲀⲢ̄ⲆⲒⲠⲚⲞⲚ ϮⲚⲀϢⲒ ⲀⲚ
ϮⲢ̄ⲠⲀⲢⲀⲒⲦⲈⲒ Ⲙ̄ⲠⲆⲒⲠⲚⲞⲚ` ⑧ ⲀϤ`ⲂⲰⲔ` ϢⲀⲔⲈⲞⲨⲀ ⲠⲈϪⲀϤ ⲚⲀϤ
ϪⲈ ⲠⲀϪⲞⲈⲒⲤ ⲦⲰϨⲘ̄ Ⲙ̄ⲘⲞⲔ` ⑨ ⲠⲈϪⲀϤ ⲚⲀϤ` ϪⲈ ⲀⲈⲒⲦⲞⲞⲨ
Ⲛ̄ⲞⲨⲔⲰⲘⲎ ⲈⲈⲒⲂⲎⲔ` ⲀϪⲒⲚ̄ϢⲰⲘ `ⲚⲀϢⲈⲒ ⲀⲚ ϮⲢ̄ⲠⲀⲢⲀⲒⲦⲈⲒ ⑩ ⲀϤⲈⲒ
Ⲛ̄ϬⲒⲠϨⲘ̄Ϩ̄ⲀⲖ ⲀϤϪⲞⲞⲤ ⲀⲠⲈϤϪⲞⲈⲒⲤ ϪⲈ ⲚⲈⲚⲦⲀⲔ`ⲦⲀϨⲘⲞⲨ
ⲀⲠⲆⲒⲠⲚⲞⲚ ⲀⲨⲠⲀⲢⲀⲒⲦⲈⲒ ⑪ ⲠⲈϪⲈⲠϪⲞⲈⲒⲤ Ⲙ̄ⲠⲈϤϨⲘ̄Ϩ̄ⲀⲖ ϪⲈ
ⲂⲰⲔ` ⲈⲠⲤⲀⲚⲂⲞⲖ ⲀⲚϨⲒⲞⲞⲨⲈ ⲚⲈⲦⲔⲚⲀϨⲈ ⲈⲢⲞⲞⲨ ⲈⲚⲒⲞⲨ ϪⲈⲔⲀⲀⲤ
ⲈⲨⲚⲀⲢ̄ⲆⲒⲠⲚⲈⲒ ⑫ Ⲛ̄ⲢⲈϤⲦⲞⲞⲨ Ⲙ̄Ⲛ̄ⲚⲈϢⲰⲦⲈ ⲈⲨⲚⲀⲂⲰⲔ ⲀⲚ` ⲈϨⲞⲨⲚ`
ⲈⲚⲦⲞⲠⲞⲤ Ⲙ̄ⲠⲀⲒ̈ⲰⲦ`

〈도마65〉 ① ⲠⲈϪⲀϤ ϪⲈ ⲞⲨⲢⲰⲘⲈ Ⲛ̄ⲬⲢⲤ̄ⲦⲞⲤ ⲚⲈⲨⲚ̄ⲦⲀϤ Ⲛ̄ⲞⲨⲘⲀ
Ⲛ̄ⲈⲖⲞⲞⲖⲈ ⲀϤⲦⲀⲀϤ Ⲛ̄ϨⲚ̄ⲞⲨⲈⲒⲈ ϢⲒⲚⲀ ⲈⲨⲚⲀⲢ̄ϨⲰⲂ` ⲈⲢⲞϤ` Ⲛ̄ϤϪⲒ
Ⲙ̄ⲠⲈϤⲔⲀⲢ`ⲠⲞⲤ Ⲛ̄ⲦⲞⲞⲦⲞⲨ ② ⲀϤϪⲞⲞⲨ Ⲙ̄ⲠⲈϤϨⲘ̄Ϩ̄ⲀⲖ ϪⲈⲔⲀⲀⲤ
ⲈⲚⲞⲨⲞⲈⲒⲈ ⲚⲀϮ ⲚⲀϤ` Ⲙ̄ⲠⲔⲀⲢⲠⲞⲤ Ⲙ̄ⲠⲘⲀ Ⲛ̄ⲈⲖⲞⲞⲖⲈ ⲀⲨⲈⲘⲀϨⲦⲈ
Ⲙ̄ⲠⲈϤϨⲘ̄Ϩ̄ⲀⲖ ⲀⲨϨⲒⲞⲨⲈ ⲈⲢⲞϤ` ⲚⲈⲔⲈⲔⲞⲨⲈⲒ ⲠⲈ ⲤⲈⲘⲞⲞⲨⲦϤ` ③
ⲀⲠϨⲘ̄Ϩ̄ⲀⲖ ⲂⲰⲔ` ⲀϤϪⲞⲞⲤ ⲈⲠⲈϤϪⲞⲈⲒⲤ ⲠⲈϪⲈⲠⲈϤϪⲞⲈⲒⲤ ϪⲈ
ⲘⲈϢⲀⲔ` Ⲙ̄ⲠⲈϤ`ⲤⲞⲨⲰⲚⲞⲨ ④ ⲀϤϪⲞⲞⲨ Ⲛ̄ⲔⲈϨⲘ̄Ϩ̄ⲀⲖ ⲀⲚⲞⲨⲞⲈⲒⲈ
ϨⲒⲞⲨⲈ ⲈⲠⲔⲈⲞⲨⲀ ⑤ ⲦⲞⲦⲈ ⲀⲠϪⲞⲈⲒⲤ ϪⲞⲞⲨ Ⲙ̄ⲠⲈϤϢⲎⲢⲈ
ⲠⲈϪⲀϤ` ϪⲈ ⲘⲈϢⲀⲔ` ⲤⲈⲚⲀϢⲒⲠⲈ ϨⲎⲦϤ` Ⲙ̄ⲠⲀϢⲎⲢⲈ ⑥
ⲀⲚ`ⲞⲨⲞⲈⲒⲈ ⲈⲦⲘ̄ⲘⲀⲨ ⲈⲠⲈⲒ ⲤⲈⲤⲞⲞⲨⲚ ϪⲈ Ⲛ̄ⲦⲞϤ ⲠⲈ
ⲠⲈⲔⲖⲎⲢⲞⲚⲞⲘⲞⲤ Ⲙ̄ⲠⲘⲀ Ⲛ̄ⲈⲖⲞⲞⲖⲈ ⲀⲨϬⲞⲠϤ` ⲀⲨⲘⲞⲞⲨⲦϤ` ⑦
ⲠⲈⲦⲈⲨⲘ̄ⲘⲀⲀϪⲈ Ⲙ̄ⲘⲞϤ` ⲘⲀⲢⲈϤ` ⲤⲰⲦⲘ̄

〈도마66〉 ① ⲠⲈϪⲈ ⲒⲤ̄ ϪⲈ ⲘⲀⲦⲤⲈⲂⲞⲈⲒ ⲈⲠⲰⲚⲈ ⲠⲀⲈⲒ Ⲛ̄ⲦⲀⲨⲤⲦⲞϤ`
ⲈⲂⲞⲖ` Ⲛ̄ϬⲒⲚⲈⲦ`ⲔⲰⲦ` Ⲛ̄ⲦⲞϤ ⲠⲈ ⲠⲰⲚⲈ Ⲛ̄ⲔⲰϨ

〈도마67〉 ① ⲠⲈϪⲈ ⲒⲤ̄ ϪⲈ ⲠⲈⲦⲤⲞⲞⲨⲚ Ⲙ̄ⲠⲦⲎⲢϤ ⲈϤⲢ̄ϬⲢⲰϨ ⲞⲨⲀⲀϤ

ⲣ̅ⲃⲣⲱϩ ⲙ̅ⲡⲙⲁ ⲧⲏⲣϥ`

〈도마68〉 ① ⲡⲉϫⲉ ⲓ̅ⲥ̅ ϫⲉ ⲛ̅ⲧⲱⲧⲛ̅ ϩⲙ̅ⲙⲁⲕⲁⲣⲓⲟⲥ ϩⲟⲧⲁⲛ ⲉⲩϣⲁ
ⲁⲛⲙⲉⲥⲧⲉⲑⲏⲧⲛ̅ ⲛ̅ⲥⲉⲣⲇⲓⲱⲕⲉ ⲙ̅ⲙⲱⲧⲛ̅ ② ⲁⲩⲱ ⲥⲉⲛⲁϩⲉ ⲁⲛ
ⲉⲧⲟⲡⲟⲥ ϩⲙ̅ⲡⲙⲁ ⲉⲛⲧⲁⲩⲇⲓⲱⲕⲱ ⲙ̅ⲙⲱⲧⲛ̅ ϩⲣⲁⲓ̈ ⲛ̅ϩⲏⲧϥ`

〈도마69〉 ① ⲡⲉϫⲉ ⲓ̅ⲥ̅ ϫⲉ ϩⲙ̅ⲙⲁⲕⲁⲣⲓⲟⲥ ⲛⲉ ⲛⲁⲉⲓ ⲛ̅ⲧⲁⲩⲇⲓⲱⲕⲉ
ⲙ̅ⲙⲟⲟⲩ ϩⲣⲁⲓ̈ ϩⲙ̅ⲡⲟⲩϩⲏⲧ` ⲛⲉⲧⲙ̅ⲙⲁⲩ` ⲛⲉⲛⲧⲁϩⲥⲟⲩⲱⲛ ⲡⲉⲓⲱⲧ`
ϩⲛ ⲟⲩⲙⲉ ② ϩⲙ̅ⲙⲁⲕⲁⲣⲓⲟⲥ ⲛⲉⲧϩⲕⲁⲉⲓⲧ` ϣⲓⲛⲁ ⲉⲩⲛⲁⲧⲥⲓⲟ ⲛ̅ⲑϩⲏ
ⲙ̅ⲡⲉⲧⲟⲩⲱϣ

〈도마70〉 ① ⲡⲉϫⲉ ⲓ̅ⲥ̅ <ϫⲉ> ϩⲟⲧⲁⲛ ⲉⲧⲉⲧⲛ̅ϣⲁϫⲡⲉ ⲡⲏ ϩⲛ̅ⲑⲏⲧⲛ̅ ⲡⲁⲓ̈
ⲉⲧⲉⲩⲛ̅ⲧⲏⲧⲛ̅ϥ̅ ϥⲛⲁⲧⲟⲩϫⲉⲧⲏⲩⲧⲛ̅ ② ⲉϣⲱⲡⲉ ⲙⲛ̅ⲧⲏⲧⲛ̅ⲡⲏ
ϩⲛ̅ⲑⲏⲧⲛ̅ ⲡⲁⲉⲓ ⲉⲧⲉ ⲙⲛ̅ⲧⲏⲧⲛ̅ϥ̅ ϩⲛ̅ⲑⲏⲛⲉ ϥⲛⲁⲙⲟⲩⲧ` ⲑⲏⲛ

〈도마71〉 ① ⲡⲉϫⲉ ⲓ̅ⲥ̅ ϫⲉ ϯⲛⲁϣⲟⲣϣ̅ⲣ̅ ⲙ̅ⲡⲉⲉⲓⲏⲉⲓ ⲁⲩⲱ ⲙⲛ̅ⲗⲁⲁⲩ
ⲛⲁϣⲕⲟⲧϥ ⲁⲛ ⲛ̅ⲕⲉⲥⲟⲡ

〈도마72〉 ① ⲡⲉϫⲉ ⲟⲩⲣⲱⲙⲉ ⲛⲁϥ` ϫⲉ ϫⲟⲟⲥ ⲛ̅ⲛⲁⲥⲛⲏⲩ ϣⲓⲛⲁ
ⲉⲩⲛⲁⲡⲱϣⲉ ⲛ̅ⲛ̅ϩⲛⲁⲁⲩ ⲙ̅ⲡⲁⲉⲓⲱⲧ` ⲛⲙ̅ⲙⲁⲉⲓ ② ⲡⲉϫⲁϥ ⲛⲁϥ` ϫⲉ
ⲱ ⲡⲣⲱⲙⲉ ⲛⲓⲙ ⲡⲉ ⲛ̅ⲧⲁϩⲁⲁⲧ` ⲛ̅ⲣⲉϥⲡⲱϣⲉ ③ ⲁϥⲕⲟⲧϥ̅
ⲁ`ⲛⲉϥⲙⲁⲑⲏⲧⲏⲥ ⲡⲉϫⲁϥ ⲛⲁⲩ ϫⲉ ⲙⲏ ⲉⲉⲓϣⲟⲟⲡ` ⲛ̅ⲣⲉϥ`ⲡⲱϣⲉ

〈도마73〉 ① ⲡⲉϫⲉ ⲓ̅ⲥ̅ ϫⲉ ⲡⲱϩⲥ ⲙⲉⲛ ⲛⲁϣⲱϥ` ⲛ̅ⲉⲣⲅⲁⲧⲏⲥ ⲇⲉ ⲥⲟⲃⲕ`
ⲥⲟⲡⲥ̅ ⲇⲉ ⲙ̅ⲡϫⲟⲉⲓⲥ ϣⲓⲛⲁ ⲉϥⲛⲁⲛⲉϫ`ⲉⲣⲅⲁⲧⲏⲥ ⲉⲃⲟⲗ` ⲉⲡⲱϩⲥ̅

〈도마74〉 ① ⲡⲉϫⲁϥ ϫⲉ ⲡϫⲟⲉⲓⲥ ⲟⲩⲛ̅ϩⲁϩ ⲙ̅ⲡⲕⲱⲧⲉ ⲛ̅ⲧⲭⲱⲧⲉ
ⲙⲛ̅ⲗⲁⲁⲩ ⲇⲉ ϩⲛ̅ⲧϣⲱⲛⲉ`

〈도마75〉 ① ⲡⲉϫⲉ ⲓ̅ⲥ̅ ϫⲉ ⲟⲩⲛ̅ϩⲁϩ ⲁϩⲉⲣⲁⲧⲟⲩ ϩⲓⲣⲙ̅ⲡⲣⲟ ⲁⲗⲗⲁ
ⲙ̅ⲙⲟⲛⲁⲭⲟⲥ ⲛⲉⲧⲛⲁⲃⲱⲕ` ⲉϩⲟⲩⲛ ⲉⲡⲙⲁ ⲛ̅ϣⲉⲗⲉⲉⲧ`

〈도마76〉 ① ⲡⲉϫⲉ ⲓ̅ⲥ̅ ϫⲉ ⲧⲙⲛ̅ⲧⲉⲣⲟ ⲙ̅ⲡⲉⲓⲱⲧ` ⲉⲥⲛ̅ⲧⲱⲛ ⲁⲩⲣⲱⲙⲉ
ⲛ̅ⲉϣⲱⲧ` ⲉⲩⲛ̅ⲧⲁϥ` ⲙ̅ⲙⲁⲩ ⲛ̅ⲟⲩⲫⲟⲣⲧⲓⲟⲛ ⲉⲁϥϩⲉ
ⲁⲩⲙⲁⲣⲅⲁⲣⲓⲧⲏⲥ ② ⲡⲉϣⲱⲧ` ⲉⲧⲙ̅ⲙⲁⲩ ⲟⲩⲥⲁⲃⲉ ⲡⲉ
ⲁϥϯⲡⲉⲫⲟⲣⲧⲓⲟⲛ ⲉⲃⲟⲗ ⲁϥⲧⲟⲟⲩ ⲛⲁϥ` ⲙ̅ⲡⲓⲙⲁⲣⲅⲁⲣⲓⲧⲏⲥ ⲟⲩⲱⲧ` ③
ⲛ̅ⲧⲱⲧⲛ̅ ϩⲱⲧ` ⲑⲏⲩⲧⲛ̅ ϣⲓⲛⲉ ⲛ̅ⲥⲁⲡⲉϥⲉϩⲟ ⲉⲙⲁϥⲱϫⲛ̅ ⲉϥⲙⲏⲛ`
ⲉⲃⲟⲗ ⲡⲙⲁ ⲉⲙⲁⲣⲉϫⲟⲟⲗⲉⲥ ⲧϩⲛⲟ ⲉϩⲟⲩⲛ` ⲉⲙⲁⲩ ⲉⲟⲩⲱⲛ`

ΟΥΔΕ ΜΑΡΕϤϤN̄Τ ΤΑΚΟ

⟨도마77⟩ ① ΠΕΧΕ ΙC̄ ΧΕ ΑΝΟΚ ΠΕ ΠΟΥΟΕΙΝ ΠΑΕΙ ΕΤϨΙ ΧШΟΥ ΤΗΡΟΥ ΑΝΟΚ` ΠΕ ΠΤΗΡϤ` N̄ΤΑΠΤΗΡϤ` ΕΙ ΕΒΟΛ N̄ϨΗΤ` ΑΥШ N̄ΤΑΠΤΗΡϤ` ΠШϨ ШΑΡΟΕΙ ② ΠШϨ N̄ΝΟΥШΕ ΑΝΟΚ` †ΜΜΑΥ ③ ϤΙ Μ̄ΠШΝΕ ΕϨΡΑΪ ΑΥШ ΤΕΤΝΑϨΕ ΕΡΟΕΙ Μ̄ΜΑΥ

⟨도마78⟩ ① ΠΕΧΕ ΙC̄ ΧΕ ΕΤΒΕΟΥ ΑΤΕΤN̄ΕΙ ΕΒΟΛ ΕΤCШШΕ ΕΝΑΥ ΕΥΚΑШ ΕϤΚΙΜ ΕΒΟΛ ϨΙΤΜ̄ΠΤΗΥ ② ΑΥШ ΕΝΑΥ ΕΥΡШΜΕ ΕΥN̄ШΤΗΝ ΕΥϬΗΝ ϨΙШШΒ N̄ΘΕ N̄ΝΕΤN̄ΡΡШΟΥ Μ̄Ν̄ΝΕΤN̄ΜΕΓΙCΤΝΟC ③ ΝΑΕΙ ΕΝϢΤΗΝ ΕΤϬΗΝ ϨΙШΟΥ ΑΥШ CΕΝΑШC̄CΟΥΝ ΤΜΕ ΑΝ

⟨도마79⟩ ① ΠΕΧΕ ΟΥCϨΙΜΕ ΝΑϤ ϨΜ̄ΠΜΗШΕ ΧΕ ΝΕΕΙΑΤC̄ N̄ΘϨΗ N̄ΤΑϨϤΙ ϨΑΡΟΚ ΑΥШ N̄ΚΙΒΕ ΕΝΤΑϨCΑΝΟΥШΚ ② ΠΕΧΑϤ ΝΑC ΧΕ ΝΕΕΙΑΤΟΥ N̄ΝΕΝΤΑΥCШΤΜ̄ Α`ΠΛΟΓΟC Μ̄ΠΕΙШΤ ΑΥΑΡΕϨ ΕΡΟϤ ϨN̄ΟΥΜΕ ③ ΟΥN̄ϨN̄ϨΟΟΥ ΓΑΡ ΝΑШШΠΕ N̄ΤΕΤN̄ΧΟΟC ΧΕ ΝΕΕΙΑΤC̄ N̄ΘΗ ΤΑΕΙ ΕΤΕ Μ̄ΠCШ ΑΥШ N̄ΚΙΒΕ ΝΑΕΙ ΕΜΠΟΥ †ΕΡШΤΕ

⟨도마80⟩ ① ΠΕΧΕ ΙC̄ ΧΕ ΠΕΝΤΑϨCΟΥШΝΠΚΟCΜΟC ΑϤϨΕ ΕΠCШΜΑ ② ΠΕΝΤΑϨϨΕ ΔΕ ΕΠCШΜΑ ΠΚΟCΜΟC Μ̄ΠШΑ Μ̄ΜΟϤ` ΑΝ`

⟨도마81⟩ ① ΠΕΧΕ ΙC̄ ΧΕ ΠΕΝΤΑϨΡΡΜ̄ΜΑΟ ΜΑΡΕϤΡΡΡΟ ② ΑΥШ ΠΕΤΕΥN̄ΤΑϤ` N̄ΟΥΔΥΝΑΜΙC ΜΑΡΕϤΑΡΝΑ

⟨도마82⟩ ① ΠΕΧΕ ΙC̄ ΧΕ ΠΕΤ ϨΗΝ ΕΡΟΕΙ ΕϤϨΗΝ ΕΤCΑΤΕ ② ΑΥШ ΠΕΤΟΥΗΥ Μ̄ΜΟΕΙ ϤΟΥΗΥ N̄ΤΜN̄ΤΕΡΟ

⟨도마83⟩ ① ΠΕΧΕ ΙC̄ ΧΕ NϨΙΚШΝ CΕΟΥΟΝϨ ΕΒΟΛ Μ̄ΠΡШΜΕ ΑΥШ ΠΟΥΟΕΙΝ ΕΤN̄ϨΗΤΟΥ ϤϨΗΠ` ② ϨN̄ ΘΙΚШΝ Μ̄ΠΟΥΟΕΙΝ Μ̄ΠΕΙШΤ` ϤΝΑϬШΛΠ̄` ΕΒΟΛ ΑΥШ ΤΕϤϨΙΚШΝ ϨΗΠ` ΕΒΟΛ ϨΙΤN̄ ΠΕϤ`ΟΥΟΕΙΝ

⟨도마84⟩ ① ΠΕΧΕ ΙC̄ ΧΕ N̄ϨΟΟΥ ΕΤΕΤN̄ΝΑΥ ΕΠΕΤN̄ΕΙΝΕ ШΑΡΕΤN̄ΡΑШΕ ② ϨΟΤΑΝ ΔΕ ΕΤΕΤN̄ШΑΝΝΑΥ` ΑΝΕΤN̄ϨΙΚШΝ N̄ΤΑϨШШΠΕ ϨΙ ΤΕΤΝΕϨ ΟΥΤΕ ΜΑΥΜΟΥ ΟΥΤΕ ΜΑΥΟΥШΝϨ ⲉⲃⲟⲗ ⲧⲉⲧⲛⲁϥⲓ ϩⲁ ⲟⲩⲏⲣ`

⟨도마85⟩ ① ⲡⲉϫⲉ ⲓ̅ⲥ̅ ϫⲉ ⲛ̅ⲧⲁⲁⲇⲁⲙ ϣⲱⲡⲉ ⲉⲃⲟⲗ ϩⲛ̅ⲛⲟⲩⲛⲟϭ
ⲛ̅ⲇⲩⲛⲁⲙⲓⲥ ⲙⲛ̅ⲟⲩⲛⲟϭ ⲙ̅ⲙⲛ̅ⲧⲣⲙ̅ⲙⲁⲟ ② ⲁⲩⲱ
ⲙ̅ⲡⲉϥϣⲱⲡⲉⲉϥⲙ̅ⲡϣⲁ ⲙ̅ⲙⲱⲧⲛ̅ ⲛⲉⲩⲁⲝⲓⲟⲥ ⲅⲁⲣ ⲡⲉ
ⲛⲉϥⲛⲁϫⲓ†ⲡⲉⲁⲛ ⲙ̅ⲡⲙⲟⲩ

⟨도마86⟩ ① ⲡⲉϫⲉ ⲓ̅ⲥ̅ ϫⲉ ⲛⲃⲁϣⲟⲣ ⲟⲩ ⲛⲧⲁⲩ ⲛⲟⲩⲃⲏⲃ ⲁⲩⲱ
ⲛ̅ϩⲁⲗⲗⲁⲧⲉ ⲟⲩⲛ̅ⲧⲁⲩⲙ̅ⲙⲁⲩⲙ̅ⲡⲟⲩ ⲙⲁϩ ② ⲡϣⲏⲣⲉ ⲇⲉ ⲙ̅ⲡⲣⲱⲙⲉ
ⲙⲛ̅ⲧⲁϥ` ⲛ̅ⲛⲟⲩⲙⲁ ⲉⲣⲓⲕⲉ ⲛ̅ⲧⲉϥ`ⲁⲡⲉ ⲛ̅ϥ`ⲙ̅ⲧⲟⲛⲙ̅ⲙⲟϥ`

⟨도마87⟩ ① ⲡⲉϫⲁϥⲛ̅ϭⲓ ⲓ̅ⲥ̅ ϫⲉ ⲟⲩⲧⲁⲗⲁⲓⲡⲱⲣⲟⲛ` ⲡⲉ ⲡⲥⲱⲙⲁ ⲉⲧⲁϣⲉ
ⲛ̅ⲟⲩⲥⲱⲙⲁ` ② ⲁⲩⲱ ⲟⲩⲧⲁⲗⲁⲓⲡⲱⲣⲟⲥ ⲧⲉ ⲧ`ⲯⲩⲭⲏ ⲉⲧⲁϣⲉⲛ̅ⲛⲁⲉⲓ
ⲙ̅ⲡⲥⲛⲁⲩ

⟨도마88⟩ ① ⲡⲉϫⲉ ⲓ̅ⲥ̅ ϫⲉ ⲛ̅ⲁⲅⲅⲉⲗⲟⲥ ⲛⲏⲩ ϣⲁⲣⲱⲧⲛ̅ ⲙⲛ̅ ⲛ̅ⲡⲣⲟⲫⲏⲧⲏⲥ
ⲁⲩⲱ ⲥⲉⲛⲁ†ⲛⲏⲧⲛ̅ ⲛ̅ⲛⲉⲧⲉⲩⲛ̅ⲧⲏⲧⲛ̅ⲥⲉ ② ⲁⲩⲱ` ⲛ̅ⲧⲱⲧⲛ̅ ϩⲱⲧ`
ⲑⲩⲧⲛ̅ ⲛⲉⲧⲛ̅ⲧⲟⲧ`ⲑⲛⲉ ⲧⲁⲁⲩⲛⲁⲩ ⲛ̅ⲧⲉⲧⲛ̅ϫⲟⲟⲥ ⲛⲏⲧⲛ̅ ϫⲉ ⲁϣ
ⲛ̅ϩⲟⲟⲩ ⲡⲉⲧⲟⲩⲛ̅ⲛⲏⲩ ⲛ̅ⲥⲉϫⲓ ⲡⲉⲧⲉ ⲡⲱⲟⲩ

⟨도마89⟩ ① ⲡⲉϫⲉ ⲓ̅ⲥ̅ ϫⲉ ⲛ̅ⲁⲅⲅⲉⲗⲟⲥ ⲛⲏⲩ ϣⲁⲣⲱⲧⲛ̅ ⲙⲛ̅ ⲛ̅ⲡⲣⲟⲫⲏⲧⲏⲥ
ⲁⲩⲱ ⲥⲉⲛⲁ†ⲛⲏⲧⲛ̅ ⲛ̅ⲛⲉⲧⲉⲩⲛ̅ⲧⲏⲧⲛ̅ⲥⲉ ② ⲁⲩⲱ` ⲛ̅ⲧⲱⲧⲛ̅ ϩⲱⲧ`
ⲑⲩⲧⲛ̅ ⲛⲉⲧⲛ̅ⲧⲟⲧ`ⲑⲛⲉ ⲧⲁⲁⲩⲛⲁⲩ ⲛ̅ⲧⲉⲧⲛ̅ϫⲟⲟⲥ ⲛⲏⲧⲛ̅ ϫⲉ ⲁϣ
ⲛ̅ϩⲟⲟⲩ ⲡⲉⲧⲟⲩⲛ̅ⲛⲏⲩ ⲛ̅ⲥⲉϫⲓ ⲡⲉⲧⲉ ⲡⲱⲟⲩ

⟨도마90⟩ ① ⲡⲉϫⲉ ⲓ̅ⲏ̅ⲥ̅ ϫⲉ ⲁⲙⲙⲉⲓⲧⲛ̅ ϣⲁⲣⲟⲉⲓ` ϫⲉ ⲟⲩⲭⲣⲏⲥⲧⲟⲥ
ⲡⲉⲡⲁⲛⲁϩⲃ` ⲁⲩⲱ ⲧⲁⲙⲛ̅ⲧϫⲟⲉⲓⲥ ⲟⲩⲣⲙ̅ⲣⲁϣ ⲧⲉ ② ⲁⲩⲱ
ⲧⲉⲧⲛⲁϩⲉ ⲁⲟⲩⲁⲛⲁⲡⲁⲩⲥⲓⲥ ⲛⲏⲧⲛ̅

⟨도마91⟩ ① ⲡⲉϫⲁⲩⲛⲁϥ` ϫⲉ ϫⲟⲟⲥ ⲉⲣⲟⲛϫⲉ ⲛ̅ⲧⲕⲛⲓⲙ` ϣⲓⲛⲁ
ⲉⲛⲁⲣ̅ⲡⲓⲥⲧⲉⲩⲉ ⲉⲣⲟⲕ` ② ⲡⲉϫⲁϥⲛⲁⲩ ϫⲉ ⲧⲉⲧⲛ̅ⲣ̅ ⲡⲓⲣⲁϩⲉ ⲙ̅ⲡϩⲟ
ⲛ̅ⲧⲡⲉ ⲙⲛ̅ ⲡⲕⲁϩ ⲁⲩⲱ ⲡⲉⲧⲛ̅ⲡⲉⲧⲛ̅ⲙ̅ⲧⲟ ⲉⲃⲟⲗ` ⲙ̅ⲡⲉⲧⲛ̅ⲥⲟⲩⲱⲛϥ`
ⲁⲩⲱ ⲡⲉⲉⲓⲕⲁⲓⲣⲟⲥ ⲧⲉⲧⲛ̅ⲥⲟⲟⲩⲛ ⲁⲛⲛ̅ⲣ̅ⲡⲓⲣⲁϩⲉ ⲙ̅ⲙⲟϥ`

⟨도마92⟩ ① ⲡⲉϫⲉ ⲓ̅ⲥ̅ ϫⲉ ϣⲓⲛⲉ ⲁⲩⲱ ⲧⲉⲧⲛⲁϭⲓⲛⲉ ② ⲁⲗⲗⲁ ⲛⲉ
ⲧⲁⲧⲉⲧⲛ̅ϫⲛⲟⲩⲉⲓ ⲉⲣⲟⲟⲩ ⲛ̅ⲛⲓϩⲟⲟⲩ ⲉⲙ̅ⲡⲓϫⲟⲟⲩ ⲛⲏⲧⲛ̅ ⲙ̅ⲫⲟⲟⲩ
ⲉⲧⲙ̅ⲙⲁⲩ ⲧⲉⲛⲟⲩ ⲉϩⲛⲁⲓ ⲉϫⲟⲟⲩ ⲁⲩⲱ ⲧⲉⲧⲛ̅ϣⲓⲛⲉ ⲁⲛ` ⲛ̅ⲥⲱⲟⲩ

⟨도마93⟩ ① ⲘⲠⲢ̅†ⲠⲈⲦ ⲞⲨⲀⲀⲂ ⲚⲚⲞⲨϨⲞⲞⲢ` ϪⲈⲔⲀⲤ ⲚⲞⲨⲚⲞϪⲞⲨ ⲈⲦⲔⲞⲠⲢⲒⲀ ② Ⲙ̅ⲠⲢⲚⲞⲨϪⲈ ⲚⲘ̅ⲘⲀⲢⲄⲀⲢⲒⲦⲎⲤ Ⲛ̅ⲚⲈϢⲀⲨ ϢⲒⲚⲈ ϪⲈ ⲚⲞⲨⲀⲀϤ` ⲚⲀⲀⲀⲨ

⟨도마94⟩ ① ⲠⲈϪⲈ Ⲓ̅Ⲥ̅ ϪⲈ ⲠⲈⲦϢⲒⲚⲈ ϤⲚⲀϬⲒⲚⲈ ② ⲀⲨⲰ ⲠⲈⲦⲦⲰϨⲘ̅ ⲈϨⲞⲨⲚ ⲤⲈⲚⲀⲞⲨⲰⲚ ⲚⲀϤ`

⟨도마95⟩ ① ⲠⲈϪⲈ Ⲓ̅Ⲥ̅ ϪⲈ ⲈϢⲰⲠⲈ ⲞⲨⲚ̅ⲦⲎⲦⲚ̅ϨⲞⲘⲦ` ⲘⲠⲢ̅† ⲈⲦⲘⲎⲤⲈ ② ⲀⲖⲖⲀ †ⲘⲘⲞϤ ⲘⲠⲈⲦⲈⲦⲚⲀϪⲒⲦⲞⲨ ⲀⲚ Ⲛ̅ⲦⲞⲞⲦϤ`

⟨도마96⟩ ① ⲠⲈϪⲈ Ⲓ̅Ⲥ̅ ϪⲈ ⲦⲘⲚ̅ⲦⲈⲢⲞ ⲘⲠⲈⲒⲰⲦ` ⲈⲤⲦⲚ̅ⲦⲰⲚ ⲈⲨⲤϨⲒⲘⲈ ⲀⲤϪⲒ ⲚⲞⲨⲔⲞⲨⲈⲒ Ⲛ̅ⲤⲀⲈⲒⲢ ⲀⲤϨⲞⲠϤ` ϨⲚ̅ⲞⲨϢⲰⲦⲈ ⲀⲤⲀⲀϤ Ⲛ̅ϨⲚ̅ⲚⲞϬ ⲚⲚⲞⲈⲒⲔ` ② ⲠⲈⲦⲈⲨⲘ̅ⲘⲀⲀϪⲈ ⲘⲘⲞϤ ⲘⲀⲢⲈϤⲤⲰⲦⲘ̅

⟨도마97⟩ ① ⲠⲈϪⲈ Ⲓ̅Ⲥ̅ ϪⲈ ⲦⲘⲚ̅ⲦⲈⲢⲞ ⲘⲠⲈⲒⲰⲦ` ⲈⲤⲦⲚ̅ⲦⲰⲚ ⲀⲞⲨⲤϨⲒⲘⲈ ⲈⲤϤⲒ ϨⲀⲞⲨϬⲖ̅ⲘⲈⲈⲒ ⲈϤⲘⲈϨ Ⲛ̅ⲚⲞⲈⲒⲦ` ② ⲈⲤⲘⲞⲞϢⲈ ϨⲒⲞⲨϨⲒⲎ` ⲈⲤⲞⲨⲎⲞⲨ ⲀⲠⲘⲀⲀϪⲈ Ⲙ̅ⲠϬⲖ̅ⲘⲈⲈⲒ ⲞⲨⲰϬⲠ` ⲀⲠⲚⲞⲈⲒⲦ` ϢⲞⲨⲞ Ⲛ̅ⲤⲰⲤ ϨⲒⲦⲈϨⲒⲎ ③ ⲚⲈⲤⲤⲞⲞⲨⲚ ⲀⲚ ⲠⲈ ⲚⲈⲘ̅ⲠⲈⲤⲈⲒⲘⲈ ⲈϨⲒⲤⲈ ④ Ⲛ̅ⲦⲀⲢⲈⲤⲠⲰϨ ⲈϨⲞⲨⲚ ⲈⲠⲈⲤϨⲈⲒ ⲀⲤⲔⲀⲠϬⲖ̅ⲘⲈⲈⲒ ⲀⲠⲈⲤⲎⲦ` ⲀⲤϨⲈ ⲈⲢⲞϤ ⲈϤϢⲞⲨⲈⲒⲦ`

⟨도마98⟩ ① ⲠⲈϪⲈ Ⲓ̅Ⲥ̅ ϪⲈ ⲦⲘⲚ̅ⲦⲈⲢⲞ ⲘⲠⲈⲒⲰⲦ` ⲈⲤⲦⲚ̅ⲦⲰⲚ ⲈⲞⲨⲢⲰⲘⲈ ⲈϤⲞⲨⲰϢ ⲈⲘⲞⲨⲦ ⲞⲨⲢⲰⲘⲈⲘ̅ⲘⲈⲄⲒⲤⲦⲀⲚⲞⲤ ② ⲀϤϢⲰⲖⲘ̅ Ⲛ̅ⲦⲤⲎϤⲈ ϨⲘ̅ ⲠⲈϤⲎⲈⲒ ⲀϤϪⲞⲦⲤ̅ Ⲛ̅ⲦϪⲞ ϪⲈⲔⲀⲀⲤ ⲈϤⲚⲀⲈⲒⲘⲈ ϪⲈ ⲦⲈϤϬⲒϪ` ⲚⲀⲦⲰⲔ` ⲈϨⲞⲨⲚ ③ ⲦⲞⲦⲈ ⲀϤϨⲰⲦⲂ̅ Ⲙ̅ⲠⲘⲈⲄⲒⲤⲦⲀⲚⲞⲤ

⟨도마99⟩ ① ⲠⲈϪⲈⲘ̅ⲘⲀⲐⲎⲦⲎⲤ ⲚⲀϤϪⲈ ⲚⲈⲔ`ⲤⲚⲎⲨ ⲘⲚ̅ ⲦⲈⲔⲘⲀⲀⲨ ⲤⲈⲀϨⲈⲢⲀⲦⲞⲨ ϨⲒⲠⲤⲀⲚⲂⲞⲖ ② ⲠⲈϪⲀϤⲚⲀⲨ ϪⲈ ⲚⲈⲦⲚ̅ⲚⲈⲈⲒⲘⲀ ⲈⲦ†ⲢⲈ Ⲙ̅ⲠⲞⲨⲰϢ Ⲙ̅ⲠⲀⲈⲒⲰⲦ` ⲚϨⲈⲒ ⲚⲈ ⲚⲀⲤⲚⲎⲨ ⲘⲚ̅ ⲦⲀⲘⲀⲀⲨ ③ Ⲛ̅ⲦⲞⲞⲨⲠⲈ ⲈⲦⲚⲀⲂⲰⲔ` ⲈϨⲞⲨⲚ ⲈⲦⲘⲚ̅ⲦⲈⲢⲞⲘ̅ⲠⲀⲈⲒⲰⲦ`

⟨도마100⟩ ① ⲀⲨⲦⲤⲈⲂⲈⲒ̅Ⲥ̅ ⲀⲨⲚⲞⲨⲂ ⲀⲨⲰ ⲠⲈϪⲀⲨⲚⲀϤ` ϪⲈ ⲚⲈⲦⲎⲠ`ⲀⲔⲀⲒⲤⲀⲢ` ⲤⲈϢⲒⲦⲈ Ⲙ̅ⲘⲞⲚⲚ̅Ⲛ̅ϢⲰⲘ` ② ⲠⲈϪⲀϤⲚⲀⲨ ϪⲈ † ⲚⲀ ⲔⲀⲒⲤⲀⲢ`Ⲛ̅ⲔⲀⲒⲤⲀⲢ ③ † ⲚⲀ ⲠⲚⲞⲨⲦⲈ Ⲙ̅ⲠⲚⲞⲨⲦⲈ ④ ⲀⲨⲰ ⲠⲈⲦⲈⲠⲰⲈⲒⲠⲈ ⲘⲀⲦⲚ̅ⲚⲀⲈⲒϤ

⟨도마101⟩ ① ⲠⲈⲦⲀⲘⲈⲤⲦⲈ ⲠⲈϤⲈⲒⲰⲦ` ⲀⲚ ⲘⲚ̅ ⲦⲈϤ`ⲘⲀⲀⲨ Ⲛ̅ⲦⲀϨⲈ ϤⲚⲀϢ

ⲠⲘⲀⲐⲎⲦⲎⲤⲚⲀⲈⲒⲀⲚ ② ⲀⲨⲰ ⲠⲈⲦⲀⲘⲢⲢⲈⲠⲈϤ ⲈⲒⲰⲦ`ⲀⲚ ⲘⲚ
ⲦⲈϤ`ⲘⲀⲀⲨ ⲚⲦⲀϨⲈ ϤⲚⲀϢ ⲢⲘⲀⲐⲎⲦⲎⲤⲚⲀⲈⲒⲀⲚ ③ ⲦⲀⲘⲀⲀⲨ ⲄⲀⲢ
ⲚⲦⲀ|ⲤϮϬⲞⲖ ⲚⲀⲈⲒ ⲈⲂⲞⲖ ⲦⲀⲘⲀⲀⲨ ⲆⲈ ⲘⲘⲈ ⲀⲤϮ ⲚⲀⲈⲒ ⲘⲠⲰⲚϨ

〈도마102〉 ① ⲠⲈϪⲈ ⲒⲤ ϪⲈ ⲞⲨⲞⲈⲒ ⲚⲀⲨ ⲘⲪⲀⲢⲒⲤⲀⲒⲞⲤ ϪⲈ ⲈⲨⲈⲒⲚⲈ
ⲚⲚⲞⲨⲞⲨϨⲞⲢ ⲈϤⲚⲔⲞⲦⲔ` ϨⲒϪⲚ ⲠⲞⲨⲞⲚⲈϤ` ⲚϨⲈⲚⲈϨⲞⲞⲨ ϪⲈ ⲞⲨⲦⲈ
ϤⲞⲨⲰⲘⲀⲚ ⲞⲨⲦⲈ ϤⲔⲰⲀⲚ ⲚⲚⲈϨⲞⲞⲨ ⲈⲞⲨⲰⲘ

〈도마103〉 ① ⲠⲈϪⲈ ⲒⲤ ϪⲈ ⲞⲨⲘⲀⲔⲀⲢⲒⲞⲤ ⲠⲈⲠⲢⲰⲘⲈ ⲠⲀⲈⲒⲦ
ⲤⲞⲞⲨⲚϪⲈ ϨⲚⲀ ϢⲘⲘⲈⲢⲞⲤ ⲈⲚⲀⲎⲤⲦⲎⲤ ⲚⲎⲨ ⲈϨⲞⲨⲚ ② ϢⲒⲚⲀ
ⲈϤⲚⲀⲦⲰⲞⲨⲚ` ⲚϤⲤⲰⲞⲨϨ ⲚⲦⲈϤ`ⲘⲚⲦⲈⲢⲞ ⲀⲨⲰ ⲚϤⲘⲞⲨⲢ ⲘⲘⲞϤ`
ⲈϪⲚⲦⲈϤ`ϮⲠⲈ ϨⲀⲦⲈϨⲎ ⲈⲘ`ⲠⲀⲦⲞⲨⲈⲒ ⲈϨⲞⲨⲚ

〈도마104〉 ① ⲠⲈϪⲀⲨⲚ ⲒⲤ ϪⲈ ⲀⲘⲞⲨ ⲚⲦⲚϢⲖⲎⲖ` ⲘⲠⲞⲞⲨ ⲀⲨⲰ
ⲚⲦⲚⲢⲚⲎⲤⲦⲈⲨⲈ ② ⲠⲈϪⲈ ⲒⲤ ϪⲈ ⲞⲨ ⲄⲀⲢⲠⲈ ⲠⲚⲞⲂⲈ ⲚⲦⲀⲈⲒⲀⲀϤ` Ⲏ
ⲚⲦⲀⲨϪⲢⲞ ⲈⲢⲞⲈⲒ ϨⲚⲞⲨ ③ ⲀⲖⲖⲀ ϨⲞⲦⲀⲚ ⲈⲢϢⲀⲚⲠⲚⲨⲘⲪⲒⲞⲤ ⲈⲒ
ⲈⲂⲞⲖϨⲘ ⲠⲚⲨⲘⲪⲰⲚ ⲦⲞⲦⲈ ⲘⲀⲢⲞⲨⲚⲎ`ⲤⲦⲈⲨⲈ ⲀⲨⲰ
ⲘⲀⲢⲞⲨϢⲖⲎⲖ`

〈도마105〉 ① ⲠⲈϪⲈ ⲒⲤ ϪⲈ ⲠⲈⲦⲚⲀⲤⲞⲨⲰⲚ ⲠⲈⲒⲰⲦ` ⲘⲚ ⲦⲘⲀⲀⲨ
ⲤⲈⲚⲀⲘⲞⲨⲦⲈ ⲈⲢⲞϤ` ϪⲈ ⲠϢⲎⲢⲈ ⲘⲠⲞⲢⲚⲎ

〈도마106〉 ① ⲠⲈϪⲈ ⲒⲤ ϪⲈ ϨⲞⲦⲀⲚ ⲈⲦⲈⲦⲚϢⲀⲢ ⲠⲤⲚⲀⲨ ⲞⲨⲀ
ⲦⲈⲦⲚⲀϢⲰⲠⲈ ⲚϢⲎⲢⲈ ⲘⲠⲢⲰⲘⲈ ② ⲀⲨⲰ ⲈⲦⲈⲦⲚϢⲀⲚϪⲞⲞⲤ ϪⲈ
ⲠⲦⲞⲞⲨ ⲠⲰⲰⲚⲈ ⲈⲂⲞⲖ` ϤⲚⲀⲠⲰⲰⲚⲈ

〈도마107〉 ① ⲠⲈϪⲈ ⲒⲤ ϪⲈ ⲦⲘⲚⲦⲈⲢⲞ ⲈⲤⲦⲚⲦⲰ ⲈⲨⲢⲰⲘⲈ ⲚϢⲰⲤ
ⲈⲨⲚⲦⲀϤ` ⲘⲘⲀⲨ ⲚϢⲈ ⲚⲈⲤⲞⲞⲨ ② ⲀⲞⲨⲀ ⲚϨⲎⲦⲞⲨ ⲤⲰⲢⲘ` ⲈⲠⲚⲞϬ
ⲠⲈ ⲀϤⲔⲰ ⲘⲠⲤⲦⲈⲮⲒⲦ ⲀϤϢⲒⲚⲈ ⲚⲤⲀⲠⲒⲞⲨⲀ ϢⲀⲚⲦⲈϤϨⲈ ⲈⲢⲞϤ` ③
ⲚⲦⲀⲈⲢⲈϤϨⲒⲤⲈ ⲠⲈϪⲀϤ` ⲘⲠⲈⲤⲞⲞⲨ ϪⲈ ϮⲞⲨⲞϢⲔ`
ⲠⲀⲢⲀⲠⲤⲦⲈⲮⲒⲦ`

〈도마108〉 ① ⲠⲈϪⲈ ⲒⲤ ϪⲈ ⲠⲈⲦⲀⲤⲰ ⲈⲂⲞⲖ ϨⲚⲦⲀⲦⲀⲠⲢⲞ ϤⲚⲀϢⲰⲠⲈ
ⲚⲦⲀϨⲈ ② ⲀⲚⲞⲔ ϨⲰ ϮⲚⲀϢⲰⲠⲈ ⲈⲚⲦⲞϤ ⲠⲈ ③ ⲀⲨⲰ ⲚⲈⲐⲎⲠ`
ⲚⲀⲞⲨⲰⲚϨ ⲈⲢⲞϤ`

〈도마109〉 ① ⲠⲈϪⲈ ⲒⲤ ϪⲈ ⲦⲘⲚⲦⲈⲢⲞ ⲈⲤⲦⲚⲦⲰⲚ ⲈⲞⲨⲢⲰⲘⲈ ⲈⲨⲚⲦⲀϤ

ⲘⲘⲀⲨ ⲚⲦⲈϤˋⲤⲰϢⲈ ⲚⲚⲞⲨⲈϨⲞ ⲈϤϨⲎⲠˋ ⲈϤⲞ ⲚⲀⲦⲤⲞⲞⲨⲚˋ ⲈⲢⲞϤ ② ⲀⲨⲰ ⲘⲘⲚⲚⲤⲀⲦⲢⲈϤⲘⲞⲨ ⲀϤⲔⲀⲀϤ ⲘⲠⲈϤˋϢⲎⲢⲈ ⲚⲈⲠϢⲎⲢⲈⲤⲞⲞⲨⲚ ⲀⲚˋ ⲀϤϤˋⲦⲤⲰϢⲈ ⲈⲦⲘⲘⲀⲨ ⲀϤⲦⲀⲀⲤ ⲈⲂⲞⲖ ③ ⲀⲨⲰ ⲠⲈⲚⲦⲀϨⲦⲞⲞⲨⲤ ⲀϤⲈⲒ ⲈϤⲤⲔⲀⲈⲒ ⲀϤϨⲈ ⲀⲠⲈϨⲞ ⲀϤⲀⲢⲈⲬⲈⲒ ⲚϮϨⲞⲘⲦˋ ⲈⲦⲘⲎⲤⲈ ⲚⲚⲈⲦϤⲞⲨⲞϢⲞⲨ

〈도마110〉 ① ⲠⲈϪⲈ ⲒⲤ ϪⲈ ⲠⲈⲚⲦⲀϨϬⲒⲚⲈ ⲘⲠⲔⲞⲤⲘⲞⲤ ⲚϤϤⲢⲢⲘⲘⲀⲞ ⲘⲀⲢⲈϤⲀⲢⲚⲀ ⲘⲠⲔⲞⲤⲘⲞⲤ

〈도마111〉 ① ⲠⲈϪⲈ ⲒⲤ ϪⲈ ⲘⲠⲎⲨⲈ ⲚⲀϬⲰⲖˋ ⲀⲨⲰ ⲠⲔⲀϨ ⲘⲠⲈⲦⲚⲘⲦⲞ ⲈⲂⲞⲖˋ ② ⲀⲨⲰ ⲠⲈⲦⲞⲚϨ ⲈⲂⲞⲖ ϨⲚⲠⲈⲦⲞⲚϨ ϤⲚⲀⲚⲀⲨ ⲀⲚ ⲈⲘⲞⲨ ③ ⲞⲨⲬϨⲞⲦⲒ ⲈⲒⲤϪⲰ ⲘⲘⲞⲤ ϪⲈ ⲠⲈⲦⲀϨⲈ ⲈⲢⲞϤˋ ⲞⲨⲀⲀϤ ⲠⲔⲞⲤⲘⲞⲤ ⲘⲠϢⲀ ⲘⲘⲞϤˋ ⲀⲚ

〈도마112〉 ① ⲠⲈϪⲈ ⲒⲤ ϪⲈ ⲞⲨⲞⲈⲒ ⲚⲦⲤⲀⲢⲜˋ ⲦⲀⲈⲒ ⲈⲦⲀϢⲈ ⲚⲦⲮⲨⲬⲎ ② ⲞⲨⲞⲈⲒ ⲚⲦⲮⲨⲬⲎ ⲦⲀⲈⲒ ⲈⲦⲀϢⲈ ⲚⲦⲤⲀⲢⲜ

〈도마113〉 ① ⲠⲈϪⲀⲨ ⲚⲀϤ ⲚϬⲒⲚⲈϤⲘⲀⲐⲎⲦⲎⲤ ϪⲈ ⲦⲘⲚⲦⲈⲢⲞ ⲈⲤⲚⲚⲎⲨ ⲚⲀϢ ⲚϨⲞⲞⲨ ② ⲈⲤⲚⲚⲎⲨ ⲀⲚ ϨⲚⲞⲨϬⲰϢⲦˋ ⲈⲂⲞⲖˋ ③ ⲈⲨⲚⲀϪⲞⲞⲤ ⲀⲚ ϪⲈ ⲈⲒⲤϨⲎⲎⲦⲈ ⲘⲠⲒⲤⲀ ⲎⲈⲒⲤϨⲎⲎⲦⲈ ⲦⲎ ④ ⲀⲖⲖⲀ ⲦⲘⲚⲦⲈⲢⲞ ⲘⲠⲈⲒⲰⲦˋ ⲈⲤⲠⲞⲢϢˋ ⲈⲂⲞⲖ ϨⲒϪⲘⲠⲔⲀϨ ⲀⲨⲰ ⲢⲢⲰⲘⲈ ⲚⲀⲨ ⲀⲚ ⲈⲢⲞⲤ

〈도마114〉 ① ⲠⲈϪⲈ ⲤⲒⲘⲰⲚ ⲠⲈⲦⲢⲞⲤ ⲚⲀⲨ ϪⲈ ⲘⲀⲢⲈⲘⲀⲢⲒϨⲀⲘ ⲈⲒ ⲈⲂⲞⲖ ⲚϨⲎⲦⲚ ϪⲈ ⲚⲤϨⲒⲞⲘⲈ ⲘⲠϢⲀ ⲀⲚˋ ⲘⲠⲰⲚϨ ② ⲠⲈϪⲈ ⲒⲤ ϪⲈ ⲈⲒⲤϨⲎⲎⲦⲈ ⲀⲚⲞⲔˋ ϮⲚⲀⲤⲰⲔˋ ⲘⲘⲞⲤ ϪⲈⲔⲀⲀⲤ ⲈⲈⲒⲚⲀⲀⲤ ⲚϨⲞⲞⲨⲦˋ ϢⲒⲚⲀ ⲤⲚⲀϢⲰⲠⲈ ϨⲰⲰⲤ ⲚⲞⲨⲠⲚⲀ ⲈϤⲞⲚϨ ⲈϤⲈⲒⲚⲈ ⲘⲘⲰⲦⲚ ⲚϨⲞⲞⲨⲦˋ ③ ϪⲈ ⲤϨⲒⲘⲈⲚⲒⲘˋ ⲈⲤⲚⲀⲀⲤ ⲚϨⲞⲞⲨⲦˋ ⲤⲚⲀⲂⲰⲔˋ ⲈϨⲞⲨⲚ ⲈⲦⲘⲚⲦⲈⲢⲞ ⲚⲘⲠⲎⲨⲈ

ⲠⲈⲨⲀⲄⲄⲈⲖⲒⲞⲚ ⲠⲔⲀⲦⲀ ⲐⲰⲘⲀⲤ

도마복음 본문 해석

⟨도마 1⟩ ①이것은 살아있는 예수께서 말씀하시고, 쌍둥이 유다 도마가 기록한 비밀의 말씀입니다. ②그리고 예수께서 "이 말씀에 대한 해석을 돌연 발견해내는 사람은 누구든지 죽음을 맛보지 않을 것입니다."고 말씀했습니다. [26, 27, 28, 31쪽]

⟨도마 2⟩ ①예수께서 "추적하는 사람은 밝혀낼 때까지 추적하기를 멈추지 마십시오. ②그래서 밝혀낼 때 그는 전율할 것이고, ③전율할 때 그이에게는 기적이 일어날 것입니다. ④그러면 그이는 모든 것에 대한 왕이 될 것입니다."고 말씀했습니다. [19, 21, 22, 26, 27쪽]

⟨도마 3⟩ ①예수께서 "여러분의 마음을 이끄는 자들이 여러분에게 '보십시오! 나라는 하늘에 있습니다'고 한다면, 하늘의 새가 여러분보다 먼저 하늘에 도착할 것이고, ②이들이 여러분에게 '나라는 바닷속에 있습니다'고 한다면, 물고기가 여러분보다 먼저 도착할 것입니다. ③하지만 나라는 여러분 안에 그리고 여러분 밖에 있습니다. ④여러분이 자기 자신을 알아본다면, 비로소 여러분은 알려지게 되고, 그러면 자신이 살아있는 아버지의 자녀임을 깨닫게 될 것입니다. ⑤그러나 여러분이 자기 자신을 알아보지 못한다면, 여러분은 어떤 빈곤한 처지에 있게 되고, 빈곤한 처지가 되어버립니다."고 말씀했습니다. [6, 32, 34, 40, 64, 111쪽]

〈도마 4〉 ①예수께서 "나이 든 사람이 칠일 된 어린 자녀인 아기에게 생명의 처소에 관해 망설이지 않고 물으면 ②앞의 사람이 뒤의 아기가 될 경우가 많을 것이고, 이들이 통합된 존재가 될 것이므로 그이는 생명의 길로 가게 될 것입니다."고 말씀했습니다. [125쪽]

〈도마 5〉 ①예수께서 "자신의 얼굴 바로 앞에 있는 것을 알아보십시오. 그러면 여러분 속에 감춰진 것이 여러분의 바깥에 드러나게 될 것입니다. ②감춰진 것은 앞에 나타내지 않을 것이 없기 때문입니다."고 말씀했습니다. [16, 54, 60쪽]

〈도마 6〉 ①길벗들이 예수에게 "우리가 금식하기를 바랍니까? 어떻게 기도해야 합니까? 자선을 베풀어야 합니까? 어떤 음식을 가려야 합니까?"라고 물었습니다. ②예수께서 "거짓말하지 마십시오. ③그리고 자신이 싫어하는 것을 하지 마십시오. ④왜냐하면, 감춰진 것은 앞에 나타내지 않을 것이 없고, 덮인 것은 드러나지 않은 채 지속하지 못하므로 모든 것들은 자신의 얼굴 바로 앞에 있는 것으로 드러나기 때문입니다."고 답했습니다. [59쪽]

〈도마 7〉 ①예수께서 "사람이 먹는 사자는 복(福)됩니다. 그리고 그 사자는 사람이 됩니다. ②사자가 먹는 사람은 더럽혀집니다. 그리고 그 사자는 사람이 될 것입니다."고 말씀했습니다. [20, 119쪽]

〈도마 8〉 ①예수께서 "[사자(짐승)에서 사람이 되려고 한다면] 그 사람은 바다에 던진 그물을 새끼 물고기가 가득한 채 끌어올린 슬기로운 어부에 비유됩니다. ②그 슬기로운 어부는 가득한 물고기 중에서 좋고 훌륭한 물고기 한 마리를 발견합니다. ③그이는 모든 새끼 물고기를 다시 바닷속으로 던져 버리고, 고통 없이 그 훌륭한 물고기만을 선택했습니다. ④들을 귀가 있는 사람은 들으십시오."라고 말씀했습니다. [69, 156쪽]

〈도마 9〉 ①예수께서 "보십시오! 씨 뿌리는 자가 밖으로 나와서 손에 씨를 가득 쥐고 씨를 던졌습니다. ②더러는 길에 떨어져서 새들이 와서 먹어버렸고, ③더러는 바위 위에 떨어져서 땅에 뿌리를 내리지 못해서 하늘 위로 싹을 내지 못했으며, ④더러는 가시덤불에 떨어져서 덤불이 싹을 막아버려 벌레가 삼켜버렸고, ⑤더러는 좋은 땅에 떨어져서 씨앗은 하늘 위로 향해 60배, 120배의 좋은 열매를 맺었습니다."고 말씀했습니다. [69, 176쪽]

〈도마 10〉 ①예수께서 "나는 이 세상 위에 불을 던졌습니다. 그리고 보십시오! 나는 이 세상이 타오를 때까지 그 불을 지킵니다."고 말씀했습니다. [69, 72쪽]

〈도마 11〉 ①예수께서 "이 하늘은 환멸될 것이고, 이와 함께 그 하늘에 있던 것들도 환멸될 것입니다. ②죽어있는 자는 살아있지 않고, 살아있는 사람은 죽지 않을 것입니다. ③죽어있는 것을 먹던 그날에 여러분은 그것을 살아있는 것이 되게 만들었습니다. ④여러분이 빛에 존재할 때, 무엇을 할 것입니까? ⑤여러분이 하나였던 바로 그날 여러분은 둘이 되게 만들었습니다. ⑥그런데 여러분이 둘이 되었을 때, 무엇을 할 것입니까?"라고 말씀했습니다. [32, 58, 126, 152쪽]

〈도마 12〉 ①길벗들이 예수께 "우리는 당신이 우리를 떠나리라는 것을 압니다. 우리가 본받을 사람이 누구입니까?"라고 물었습니다. ②예수께서 이들에게 "여러분이 어디에 있든지 의인 야곱 쪽으로 향할 것입니다. 야곱 덕에 하늘과 땅이 존재합니다."고 말씀했습니다. [105쪽]

〈도마 13〉 ①예수께서 길벗들에게 "나를 비교해보고, 내가 누구와 같은지를 말해보십시오."라고 말씀했습니다. ②시몬 베드로가 예수께 "당신은 의로운 천사 같습니다."고 말했습니다. ③마태가 예수께 "당신은 현명한 철학자 같습니다."고 말했습니다. ④도마가 예수께 "스승이시여! 제 입은 당신이 누구와 같은지를 담지 못합니다."고 말했습니다. ⑤예수께서 "그대는 내가 맞춰준 솟아오르는 샘물을 마시고 취해버렸으므로 나는 그대의 스승이 아닙니다."고 말했습니다. ⑥그리고 예수께서 도마를 따로 데리고 가서 그에게 세 마디를 말해주었습니다. ⑦도마가 자신의 동료에게 돌아왔을 때, 이들이 도마에게 "예수께서 당신에게 무엇을 말씀했는가?"라고 물었습니다. ⑧도마가 이들에게 "예수께서 내게 한 말씀 중 하나라도 내가 여러분에게 말하면, 여러분은 돌을 들어서 나에게 던질 것이고, 그러면 그 돌에서 불이 나와서 여러분을 태워버릴 것입니다."고 답했습니다. [72, 86쪽]

〈도마 14〉 ①예수께서 길벗들에게 "여러분이 금식한다면, 자기 자신에게 죄짓게 되고, ②여러분이 기도한다면, 심판받게 되며, ③여러분이 자선을 베푼다면, 자신의 영에 해악을 끼치게 만들 것입니다. ④여러분이 어느 곳에 들어가서 그 마을을 다니다가 사람들이 여러분을 받아들이면, 여러분 앞에 놓인 음식을 먹고, 이들 중 병자를 치료하십시오. ⑤여러분 입으로 들어가는 것이 여러분을 더럽히지 않으며, 도리어 여러분 입에서 나오는 것이 여러분을 더럽힐 것입니다."고 말씀했습니다. [110, 156쪽]

〈도마 15〉 ①예수께서 "여러분이 여자를 통해 태어나지 않은 사람을 볼 때 여러분의 얼굴을 땅에 대고 엎드려 경배하십시오. 그런 사람이 바로 여러분의 아버지입니다."고 말씀했습니다. [165, 184쪽]

〈도마 16〉 ①예수께서 "아마 사람들은 내가 이 세상에 평화를 던지려고 왔다고 생각하고, ②이 땅에 분열, 즉 불, 검, 전쟁을 던지러 왔음을 모릅니다. ③한집에 다섯이 있다면 셋은 둘에, 둘은 셋에, 아버지는 자녀에게, 자녀는 아버지에게 맞설 것이기 때문입니다. ④그리고 이들은 절대자가 되어 굳건히 서 있게 될 것입니다."고 말씀했습니다. [23, 66, 69, 72, 129쪽]

〈도마 17〉 ①예수께서 "나는 여러분에게 눈이 보지 못했던 것, 귀가 듣지 못했던 것, 손이 만지지 못했던 것, 사람의 마음에 떠오르지 않았던 것을 줄 것입니다."고 말씀했습니다. [28쪽]

〈도마 18〉 ①길벗들이 예수께 "우리의 종말(결과)이 어떻게 될지 우리에게 말해주십시오."라고 청했습니다. ②예수께서 "그런데 여러분은 결과를 추적할 수 있도록 원인을 드러냈습니까? ③원인이 있는 곳에 결과가 존재할 것이기 때문입니다. ④원인에 굳건히 서 있는 사람은 복됩니다. ⑤그이는 결과를 알아볼 것이므로 죽음을 맛보지 않을 것입니다."고 말씀했습니다. [13, 14, 21, 22, 27, 152쪽]

〈도마 19〉 ①예수께서 "있게 되기 전인 조건에 대해 존재하는 사람은 복됩니다. ②여러분이 나의 길벗이 되어 내 말에 귀 기울인다면, 이 돌들이 여러분을 섬길 것입니다. ③여러분을 위해 여름과 겨울에 흔들리지 않고 잎이 떨어지지 않는 다섯 그루의 나무가 낙원에 준비되어 있기 때문입니다. ④그 나무를 알아보는 사람은 누구든지 죽음을 맛보지 않을 것입니다."고 말씀했습니다. [145, 151, 152쪽]

〈도마 20〉 ①길벗들이 예수께 "하늘나라는 무엇과 같은지 말씀해주십시오."라고 여쭈었습니다. ②예수께서 이들에게 "하늘나라는 겨자씨에 비유됩니다. ③겨자씨는 모든 씨 중에 가장 작지만, ④경작된 땅에 떨어지면 커다란 가지를 낳아서 하늘의 새들을 위한 보금자리가 됩니다."고 말씀했습니다. [37쪽]

〈도마 21〉 ①마리아가 예수께 "당신의 길벗들은 누구와 같습니까?"라고 물었습니다. ②예수께서 "이들은 자신의 것이 아닌 밭에서 사는 어린 자녀와 같습니다. ③그 밭주인이 올 때 그 주인은 '우리의 밭을 우리에게 돌려달라'고 말할 것입니다. ④자녀는 주인에게 밭을 돌려주려고 주인 앞에서 자신의 옷을 벗고 알몸이 되어, 그 밭을 주인에게 돌려줄 것입니다."고 답했습니다. ⑤그래서 예수께서 "집의 주인은 도둑이 오고 있음을 알아챈다면, 그 도둑이 주인 자신의 영역인 집을 뚫고 들어와 물건을 가져가지 못하도록 도둑이 도착하기 전에 경계할 것입니다. ⑥하지만 여러분은 세상의 조건에 대해 경계하십시오. ⑦도둑들이 여러분에게 도달하는 길을 발견하지 못하도록 강한 힘으로 허리띠를 묶으십시오. ⑧여러분은 자신이 밖에서 추구하던 도움을 이것에서 발견하기 때문입니다. ⑨여러분 중에 내 말을 이해하는 한 사람이 있기를 바랍니다. ⑩열매가 익었을 때, 그이가 급히 손에 낫을 들고 와서 그것을 거둬들였습니다. ⑪들을 귀가 있는 사람은 들으십시오."라고 말씀했습니다. [79, 151, 156쪽]

〈도마 22〉 ①예수께서 젖을 먹고 있는 아기를 봤습니다. ②예수께서 길벗들에게 "젖을 먹고 있는 이 아기는, 나라에 들어가는 사람에 비유됩니다."고 말씀했습니다. ③이들이 예수께 "그러면 우리가 아기가 된다면 나라에 들어가게 됩니까?"라고 물었습니다. ④예수께서 이들에게 "여러분이 둘을 하나가 되게 해서 속을 겉처럼, 겉을 속처럼, 또 위를 아래처럼 되게 하고, ⑤그래서 남성은 남성이 되지 않고 여성은 여성이 되지 않도록 여러분이 남성성과 여성성을 통합할 때, ⑥그리고 눈을 눈답게, 손을 손답게, 발을 발답게, 모습을 모습답게 만들 때, ⑦비로소 여러분은 나라에 들어가게

될 것입니다."고 답했습니다. [58, 60, 63, 90, 119, 163, 185쪽]

〈도마 23〉 ①예수께서 "내가 여러분을 택하되, 천 명에서 한 명을, 만 명에서 두 명을 택할 것입니다. ②그리고 이들은 통합된 존재가 되어 굳건히 서 있을 것입니다."고 말씀했습니다. [23, 127쪽]

〈도마 24〉 ①길벗들이 "당신이 계신 처소를 우리에게 보여주십시오. 그곳을 추적하는 것이 우리에게 필요하기 때문입니다."라고 청했습니다. ②예수께서 "들을 귀가 있는 사람은 들으십시오. ③빛의 사람 내면에 빛이 존재하고, 그이는 온 세상에 대해 빛이 됩니다. 그이가 빛이 되지 않는다면, 어둠이 있습니다."고 말씀했습니다. [70, 156쪽]

〈도마 25〉 ①예수께서 "자신의 형제자매를 자신의 심혼처럼 사랑하십시오. ②그이를 자신의 눈동자처럼 보호하십시오."라고 말씀했습니다. [187쪽]

〈도마 26〉 ①예수께서 "여러분은 형제자매의 눈 속에 있는 티는 보지만, 자신의 눈 속에 있는 들보를 보지 못합니다. ②여러분이 자신의 눈 속에서 들보를 빼낼 때에야 형제자매의 눈 속의 티를 빼주려고 바깥으로 볼 것입니다."고 말씀했습니다. [176쪽]

〈도마 27〉 ①예수께서 "이 세상에 대해 금식하지 않는다면, 여러분은 나라를 발견하지 못할 것입니다. ②안식일을 안식일답게 만들지

않는다면, 여러분은 아버지를 보지 못할 것입니다."고 말씀했습니다. [40, 63, 135쪽]

〈도마 28〉 ①예수께서 "나는 세상 속에 발을 딛고, 육체로서 사람들 앞에 나타냈습니다. ②나는 이들이 모두 술에 취해있음을 발견했는데, 이들 중 목마른 사람을 발견하지 못했습니다. ③내 심혼은 '아담 같은 자녀'의 위에 걱정거리를 더해줍니다. 자신의 마음이 눈먼 이들은 빈손으로 세상에 왔음을 보지 못하고, 또한 빈손으로 세상에서 떠나기를 추종하기 때문입니다. ④지금 이들은 취해있습니다. 그러나 이들이 술을 끊어버릴 때에야 자기의식을 전환하게 될 것입니다."고 말씀했습니다. [96, 168쪽]

〈도마 29〉 ①예수께서 "육체가 영 덕에 존재해왔다면 이는 기적이지만, ②영이 몸 덕에 존재해왔다면 이는 기적 중의 기적입니다. ③그러나 도리어 나는 어떻게 이런 위대한 풍요로운 존재가 이런 빈곤한 처지에 자리하게 되었는지는 기적 자체입니다."고 말씀했습니다. [100쪽]

〈도마 30〉 ①예수께서 "[천심(天心)을 대행한다고 여기는] 세 명의 신들이 있는 곳에서 이들은 [사실상 민심(民心)의 눈치를 보면서 진실을 따르기 어려운 다수결의] 신들 중에 있습니다. ②두 명이나 한 명이 있는 곳에 나는 바로 그 사람과 함께합니다."고 말씀했습니다. [45, 68쪽]

〈도마 31〉 ①예수께서 "선지자는 자신의 마을에서 환영받지 못합니다. ②의사는 자신을 아는 사람들을 고치지 못합니다."고 말씀했습니다. [151쪽]

〈도마 32〉 ①예수께서 "높은 산 위에 세워져서 강화된 성은 무너지지도 않고, 숨겨질 수도 없습니다."고 말씀했습니다. [172, 177쪽]

〈도마 33〉 ①예수께서 "여러분이 자신의 귀로 들을 것을, 다른 귀에다 자신의 지붕 위에서 단계적으로 선언하십시오. ②누구도 등불을 켜서 됫박 아래나 감춰진 곳에 두지 않고, ③도리어 집에 들어오고 나가는 모든 이로 하여금 그 빛을 보도록 등불을 등잔걸이 위에 올려놓기 때문입니다."고 말씀했습니다. [172쪽]

〈도마 34〉 ①예수께서 "눈먼 자가 눈먼 자를 앞에서 인도하면, 둘 다 구덩이의 바닥에 빠져버리게 될 것입니다."고 말씀했습니다. [172쪽]

〈도마 35〉 ①예수께서 "누구든 강력한 자의 집에 들어가서 그이의 양손을 묶지 않고는 힘으로 그이를 잡아둘 수 없습니다. ②그때야 그이는 자신의 집을 바꿀 것입니다."고 말씀했습니다. [120쪽]

〈도마 36〉 ①예수께서 "아침부터 저녁까지, 그리고 저녁부터 아침까지 무엇을 입을까 염려하지 마십시오."라고 말씀했습니다. [61쪽]

〈도마 37〉 ①길벗들이 "당신은 언제 우리 앞에 [진면목을] 나타내고, 우리는 언제 당신을 보게 될 것입니까?"라고 물었습니다. ②예수께서 "여러분이 부끄러워하지 않고 발가벗을 때, 또 어린 자녀인 아기처럼 자신의 옷을 벗어 발밑에 두고 밟아버릴 때, ③여러분은 살아있는 아버지의 자녀를 보게 되고, 두려워지지 않을 것입니다." 고 답했습니다. [32, 163쪽]

〈도마 38〉 ①예수께서 "여러분은 내가 여러분에게 말하나 다른 이에게서는 듣지 못하는 이 말들을 여러 번 듣고 싶어했습니다. ②여러분이 나를 추적하고자 하나 나를 발견하지 못하는 날이 있을 것입니다."고 말씀했습니다. [76, 79쪽]

〈도마 39〉 ①예수께서 "바리새인들과 율법학자들은 자신들이 잡고 있는 명지라는 열쇠들을 숨겨버렸습니다. ②이들은 자신들도 들어가지 않았고, 또 들어가기를 소망하는 사람들도 들어가지 못하게 했습니다. ③하지만 여러분은 뱀처럼 지혜롭고, 비둘기처럼 순수해지십시오."라고 말씀했습니다. [89쪽]

〈도마 40〉 ①예수께서 "한 그루의 포도나무가 아버지 밖에 심어졌습니다. ②그 나무는 강화되지 못하므로, 뿌리째 뽑혀버려 죽어버릴 것입니다."고 말씀했습니다. [118쪽]

〈도마 41〉 ①예수께서 "손에 지닌 사람은 더 받게 될 것이고, ②지니지 못한 사람은 조금 지니고 있는 것도 손에서 빼앗기게 될 것입

니다."고 말씀했습니다. [139쪽]

〈도마 42〉 ①예수께서 "환멸하는 사람이 되십시오."라고 말씀했습니다. [155쪽]

〈도마 43〉 ①길벗들이 예수에게 "이것을 우리에게 말씀하는 당신은 누구십니까?"라고 물었습니다. ②예수께서 "여러분은 내가 여러분에게 하는 말에서 '내가 누구인지'를 깨닫지 못합니다. ③도리어 여러분은 유대인처럼 되어버렸습니다. 그들은 나무를 사랑하면서도 그 열매를 증오하고, 열매를 사랑하면서도 그 나무를 증오하기 때문입니다."고 답했습니다. [16쪽]

〈도마 44〉 ①예수께서 "아버지는 자신을 무시하는 누구든지 내버려둘 것입니다. ②자녀도 자신을 무시하는 누구든지 내버려둘 것입니다. ③그러나 성령은 자신을 무시하는 누구든지 땅에서도 하늘에서도 내버려두지 않을 것입니다."고 말씀했습니다. [141쪽]

〈도마 45〉 ①예수께서 "가시나무에서 포도를 거두지 못하고, 엉겅퀴에서 무화과를 따지 못하는데, 이것은 열매를 맺지 못하기 때문입니다. ②선한 사람은 보물에서 선한 것을 꺼내옵니다. ③악한 사람은 마음속의 사악한 보물 중에서 나쁜 것을 꺼내오고 나쁜 말을 내뱉습니다. ④악한 사람은 넘쳐버린 마음에서 나쁜 것들을 꺼내오기 때문입니다."고 말씀했습니다. [15, 51쪽]

〈도마 46〉 ①예수께서 "아담부터 세례요한까지 여인이 낳은 자 중에 세례요한보다 높여진 이가 없으므로 그에 대한 안목은 내려가지 말아야 합니다. ②하지만 나는 '여러분 중에 누구든 아기가 되는 사람은 나라를 알아보고, 요한보다 높여질 것입니다.'고 했다."고 말씀했습니다. [40, 163쪽]

〈도마 47〉 ①예수께서 "한 사람이 동시에 두 마리의 말 위에 올라타서 두 개의 활을 당길 수 없습니다. ②그리고 한 종이 두 주인을 섬길 수 없습니다. 즉 그 종이 한 주인은 존중하게 되나 한 주인은 무시하게 될 것입니다. ③누구도 오래된 포도주를 마시고 바로 새 포도주를 마시고 싶어하지 않습니다. ④그리고 새 포도주는 오래된 부대가 터져버리지 않도록 그 부대에 넣지 않습니다. 그리고 오래된 포도주가 변질하지 않도록 그 포도주를 새 부대에 옮기지 않습니다. ⑤새 옷이 찢어질 것이므로 낡은 천조각을 그 옷에 기워 붙이지 않습니다."고 말씀했습니다. [143쪽]

〈도마 48〉 ①예수께서 "한집안에서 둘이 서로 평화로워져서 통합될 때, 이들이 산을 보고 '여기서 바뀌라!'고 말하면 산이 바뀔 것입니다."고 말씀했습니다. [123쪽]

〈도마 49〉 ①예수께서 "절대자가 되어 선택된 사람은 나라를 발견할 것이므로 복됩니다. ②이는 여러분이 나라 출신이므로 다시 나라로 향하게 될 것이기 때문입니다."고 말씀했습니다. [40, 129쪽]

〈도마 50〉 ①예수께서 "만약 사람들이 여러분에게 '당신은 어디서 왔습니까?'라고 물으면 이들에게 '나는 빛으로부터 왔습니다. 그 빛이 있던 그곳에서 스스로 나와서 자기 자리를 잡았고, 각각의 모습으로 나타냈습니다.'고 답하십시오. ②이들이 여러분에게 '여러분이 그 빛입니까?'라고 물으면 이들에게 '나는 빛의 자녀이자 살아있는 아버지의 선택된 사람입니다.'고 답하십시오. ③이들이 여러분에게 '당신 아버지가 당신에게 있다는 증거는 무엇입니까?'라고 물으면 이들에게 '그것은 어떤 뒤흔듦이자 어떤 안식입니다.'고 답하십시오."라고 말씀했습니다. [32, 133쪽]

〈도마 51〉 ①길벗들이 예수에게 "언제 죽어있는 자의 안식이 이루어지겠습니까? 그리고 언제 새 세상이 오겠습니까?"라고 물었습니다. ②예수께서 이들에게 "여러분이 그것을 위해 밖에서 추구하던 것은 이미 왔지만, 여러분은 그것을 알지 못할 뿐입니다."고 답했습니다. [73, 136쪽]

〈도마 52〉 ①길벗들이 예수에게 "이스라엘에서 24명의 모든 선지자들이 당신에 관해 예언했습니다."고 말했습니다. ②예수께서 이들에게 "여러분은 자신 바로 앞에 살아있는 사람을 떠나보내고, 죽어있는 자들에 관해 말해왔습니다!"고 말씀했습니다. [32, 75쪽]

〈도마 53〉 ①길벗들이 예수에게 "할례가 우리에게 도움됩니까, 아닙니까?"라고 물었습니다. ②예수께서 이들에게 "만약 할례가 도움된다면, 아기의 아버지가 그 아기로 하여금 모태에서 이미 할례된 채로 태어나도록 했을 것입니다. ③오히려 영(靈)의 참된 할례야말로 모든 그것에 도움될 것입니다."고 답했습니다. [65쪽]

〈도마 54〉 ①예수께서 "하늘나라가 여러분의 것이므로 가난한 사람이 복됩니다."고 말씀했습니다. [108, 109쪽]

〈도마 55〉 ①예수께서 "누구든지 자신의 아버지와 어머니를 미워하지 않는 자는 나의 길벗이 될 수 없습니다. ②그리고 누구든지 자신의 형제자매를 미워하지 않고, 또 나처럼 자기 십자가를 짊어지지 않는 자는 내게 적합하지 않습니다."고 말씀했습니다. [42, 166쪽]

〈도마 56〉 ①예수께서 "이 세상을 알아보게 된 사람은 누구든지 산송장을 발견하게 됩니다. ②그리고 누구든지 산송장을 발견했던 사람은 이 세상에 합당하지 않습니다.'고 말씀했습니다. [93쪽]

〈도마 57〉 ①예수께서 "아버지의 나라는 좋은 씨를 가진 사람에 비유됩니다. ②그 사람의 적이 밤에 와서 좋은 씨들 사이에 가라지를 뿌렸습니다. ③그이는 일꾼들로 하여금 그 가라지를 뽑아버리게 하지 않았고, 그들에게 '너희가 가서 가라지를 뽑으려다 그것과 함께 곡물도 뽑을까 봐 염려된다. ④추수하는 그날에 가라지들은 위로 나타낼 것이므로 뽑히어 불살라질 것이기 때문이다.'고 했다"고 말씀했습니다. [179쪽]

〈도마 58〉 ①예수께서 "고통을 겪어내면서 생명의 길을 발견하는 사람은 복됩니다."고 말씀했습니다. [105쪽]

〈도마 59〉 ①예수께서 "여러분은 생존해서 있는 동안 생명의 길을 가는 사람을 추구해보십시오. 자신이 죽음에 이르러서 그런 사람을 보려고 추적함에도 볼 수 없게 되지 않도록 하십시오."라고 말씀했습니다. [32, 75쪽]

〈도마 60〉 ①예수께서 유대 지역으로 들어가던 중 사마리아 사람이 양을 운반하고 있었습니다. ②예수께서 길벗들에게 "저 양은 어찌 되는 것입니까?"라고 물었습니다. ③이들이 예수에게 "아마 저 사람은 그 양을 죽여서 먹을 것입니다."고 답했습니다. ④예수께서 이들에게 "저 사람은 저 양이 살아있을 동안에는 먹지 않을 것이지만, 죽여서 송장이 된 다음에는 먹어버릴 것입니다."고 말씀했습니다. ⑤길벗들이 "다른 방도로 할 수 없습니다."고 말했습니다. ⑥예수께서 이들에게 "여러분 자신도 또한 산송장이 되어 먹혀버리지 않도록 자기 안식의 처소를 추적하십시오."라고 말씀했습니다. [136쪽]

〈도마 61〉 ①예수께서 "둘이 한 침대에서 쉬고 있을지라도 한 사람은 죽음의 길로, 한 사람은 생명의 길로 갈 것입니다."고 말씀했습니다. ②살로메는 "당신은 마치 하나가 된 사이처럼 내 침대 위에서 함께했고, 내 식탁에서 식사했던 남자인 당신은 누구입니까?"고 물었습니다. ③예수께서 그녀에게 "나는 수용하는 자로 존재하는 사람이고, 내 아버지의 것들을 부여받은 사람입니다."고 답했습니다. ④살로메가 "나는 당신의 길벗입니다."고 말했습니다. ⑤그래서 예수께서 살로메에게 "그 길벗은 수용할 때마다 빛으로 채워지지만, 분리할 때마다 어둠으로 채워질 것입니다."고 말씀했습니다. [127, 148, 150쪽]

〈도마 62〉 ①예수께서 "나는 나의 신비에 합당한 사람들에게만 나의 신비를 말해줍니다. ②여러분의 오른손이 무엇을 할지를 여러분의 왼손이 알아채지 못하도록 하십시오."라고 말씀했습니다. [150쪽]

〈도마 63〉 ①예수께서 "돈이 많은 부자가 있었습니다. ②그이는 자신이 돈을 들여 씨를 뿌리고 거두며 심어서 창고를 곡물로 가득 채우려고 했고, ③그이에게는 '그래서 부족한 것이 없게 하겠다.'는 생각이 자신의 마음에 있었지만, 그날 밤 그이는 죽어버렸습니다. ④귀가 있는 사람은 들으십시오."라고 말씀했습니다. [113, 156쪽]

〈도마 64〉 ①예수께서 "손님을 초대하려는 한 사람이 있었습니다. 그이가 만찬을 준비한 다음 손님들을 초대하기 위해 하인을 보냈습니다. ②그 하인이 첫 번째 사람에게 가서 '저의 주인께서 당신을 초대합니다.'고 말했습니다. ③그 사람은 '몇몇 상인들이 저녁에 나와 계약하기 위해 나에게로 오고 있으므로 내가 돈을 가지고 가서 그들에게 주문해야 합니다. 죄송하지만 만찬을 사양하겠습니다.'고 말했습니다. ④다음 사람에게 간 그 하인은 '저의 주인께서 당신을 초대합니다.'고 말했습니다. ⑤그 사람이 하인에게 '나는 집을 한 채 거래했는데, 온종일 바쁩니다. 저는 시간이 없을 것입니다.'고 말했습니다. ⑥그 하인이 또 한 사람에게 가서, '저의 주인께서 당신을 초대합니다.'고 말했습니다. ⑦그 사람이 하인에게 '친구가 결혼하는데, 제가 만찬을 준비해야 합니다. 저는 갈 수 없습니다. 죄송하지만 만찬을 사양하겠습니다.'고 말했습니다. ⑧그 하인이 또 한 사람에게 가서, '저의 주인께서 당신을 초대합니다.'고 말했습니다. ⑨그 사람이 하인에게 '내가 농장을 하나 거래했는데, 세를 받으러 가야 하므로 저는 갈 수 없을 것입니다. 죄송하지만 사양하겠습니다.'고 말했습니다. ⑩그 하인이 돌아와서 주인에게 '당신께서 만찬에 초대하신 분들은 모두 사양하겠다고 합니다.'고 전했습니다. ⑪그 주인이 하인에게 '길거리로 나아가서 네가 만나는 누구든지 만찬에 참여하도록 데리고 오라.'고 했습니다. ⑫거래하는 자, 즉 상인은 내 아버지의 처소에는 들어가지 못할 것입니다."고 말씀했습니다. [116쪽]

〈도마 65〉 ①예수께서 "포도원을 소유한 선한 사람이 있었습니다. 그이는 포도원을 농부들이 경작하도록 그들에게 빌려주고, 그들에게서 열매를 거두었습니다. ②그이는 그들이 자신의 하인에게 포도원의 열매를 주도록 하인을 보냈고, 그들은 그 하인을 붙잡아 거의 죽을 정도로 때렸습니다. ③그 하인이 돌아와 그의 주인에게 고하자 주인은 '아마 네가 그들을 알아보지 못했을 것이다'고 말했습니다. ④주인은 또 다른 하인을 보냈고, 그들은 그 하인도 역시 때렸습니다. ⑤그래서 주인은 자녀를 보내며 '아마도 그들이 내 자녀는 존중할 것이다'고 말했습니다. ⑥그러나 그들은 그 자녀가 이 포도원의 상속자임을 알기에 그를 잡아 죽였습니다.

⑦귀가 있는 사람은 들으십시오."라고 말씀했습니다. [48, 156쪽]

〈도마 66〉 ①예수께서 "건축가들이 버려버린 그 돌을 나에게 보여주십시오. 그것이 바로 모퉁이 돌입니다."고 말씀했습니다. [181쪽]

〈도마 67〉 ①예수께서 "모든 그것을 알고도 자기 자신에 관해 부족하다면, 모든 그것의 [있을] 자리에 관해서는 부족한 자입니다."고 말씀했습니다. [6, 113, 115쪽]

〈도마 68〉 ①예수께서 "여러분이 미움받고 박해받을 때 여러분은 복됩니다. ②이들이 여러분을 박해한 곳에서는 이들은 처소를 발견하지 못할 것입니다."고 말씀했습니다. [130, 181쪽]

〈도마 69〉 ①예수께서 "마음에서 박해받는 이들은 복됩니다. 이들은 진실로 아버지를 알아봤던 사람입니다. ②갈망하는 이들은 복되므로 소망하는 사람의 배는 충족될 것입니다."고 말씀했습니다. [130, 181쪽]

〈도마 70〉 ①예수께서 "만약 여러분이 자신이 지니고 있는 것을 자기 자신의 내면에서 거듭나게 할 때, 바로 이것이 여러분 자신을 구원할 것입니다. ②만약 여러분이 자신이 지니고 있는 것을 자기 자신의 내면에서 거듭나게 하지 않는다면, 바로 이것이 여러분을 죽여버릴 것입니다."고 말씀했습니다. [139쪽]

〈도마 71〉 ①예수께서 "내가 이 집을 헐어버리겠습니다. 그리고 누구도 그것을 다시 지을 수 없을 것입니다."고 말씀했습니다. [124쪽]

〈도마 72〉 ①한 사람이 예수에게 "나의 형제들에게 아버지의 재산을 나에게 나누도록 말해주십시오."라고 청했습니다. ②예수께서 그에게 "이 사람이여! 누가 나를 나누는 자로 만들었습니까?"라고 말했고, ③길벗들을 향해 "참으로 내가 나누는 자로서 존재합니까?"라고 물었습니다. [127쪽]

〈도마 73〉 ①예수께서 "실로 추수할 것은 많으나 일꾼이 적으므로 주인에게 추수할 일꾼들을 보내달라고 간청하십시오."라고 말씀했습니다. [186쪽]

〈도마 74〉 ①그 사람이 "주여! 우물 주변에는 사람들이 많지만, 우물 속에는 아무도 없습니다."고 말했습니다. [186쪽]

〈도마 75〉 ①예수께서 "문앞에 서성대는 사람이 많지만, 절대자만이 결혼식장에 들어가게 될 것입니다."고 말씀했습니다. [88, 129, 186쪽]

〈도마 76〉 ①예수께서 "아버지의 나라는 물품을 사서 모으다가 거기서 진주를 발견한 상인에 비유됩니다. ②현명한 그 상인은 다른 물품들을 팔아버리고 자기를 위해 그 진주 하나만을 샀습니다. ③여러분 자신도 또한 좀이 먹거나 벌레가 해하지 못하는 곳에서

소멸하지 않고 지속할 자신의 보물을 추적하려고 하십시오."라고 말씀했습니다. [159쪽]

〈도마 77〉 ①예수께서 "나는 모든 그것 속에 있는 빛이고, 모든 그것입니다. 모든 그것이 나에게서 나왔고, 나에게로 돌아옵니다. ②나무를 갈라보십시오! 나는 거기에 있을 것입니다. ③돌을 들춰보십시오! 그러면 여러분은 나를 거기서 발견할 것입니다."고 말씀했습니다. [52, 83쪽]

〈도마 78〉 ①예수께서 "여러분은 무엇 때문에 이 벌판에 왔습니까? 바람에 흔들리는 갈대를 보기 위함입니까? ②아니면 왕이나 권력자들처럼 화려한 옷을 두른 사람을 만나기 위함입니까? ③이들은 화려한 옷을 둘렀지만, 진리를 알아볼 수 없습니다."고 말씀했습니다. [17쪽]

〈도마 79〉 ①무리 속의 한 여인이 예수를 향해 "당신을 낳은 자궁과 당신을 먹인 젖가슴이 복됩니다!"고 말했습니다. ②예수가 그 여인에게 "아버지의 말씀에 귀 기울이고, 그것을 참되게 지킨 사람들이 복됩니다! ③여러분이 '임신하지 않는 자궁과 젖 먹이지 않는 유방이 복됩니다.'고 말할 날이 올 것이기 때문입니다."고 말씀했습니다. [183쪽]

〈도마 80〉 ①예수께서 "이 세상을 알아보게 된 사람은 누구든지 몸을 발견하게 됩니다. ②하지만 누구든지 몸을 발견하는 사람은

이 세상에 합당하지 않습니다."고 말씀했습니다. [95, 99쪽]

〈도마 81〉 ①예수께서 "풍요로워진 자로 하여금 왕이 되게 하고, ②권력을 가진 자로 하여금 권력을 내려놓게 하십시오."라고 말씀했습니다. [99쪽]

〈도마 82〉 ①예수께서 "나에게서 가까이 있는 사람은 불에도 가까이 있는 셈이고, ②나에게서 멀어진 자는 나라에도 멀어진 셈입니다."고 말씀했습니다. [71쪽]

〈도마 83〉 ①예수께서 "모습들은 그 사람의 바깥에 목격되고, 그 모습들 속에 있는 빛은 숨겨져 있습니다. ②아버지의 빛에 의한 모습 속에 그이는 드러날 것이고, 그이의 모습은 아버지의 빛에 의해서 숨겨져 있습니다."고 말씀했습니다. [55쪽]

〈도마 84〉 ①예수께서 "여러분은 자신을 닮은 모습을 보고서 흐뭇해합니다. ②그러나 여러분은 없어지지도 않고 앞에 나타내지도 않으면서 자신의 시작부터 있던 자신의 모습들을 볼 때, 여러분은 얼마나 견뎌낼 것입니까?"라고 말씀했습니다. [56쪽]

〈도마 85〉 ①예수께서 "아담은 대단한 힘과 대단한 풍요를 통해 존재했지만, 여러분에게 합당하지 않습니다. ②만약 그가 적합한 자였다면 그는 죽음을 맛보지 않았을 것이기 때문입니다."고 말씀했습니다. [104쪽]

〈도마 86〉 ①예수께서 "여우에게도 굴이 있고 새에게도 둥지가 있지만, ②'아담 같은 자녀'는 누워서 쉴 곳이 없습니다."고 말씀했습니다. [29, 168쪽]

〈도마 87〉 ①예수께서 "어떤 몸에 집착하는 그 몸도 가엽고, ②이 양자에 집착하는 심혼도 가엽습니다."고 말씀했습니다. [96, 97쪽]

〈도마 88〉 ①예수께서 "천사들이 선지자들과 함께 여러분에게 와서 여러분에게 알맞을 것을 줄 것입니다. ②그리고 여러분 자신도 또한 자신에게 속한 것들을 이들에게 주고, '이들이 언제 와서 이들[이 제공한] 것을 회수해갈 것인가?'라고 자문해보십시오."라고 말씀했습니다. [91쪽]

〈도마 89〉 ①예수께서 "어째서 여러분은 잔의 바깥쪽 면만을 씻습니까? ②안쪽 면을 창조한 이가 또한 바깥쪽 면도 창조한 이임을 여러분은 알지 못합니까?"라고 말씀했습니다. [61쪽]

〈도마 90〉 ①예수께서 "내게로 오시라! 내 멍에는 탁월하고, 내 공동체의 훈육은 부드럽기 때문입니다. ②그리고 여러분은 자기 자신을 위한 안식을 발견할 것입니다."고 말씀했습니다. [24, 137쪽]

〈도마 91〉 ①이들이 예수에게 "우리가 당신을 믿도록 당신이 누구인지를 우리에게 말해주십시오."라고 청했습니다. ②예수께서 이들에게 "여러분은 하늘과 땅의 얼굴을 읽어내면서 여러분 바로 앞에 있는 사람을 알아보지 못합니다. 그래서 여러분은 이 순간을 읽어내는 법을 알지 못합니다."고 말씀했습니다. [17, 73쪽]

〈도마 92〉 ①예수께서 "추적하십시오! 그러면 밝혀낼 것입니다. ②하지만 여러분이 나에게 물었던 것들에 관해 그 당시에 나는 여러분에게 말해주지 않았습니다. 이제 나는 그런 것을 말하기를 바라나 여러분이 그것들을 찾지 않습니다!"고 말씀했습니다. [19, 20, 76쪽]

〈도마 93〉 ①예수께서 "개가 성스러운 것을 거름더미에 던져버리지 않도록 개들에게 그것을 주지 마십시오. ②돼지가 진주들을 짓밟아버리지 않도록 돼지들에게 그것을 던져주지 마십시오."라고 말씀했습니다. [20쪽]

〈도마 94〉 ①예수께서 "추적하는 사람은 밝혀내게 될 것이고, ②안쪽에 청하는 사람에게는 열리게 될 것입니다."고 말씀했습니다. [19, 20, 88쪽]

〈도마 95〉 ①예수께서 "여러분이 돈을 가지고 있다면, 이익을 보려고 주지 마십시오. ②도리어 여러분이 그 돈을 되돌려받지 못할 사람에게 줘버리십시오."라고 말씀했습니다. [113, 115쪽]

〈도마 96〉 ①예수께서 "아버지의 나라는 적은 양의 효모를 가지고 밀가루반죽에 숨겨서, 그것을 커다란 빵으로 만들었던 한 여인에 비유됩니다. ②귀가 있는 사람은 들으십시오!"라고 말씀했습니다. [114, 115, 156, 178쪽]

〈도마 97〉 ①예수께서 "아버지의 나라는 밀이 가득 든 동이를 이고 가는 한 여인에 비유됩니다. ②그녀가 먼 길을 걸어가는 동안 동이의 귀가 깨어져서 밀이 그녀의 뒤쪽 길 위에 새어나왔습니다. ③그러나 그녀는 자신이 고통을 깨닫지 못하고 있음을 알지 못했습니다. ④그녀가 집에 도착해 그 동이를 내려놓았을 때에야, 그것이 비어있음을 발견했습니다."고 말씀했습니다. [177, 180쪽]

〈도마 98〉 ①예수께서 "아버지의 나라는 권력자를 죽이기를 소망하는 사람에 비유됩니다. ②자기 손이 내면을 갈라서 봐야 한다는 점을 깨달은 그이는 자기 집에서 자신의 검을 뽑아 벽에 찔러넣어 갔습니다. ③그러다가 그이는 권력자를 죽이게 되었습니다."고 말씀했습니다. [120쪽]

〈도마 99〉 ①길벗들이 예수에게 "당신의 형제자매들과 어머니가 밖에 서 있습니다."고 말했습니다. ②예수께서 이들에게 "내 아버지의 소망을 행하는 여기 있는 이들이 바로 내 형제자매들이고 내 어머니입니다. ③이들이야말로 내 아버지의 나라에 들어갈 사람들입니다."고 말씀했습니다. [41, 171쪽]

〈도마 100〉 ①그들이 예수에게 금화 하나를 보이며, 예수에게 "카이사르의 사람들이 우리에게 세금을 요구합니다."고 말했습니다. ②예수께서 이들에게 "카이사르의 것들은 카이사르에게 주고, ③신의 것들은 신에게 주며, ④나의 것은 나에게 주십시오."라고 말씀했습니다. [131쪽]

〈도마 101〉 ①예수께서 "아버지와 어머니를 나처럼 싫어하지 않는 자는 누구든 내 길벗이 될 수 없고, ②아버지와 어머니를 나처럼 사랑하지 않는 자도 내 길벗이 될 수 없습니다. ③내 어머니는 나에게 거짓의 길을 주었으나 내 참된 어머니는 나에게 생명의 길을 주었기 때문입니다."고 말씀했습니다. [44, 166쪽]

〈도마 102〉 ①예수께서 "바리새인들에게 고난이 있습니다! 그들은 소의 여물통에서 잠자는 어떤 개와 같은데, 그 개는 자신도 먹고 있지 않으면서 소들도 먹지 못하게 하기 때문입니다."고 말씀했습니다. [91쪽]

〈도마 103〉 ①예수께서 "도둑이 어떤 부분으로 들어올지를 아는 사람은 복됩니다. ②그래서 그이는 일어나서 자신의 영역을 점검하고, 도둑이 들어오기 전 조건에 대해 자신의 허리띠를 묶을 것입니다."고 말씀했습니다. [80, 151쪽]

〈도마 104〉 ①그들이 예수께 "오십시오! 오늘 기도하고 금식합시다."고 말했습니다. ②예수께서 "내가 무슨 죄를 지었습니까? 아니면 그것이 무엇에서 나를 높여줍니까? ③오히려 신랑이 신방을

떠나버릴 때에나 이들로 하여금 금식하고 기도하게 하십시오."라고 말씀했습니다. [109쪽]

〈도마 105〉 ①예수께서 "아버지와 어머니를 알아보는 사람은 창녀의 자녀라고 불릴 것입니다."고 말씀했습니다. [167쪽]

〈도마 106〉 ①예수께서 "여러분이 둘을 하나로 만들 때, '아담 같은 자녀'들이 될 것입니다. ②그리고 여러분이 '산이여! 여기서 바뀌라'고 말하면, 산이 바뀔 것입니다."고 말씀했습니다. [123, 168쪽]

〈도마 107〉 ①예수께서 "나라는 100마리의 양을 가지고 있는 목자에 비유됩니다. ②100마리 중 가장 훌륭한 양 1마리가 무리를 떠나버렸습니다. 목자는 99마리를 남겨두고 그 1마리를 추적해서 결국 그 양을 발견했습니다. ③그리고 이 모든 고통을 끝냈을 때, 목자는 그 양에게 '나는 99마리보다 너를 더 소망한다.'고 했다"고 말씀했습니다. [159쪽]

〈도마 108〉 ①예수께서 "내 입으로부터 마시는 사람은 누구든지 나처럼 될 것입니다. ②나 자신도 또한 그이와 같이 될 것입니다. ③그리고 감춰져 있는 것들이 그이에게 나타내게 될 것입니다."고 말씀했습니다. [85, 87, 101쪽]

〈도마 109〉 ①예수께서 "나라는 자신의 밭에 어떤 보물이 숨겨져 있음에도 그것에 관해 알지 못하는 사람에 비유됩니다. ②그리고 그이가 죽은 후 밭을 물려받았으나 그 보물에 관해 알지 못했던 그이의 자녀는 그 밭을 팔아버렸습니다. ③그 밭을 산 사람은 밭을 갈던 중 그 보물을 발견했고, 그 사람은 자신이 소망하는 누구에게든 이익이 되도록 돈을 주기 시작했습니다."고 말씀했습니다. [83, 172쪽]

〈도마 110〉 ①예수께서 "누구든지 세상을 밝혀내서 풍요로워진다면, 그이로 하여금 그 세상을 내려놓게 하십시오."라고 말씀했습니다. [99, 152쪽]

〈도마 111〉 ①예수께서 "하늘들과 땅이 여러분 바로 앞에서 전환될 것입니다. ②그리고 살아있는 사람을 통해서 생명의 길로 가는 사람은 죽음을 보지 않을 것입니다. ③이 때문에 '누구든지 자기 자신을 발견하는 사람은 이 세상에 합당하지 않습니다.'고 했다"고 말씀했습니다. [32, 152, 153쪽]

〈도마 112〉 ①예수께서 "심혼에 집착하는 육체에도 고난이 있고, ②육체에 집착하는 심혼에도 고난이 있습니다!"고 말씀했습니다. [99, 101쪽]

〈도마 113〉 ①길벗들이 예수에게 "언제 '나라'가 오겠습니까?"라고 말했습니다. ②예수께서 "그 나라는 여러분이 밖에서 추구하는 식으로 오지 않고 있습니다. ③누구도 '보십시오! 여기 있습니다.' '보십시오! 저기 있습니다.'고 말하지 못할 것입니다. ④도리어 '아버지의 나라'는 이 땅 위에 펼쳐져 있으나 사람들이 그것을 못 봅니다."고 말씀했습니다. [37, 70, 73쪽]

〈도마 114〉 ①시몬 베드로가 그들에게 "마리아는 우리를 떠나야 합니다. 여자는 생명의 길에 합당하지 않기 때문입니다."고 말했습니다. ②예수께서 "보십시오! 나는 그녀가 남자가 되어서 그녀도 여러분 남자를 닮은 살아있는 영(靈)이 되도록 마리아를 이끌 것입니다. ③자신이 남자가 되는 어떠한 여자도 하늘나라에 들어가게 될 것입니다."고 말씀했습니다. [185쪽]

나가기

성당에는 중학생 때 사흘 동안 나가봤고, 교회는 다녀본 적이 없는 필자는 1982년 국민으로서 의무를 행하던 중 해안초소 부근 보안대에 근무하는 분에게서 공동번역 성서를 빌려 읽으면서 예수님의 행적을 기술한 복음서를 접했지만, 그다음 사도행전부터 시작된 일관성 없는 내용을 분별해서 읽기가 어려워서 성서 읽기를 중단하고 말았습니다.

하지만 '하늘을 나는 새나 들판에 핀 백합'처럼 살았다는 예수님을 본받고 싶었고, 기독교인이라면 당연히 그렇게 산다고 믿었던 필자는 실제로 그 소망대로 자신의 이름으로 세금을 낸 적이 지금까지는 없습니다.

군 복무 말기에 손수 찾아가서 선택했으나 20여 년 전에 그만둔 종교활동 시 실용적이고 설명하기가 쉬운 성서 구절을 동료에게 설명하고 주입하는 과정이 있었습니다. 이를테면 선택의 갈림길에서 무조건 쉬운 듯이 보이는 넓은 문이 아니라 어려운 듯이 보이는 좁은 문쪽으로 갔고 또 가라고 했고, 그러면 단기적으로는 상황이 어려운 듯이 보이나 일정 지점에 이르면 반전이 일어나서 상황이 해결되곤 했습니다.

또 자신은 성실하게 사는 데도 힘든데, 어떤 인간들은 불로소득으로 떵떵거리며 사는 부조리한 현실에 분개하는 사람에게, '만일 아침부터 일하는 이에게도, 점심부터 일하는 이에게도, 조금 전에 온 이에게도 똑같이 한 냥을 주기로 했고, 그래서 그대로 한다면 불공정한 것이냐'고 의문을 던지고, 개별적인 삶에서 '단지 신과 자신의 계약 문제'일 뿐이라고 필자가 이해한 절대자의 존재상태를 깨닫게 하곤 했습니다.

　또한, 자신에게도 원죄가 있다거나 자신의 전생 탓에 벌 받는다는 죄의식의 사람에게는 '이 사람이 나면서부터 앞을 보지 못한 것은 그이나 그이의 부모가 죄를 지어 이렇게 된 것이 아니라 하나님의 일을 그이의 생애를 통해 나타내기 위해서다.'[요한 9:3]는 말씀을, 즉 우리가 자발적으로 극기훈련 가듯이 이 세상에 자진해서 오기도 하므로 당신도 이 세상에 끌려온 것이 아니라 자진해서 왔을 수 있다고 했습니다.

　금수저로 출발한 자기 뜻대로 사는 인간에 비해서, 흙수저를 타고 난 자신의 곤한 처지에 대해 부모를 심지어 신을 원망하는 사람에게 그리고 신을 믿으면 구원받는다고 철석같이 믿는 신앙인에게 '여행 떠나는 주인에게 각각 5달란트, 2달란트를 받은 종은 장사해서 배로 늘렸으나 1달란트를 받은 종은 땅에 묻었는데, 돌아온 주인은 까먹을 수 있음에도 사실상 과감히 투기한 두 종을 칭찬하고, 안전하게 보관한 종에게서 달란트도 빼앗고 혼낸다'고 한다면 어떤 의견인지 묻곤 했습니다.

　각자의 역량대로 달란트를 받기보다 똑같이 받으면 좋은지, 만일 투자해서 손해 볼 경우는 어찌했을지, 왜 보수적인 종은 혼내는지를 설명하면서 필자는 각자가 부여받은 달란트가 얼마고 무엇이든 간에 신을 믿고 손해를 무릎쓰고 과감히 투기하는 것, 즉 신을 믿는 자체가 아니라 신이 자신에게 준 재능이 자신에게 적합함을 믿고, 세상적으로는 하찮을지라도 그 재능을 발휘해보는 것이 바로 '나라'다고 했습니다.

　필자가 중도에 그만둔 대학 시절 얼마간 사귀던 기독교인 애인부터 지금 함께하는 모태신앙 동거인까지 관계한 그리스도인은 대다수 대화가 되기는 하나 어찌하지 못하는 완고함이라는 벽을 느끼게 했습니다.

　살펴보면 신에 대한 전 인류적 오해가 있는데, '신이 인간을 포함한 만물을 지배한다'는 맘입니다. 도리어 '신은 인간을 포함한 만물을 사랑한다'입니다. 여기서 '사랑한다'는 의미는 인간과 만물로 하여금 자각하도록, 성장하도록, 힘있게 되도록, 잘되도록, 홀로 서도록, 통합하도록, 절대자가 되도록, 천지자녀가 되도록 해준다는 것입니다. 신을 위해 인간이 존재하는 것이 아니라 인간을 위해 신이 존재합니다.

　'도마 65'에서 지적하듯이 주인을 무시하고 만물에 대해서 주인 행세하는 관리자는, 그것도 나머지 90%를 조종하는 10%의 지배자는 사랑 자체인 신의 뜻에 합당하지 않으므로 이런저런 이유로 괴로워집니다.

　'여러분이 남에게 대접을 받고 싶은 그대로 남을 대접하라.'는 황금률이 있는데, '자신이 잘되려면 남을 못되게 해야 한다'는 경쟁의 관념이 아니라, '자신이 잘되려면 남을 잘되게 해야 한다'는 상생의 발상이 도움됩니다.

　이처럼 성서로 본다면 종교에서 다른 종교단체가 못돼야 자신들의 종단이 잘된다고 믿고 활동하는 태도가 황금률에 합당하지 않습니다. 마찬가지로 정치에서도 야당은 집권 여당이 실패해야 자신들이 권력을 잡는다고 믿고 활동하는 경쟁적 태도는 황금률에 합당하지 않습니다.

　게다가 개인의 삶에서도 그렇지만, 축구경기에서 자기편의 실력증진과 상대편에 대한 방해가 다르듯이, 야당 자신의 실력배양과 여당에 대한 방해는 다릅니다. 실패하기를 바라는 집단이 국가의 의사를 결정하는 권력을 잡으면 그 국민도 실패하는 것은 황금률에 의하면 명확합니다.

　바울이 자신의 적이라고 여겼던 기독교인을 탄압했으나 결국 자신이 미워했던 기독교인이 되어버렸듯이, 아마 상당수 기독교인도 자신들의 적이라고 여기는 북한 공산당(실제론 노동당)을 미워하고 성 소수자를 탄압하나, 어느 날 정신을 차려 보면 자신들이 가장 미워하는 독재자와 동성애자가 되어버린 자신을 결국 발견하게 될 것입니다. 독재자와 동성애자가 이들의 진짜 모습이지, 애국자·신앙인은 가짜 모습입니다.

　우리의 인식 대상인 색성향미촉법(色聲香味觸法)이 제공하는 상(相 nimitta)에 좌우되지 않는 육근수호가 개인적인 수행의 기초라고 한다면, 즉 자신이 지각하는 외부 정보에 좌우되지 않고 대상을 있는 그대로 알아본다는 점에서 이 땅의 구성원들도 집단적으로 수행하고 있습니다.

　이를테면 소위 보이스 피싱이라는 가짜전화, 기사 제목으로 유혹하는 가짜뉴스, 뉴스처럼 가장하는 가짜광고, 진품보다 진짜 같은 짝퉁, 진실한 척 연기하는 사기꾼, 홈쇼핑의 과장 마케팅, 가짜 예술 작품, 가짜 먹거리, 가짜 자격증, 가짜 환자, 가짜 계산서, 가짜 정치인 등 이런 거짓된 가짜들을 잘 분별하지 않으면 생존에 지장이 있을 정도입니다.

이는 국민을 위한다고 말하면서 국민을 수단으로 이용하는 위선적 가짜 정치인을 대표자로 뽑고 국민을 위해 봉사하는 정치인을 만만히 보고 무시하기 때문입니다. 마찬가지로 붓다보다 대중적 접근성이 좋던 용수, 예수보다 대중적 호소력이 있던 바울, 수운보다 대중을 더 많이 모았던 해월과 전봉준에 더 관심을 둡니다. 살펴보면 공간적으로 전 세계에 또 시간적으로 전 역사에 걸쳐서 가짜정보가 있었던 셈입니다.

우리의 가치판단을 혼동하게 하는 적폐언론이 퍼뜨리는 물리적인 가짜뉴스도 분별해야 하지만, 우리 문화의 바탕을 이루고 있는 종교사상을 조직적으로 물들여온 영적인 가짜 진리부터 타파해야 합니다.

여러분이 예수의 가르침을 실천해서 예수가 말한 천국인 '나라'를 발견해서 자기 자신을 알아보고 그곳에 들어가려면, 먼저 자신에게 사건이 일어난 원인을 상식적으로 알 수 없는 불연(不然_이를 칸트는 육감을 동원해도 알 수 없는 '순수 현상'이라고 함)의 상황에서 그 비밀을 추적해서 밝혀보라는 것입니다. 이것이 바로 '원인'에 선다는 것입니다.

이처럼 결과가 아니라 원인이라는 생명의 길을 갈 때야 여러분이 **천국**(天國)이라고 해온 '나라'를 발견하게 되고, 그 '나라'에 들어가게 됩니다.

미리 감사합니다.
담마 주우宙宇